信息与存在

穆向阳 著

东南大学出版社
SOUTHEAST UNIVERSITY PRESS
· 南京 ·

内容提要

一次爬山的经历唤起了作者关于自身存在问题的深刻警觉与思考。对于作者来说，这是一个美丽的起点，于是才有了后续关于存在问题海阔天空的想象与内心深处的沉思……

也许每个人在面对生命本身最深处的真实、静寂与孤独时，都会思考自身以及世界的存在问题，本书正是作者对这些问题的一些思考。这是《信息的演化》一书的作者以信息为出发点，结合信息与哲学两个领域，对存在问题本身进行的一次重新审视，尝试将存在的边界、内涵以及本质用信息的方式展示出来。

本书文字朴实真挚，虽是一部学术专著但却饱含情感，不乏阅读趣味。作者延续了先前的语言风格，用内心独白的方式向你讲述其关于存在问题的独特思考，适合信息及哲学相关学科工作者，以及热爱信息、哲学的广大普通读者阅读。

图书在版编目（CIP）数据

信息与存在/穆向阳著. —南京：东南大学出版社，2017.12

 ISBN 978-7-5641-7429-3

Ⅰ. ①信… Ⅱ. ①穆… Ⅲ. ①信息论 Ⅳ. ①G201

中国版本图书馆 CIP 数据核字（2017）第 223603 号

信息与存在

出版发行	东南大学出版社
出 版 人	江建中
责任编辑	唐　允
社　　址	南京市四牌楼 2 号
邮　　编	210096
网　　址	http://www.seupress.com
经　　销	各地新华书店
印　　刷	虎彩印艺股份有限公司
开　　本	700 mm×1000 mm　1/16
印　　张	14
字　　数	200 千字
版　　次	2017 年 12 月第 1 版
印　　次	2017 年 12 月第 1 次印刷
书　　号	ISBN 978-7-5641-7429-3
定　　价	42.00 元

＊本社图书若有印装质量问题，请直接与营销部联系，电话：025-83791830。

献给尊敬的杨文祥先生

卷首诗

The first poem

▪ 你知道吗
　人啊
　早已被创造为一种无限
　数学家们苦心孤诣地寻找
　却忘记了我们本身就是无限
　你看吧
　我们就活在无限之中
　是无限造就了万物的真实
　是无限赋予了我们超越诸神的力量
　五彩斑斓的存在本身是一种无限
　这浩瀚的宇宙也是一种无限

▪ 你知道吗
　人啊
　早已被创造为一种连接
　人类是最伟大的连接者
　万事万物原本分崩离析
　岁月时光原本毫无意义
　但人却把它们连接为一个整体
　星辰、大海以及梦与心灵
　这所有的一切
　被编织在了一个美妙的幻境之中
　于是有人说
　"大脑就是这宇宙的缩影"

▪ 人啊
　本身还是一种可怜的矛盾体

The first poem

我们既是无限也是有限
时而热情奔放
时而孤独忧伤
时而向往灵魂的崇高
却又难以抵御情欲的渴望
我们一只手握着生命的真实
另一只手却握着死亡
也许这是真的
人存在
又不存在

所谓的永恒啊
只不过是一种美丽的梦幻
就连同这无情的世界
也只不过是在朝阳与暮色间
跳动着的火焰
而我们只是一个可悲的三角形容器
却把它所包含的矛盾之海
当作心灵的家园
我们早已迷失在它那摇曳的星光之中

然而这世间的一切假象
以及一切真实
都终将退化成"一"
就在这"一"与无限之间
爱、孤独、惊奇以及迷茫
沧桑辗转
但终将绽放成
芬芳美丽的曼陀罗

前言
Preface

　　那是一次令人疲惫但却十分美好的旅行,一路上我看见了许许多多不同的风景,也同样经历了漫长的心灵历程。

　　长时间开车的话,如果没有人陪你聊天,那你很可能会在汽车的音乐声中展开遐想,也会回忆起很多往事。生活的无奈,岁月的沧桑,过往的美好时光,曾经的爱情……它们悄无声息地浮现在脑海,然后又在不知不觉中悄然而逝。但是我们却会因为这内心深处的一切而备受感动,留下一种可以通过身体切实感受到却难以用语言描述的美妙情感。

　　从南京仙林出发到秦皇岛市青龙县,一共一千两百多公里,如果中途一次车也不停,需要开上十三个多小时。很感谢我的那辆小车,它的性能超过了我的想象。但是我更应该感谢的是我的妻子,她一直默默地陪伴着我。在我累的时候她给我递茶,喂我面包和牛肉干。我感受到旅途中应该承担的责任,乘车的疲惫让她在后排座位上安然入睡,可这时的我更加聚精会神地开车了,全神贯注地盯着前方的路面,小心翼翼地注意着周围的车辆。我不会让任何意外发生,不会让我们受到一点点的伤害。

　　对于第一次自驾如此遥远路程的我来说,妻子的勇敢陪伴无疑是对我的莫大鼓励。她的话并不多,然而她的微笑与对我的信任却一直鼓舞着我。出发的时候南京正下着大雨,后来渐渐地我们驶入天气晴朗的山东,再后来我们在汽车中看着夕阳在遥远的天际抹上略显酒红色的晚霞。我开了八个多小时的车,虽然在服务区停了几次,可的确很累了。夜色已深沉，我们也到了中途的预定地点——黄骅市。因为这里有多年前的一位研究生同学也是我的好友，我们于是就在黄骅停留休息。

这样的旅程对于大部分人来说不免乏味平淡，但是对于我来说旅途中脑海里闪现的种种往事与想法却不免让我深思与反省。我也能感觉到自身的变化，我那倔强的脾气、易怒的性格都在悄悄地发生改变，我想这也许是这趟旅途的好处吧。

回南京的时候，就相对轻松多了。因为我们把路程安排得更像是自驾游，而不是像去时那样披星戴月地赶路。回来的路上，妻子照样帮我倒茶，喂我吃牛肉干和巧克力，有时候她仍在后排座位上安然入睡。

车子渐渐驶入南方，我留意到车窗外景色的变化，到了山东南部地区就能看到路边的绿色了。我顿时感觉很惬意，就像满意地履行着一种守护的职责，因为我们马上就可以安全回宁了。我有时甚至情不自禁地想象：现在的情景怎么有点像乔斯坦·贾德《纸牌的秘密》中描述的那样呢？我感觉自己就是那个载着我的红桃幺和儿子的哲学家老爹，我们正在愉快的回家途中。这种想法一经产生就挥之不去了，它被镶嵌在了这趟旅途的永恒记忆之中。

我多么希望能够像乔斯坦·贾德那样兼具优美的文笔和奇幻的想象，然而，与这种令人向往的能力比起来我毕竟还相距甚远。但是，我还是决定要写一些东西出来，一如一些关于我户外旅行的事情，以及一些我的内心想法，等等。我经历了漫长的时间才真正意识到人生之美，才真正感觉到生命真切的幸福。

事实上，人总会时不时地迷失自己，欲望以及生活的繁琐会蒙蔽我们的眼睛。所以我觉得，可以通过置身大自然中的方式，让自己深刻地反思，从而弥补知识结构、信仰以及生活之间的裂缝，去发现我自己，认识我自己。当然，这也是我觉得最有意义的事了。

穆向阳

2016 年 3 月 15 日

目录 contents

上篇 **认知的盒子**

01 寻找 / 3

02 从这里出发 / 6

03 心灵对时空的收摄 / 14

04 人作为超越"盒子"的存在 / 20

05 为什么先是想象力 / 24

06 作为智慧层本能的收摄力 / 38

07 死后的世界 / 51

08 碰撞与想象的逻辑 / 71

09 现在的边界 / 79

下篇 **对存在的信息解析**

01 蔚蓝的天空下 / 91

02 认知层的脱节 / 98

03 存在的信息模态 / 112

04 存在的模态演化 / 124

05 历史上的存在 / 136

06 海德格尔 / 157

07 存在的样态 / 174

08 存在的局限与规划 / 184

09 仅仅是起点 / 192

后记 / 195

致谢 / 198

部分参考文献 / 199

附录 / 200

上篇　认知的盒子

01 寻 找

对于户外我只是一只菜鸟,参加户外活动也只有一年多一点的时间,所以我现在去的地方并不多,但是这些并不十分丰富的经历却带给我很多,它悄悄地改变了我的所思所想。户外对于我来说并不是在朋友圈中发几张照片那样简单,就像所有的人一样,我对户外也有着自己的理解,旅行不仅仅是身体的,它更是心灵的。看到美丽的风景总能让人产生丰富的联想、回忆以及不同的感受,我会经常想起自己读过的书,想起往事。那逝去的一切是真实的吗,甚至我自己是真实的吗? 我从来没有认为我的人生是到这个世界上例行公事的,我想去寻找真相,对于我来说这是比任何问题都重要的,也许如薛定谔所说"这对于整个科学来说都是最重要的"。

行走在户外,能够刺激我在这方面的思考。站在山巅,清风拂面,目送天边的晚霞,世间所有的繁闹都已沉寂,将不再扰乱心灵。这个世界仿佛只剩下了自己和眼前的美景。世界如此宁静美好,而我又是如此幸运地感受到它,这一切远比发几张照片有意义得多。难道这一切不值得深刻地反思吗? 这一切为什么存在,又是如何可能? 我又是谁呢?

人生短暂,彻底回答这个问题就当下的人类认知来说还属奢望。历史上多少先贤智者曾深陷其中,不能自拔,心灵与物质之间的难题一直困扰着人类。但人类的好奇心却并不会因为困难而泯灭,并且在这个问题上也从不会停下脚步。对于我个人来说,这种探寻构成了人生的重要意义与价值,它给平庸的生活带来了超凡的内涵,让我的心灵得到抚慰。我读过的所有书籍,进行的种种思考难道最终不是指向它吗? 也许身体的旅行也是为了这个目标——于一切处寻找,于一切法思索,但其心一也。

就这样我一直思索着,尤其是到那些更为幽静让人觉得与自然更贴近的地方。为了获得真相我需要这样的思考,需要找到一种冷静而客观的方式。何不背起登山包,穿上登山鞋走向自然呢? 欣赏美景从美景中获得心灵的感悟,让身体的旅行和内心的旅程交织在一起。还不要忘了,最好带上笔记本,随时把想到的东西记录下来。

随着我不断学习和旅行,身体和思想涉及的领域都会不断扩大。虽然也许永远达不到所追求的目标,但这种寻找,以及在寻找的路上所经历的一切都将成为我人生意义的很大一部分。我要去看不同的风景,不断地学习新的知识。就像我前面说过的,毕竟我们来到这个世界上不是例行公事的。

每一次旅行都能给我带来很多的感触,就像我不断阅读到的书籍,我应该把那些在旅途中的想法收集起来,整理在一起变成心灵的纪念册,并把人生变成一种寻找自己的旅程。

那次自驾的路上,我会偶尔从车内的后视镜上看看妻子,她熟睡的样子是那样可爱,这让我的脸上挂满了幸福的微笑。这种幸福并不是来自于自己获得了什么,而是我能为所爱的人付出什么。这样的时刻我真切地感觉到付出要比获取幸福得多。她对我无私的爱与包容打开了我曾经封闭了已久的心,也许我并不是以前那样的孤独了。虽然以后我也许仍然不会对她说什么甜言蜜语,但我会发自内心地好好爱她。虽然开车很疲惫,但想到这些,我的精力更加集中了,我会下意识地让自己保持头脑清醒,因为这是我崇高的责任。

除了在山东中部的一小段路,车子大部分时间都是走在空旷的高速公路上。车里的音乐已经听腻了,关上音乐一边开车一边欣赏路边的风景。不过这样的季节,北方大部分地区也没有什么风景可以欣赏。灰蒙蒙的天空下,眼中所见都是水泥建筑以及光秃秃的山峦,根本没有什么特别的事物能够吸引我的注意力。快要驶出秦皇岛的时候,有几座不知道名字的山还算漂亮。行驶在环渤海高速公路上时能够透过车窗看见渤海。然而,我印象最深刻的是快到达连云港的那段路。因为在车窗之外你会发现,绿色不知不觉间已经映入眼帘,这种感觉就像开着车子在时光中穿行,一直从冬天驶向了春天。当看到高速公路上的指示牌出现南京的字样时,心里不免放松了很多,仿佛这次旅行马上就可以平安归来了。

　　阳光带着春天的温暖，车子在飞快地奔驰。妻子还在后排座安睡，我想如果能这样开着车子带妻子一起去遥远的地方旅行该有多好，不设置目标，不规划路线，让自己的好奇心带路。我会把后备箱装满书籍，也会拿上笔记本，一边旅行，一边学习，一边写作。用自己的身体感受自然，用自己的心灵感受知识。也许我们会出现在云南的某个小小村庄，也许我们会坐在山顶一边看着落日一边写作，也许我们会安静地在青海湖边阅读最爱的书籍。啊！对我来说这将是多么美好的旅行啊，或者这才是人真正应该拥有的生活吧。

　　虽然这并不算是什么奢侈的理想，但我现在还没办法实现它。不过这种想法却促成了我这本书的写作，在这本书里我将记录我身心的旅程，寻找自我的旅程。去年我的作品《信息的演化》已经出版，那本书也许只是我思想历程的一个开始，我会沿着那里的路径继续寻找下去。

　　我的世界、我的人生等等的这一切能够在真切的程度上前行多远？我们是怎样在这样的世界中存在着？人生会如梦幻泡影吗？这些问题永远没有标准答案，但是我们却要用整个人生去寻找。

　　在这之前,我已经跟随户外团队去过了一些地方。但是,既然我写这本书的想法是在回家的自驾路上,那么我就从那以后开始写吧。在先前的户外活动中,我结交了一位很好的朋友——斗,这是他的网名。户外团队是因共同的爱好而聚集起来的一些人,并自发地形成了一些团体的道德准则以及活动规则。出于对个人隐私的尊重,一般团队内成员会彼此称呼对方的网名。我在几个户外群里的网名都是"路飞"(虽然我的 QQ 头像一直是《七龙珠》中的孙悟空),这个网名来自于我以前非常喜欢的日本动漫《海贼王》。我和斗是同乡,都来自秦皇岛,因为对生活有很多相似或一致的理解,我们结下了深厚的友谊。事实上,正是斗把我带入户外团队的。在认识斗以前,我会一个人去徒步,自己徒步虽然能感受到徒步的独特乐趣,但只有依靠团队才能够走得更远,还能够从其他成员那里学习很多户外的知识和经验。

　　我和斗一起去过南京周边的很多地方,自驾黄山,徒步无锡惠山等。如果斗的外派任务没有那样快地结束,我们还会一起去更多地方。可惜的是,斗在年前被调回家乡了,他是工作原因被外派到南京的。斗被匆忙调回,在十一月份离开南京。但我们对户外的热爱并不会因此而结束,虽然以后一起参加户外的机会少了,但是我们约定以后还要找机会结伴一起徒步,去那些未曾去过的地方,一起去爬未曾爬过的山峦。

　　雅丽姐是斗的同学,我们夏季曾经一起爬过秦皇岛最高的山——都山,那次的爬山充满了欢声笑语,至今记忆犹新。从那时起我们就建立了一个三人的微信群,斗回到县城后,我们有时就在这个小群里聊天,提到过年回家能够再聚到一起,就可以再一起出去玩,于是冬天里再爬都山就成了我们回家乡的一个约定。都山并不是很有名,然而它上面的一座山峰却是整个秦皇岛市海拔最高的山峰(海拔 1 848 米)。我之所以对都山感兴趣是因为这座山还没有被开发,虽然有平整的消防道路几乎直达山顶,但都山仍然处于相对的原始状态,它不是景点,颇有粗犷豪放的意味。现在,雅丽姐在广西玉林工作,斗在秦皇岛市青龙县,而我在南京,平时能够聚到一起很不容易,所以春节期间回家一起爬都山就变成了我们这个兴趣小组的一个共同期盼。

我回家后休息了几天,斗和我便约定了爬山的具体日期。雅丽姐回来得较晚,我们担心她赶不上,她也很着急一定要我们等她。快过年的时候我们终于聚集到了一起。在出发前,我们还给三个人的登山小队起了个名字——北极星。

北极星小队终于出发了,登山的那天天气好极了,天空湛蓝,没有一丝云彩。我们一起吃过早饭就开车出发了。都山位于县城的西北方向,处于青龙县和宽城县的交界处,离青龙县城大概四十分钟左右的车程。到达山脚下的时候,车子驶入了狭窄的防火道。防火道很窄,大部分路段都无法错车,路面上的积雪已经硬化,加上弯道和坡度,车子在上面行走很危险。路上一辆车子也没有,不过担心的事情还是发生了。行驶到一个弯道处,前轮空转,车身开始向后打滑。斗赶忙松开油门,挂上倒挡稳住车身并慢慢地向后滑行。虽然在这个地方不至于发生太大的危险,可车子如果掉入路边的河沟仍将带来很大的麻烦。

车子倒入一段平坦的路面,终于可以停车了。我们下车查看了一下路况,后方不远的路边多出了一块空地,我们决定利用它调头。但积雪覆盖了空地上的土坑和岩石,幸好斗在后备箱中提前准备了一把工兵铲,否则车子很可能陷在这块不起眼的雪地上了。给我的教训是,如果你能预料到可能发生的问题,一定不要存有侥幸心理。如果我们来的时候把车停在山脚下,虽然需要多走一段路,但可以节省更多的时间。我们利用工兵铲,以及在路边收集的干树枝终于解决了车子调头的问题,但在这个不起眼的地方却足足浪费了一个多小时。

停好车后登山活动终于开始了,北极星小队沿着满是积雪的路面缓慢前行。也许整座大山里面只有我们三个人。都山是一座野山,到了冬天这里就更少有人来了。夏天的时候,这座山曾经有凶犯藏匿,另外这里很可能还有野兽出没,为了安全我们带上了防身的刀具。由于北方的冬天十分干燥,所以我们没带火种,只带了一些简单的路餐和水。没走多远,就到了防火道的铁门,我们只好设法翻过去。北极星小分队虽然只有三名成员,但是路上仍然欢声笑语,大家在雪地上跋涉边走边聊。这是半年以来北极星小分队的首次相聚,所以有说不完的话。我们每个人也许都背负着生活的某种无奈,但当我们跨过了那扇紧闭着的大铁门时,仿佛跨过了庸俗生活的羁绊。这里我们的心灵回归纯真,这里只有质朴的情感和美妙的大自然。

我们都需要这样的感觉:从庸俗的生活中偶尔地解脱出来,让自己真切地感觉到作为地球上既普通又伟大的生灵的存在。雪地徒步要比普通的路面费力得多,很多地方的积雪已经成了冰,如果没有登山杖的帮助,雪地登山真的很危险。继续前行,我们的话渐渐地少了,只能听见脚踩在雪地里的吱吱声和自己均匀的喘气声。路边的风景也悄悄地发生了变化,白桦树渐渐多了起来,没过一会儿路边就是整片的白桦林。我仔细地看了看身边的一棵白桦树,它的老皮已经翘了起来,几乎马上就能自然脱落。白桦树皮是很好的引火材料,所以冬天这座山绝不能有一点火星存在。

已经远离了城市的喧嚣,蓝蓝的天空装点了前方的道路,路旁白桦树的树枝伸向了天空,一种朴实无华的美在无声无息地滋润心田。

我们一步一步艰难地前行,虽然外面的气温很低,但是我们还是出了很多汗,贴身的衣服已经湿透。走了将近三分之一的路程,北极星小队停下来在一个瀑布处休息。夏天的时候我们也曾经停在这里休息,清凉的山泉即使在炎热的夏天也能够让人感到刺骨的凉意。冬天,整个瀑布凝固了,远远望去仿佛是倾泻于山间的美玉。我们决定在这里停留,边欣赏风景,边吃些路餐补充下体力。斗带了当地的特产——酸梨,这是我最喜欢的水果之一,尤其是在这样寒冷的冬季,它能够补充人体所需的水分,还具有开胃的功效,真让人百吃不厌。我带了热水,这样寒冷的天气,热水能够补充身体的热量,也能够让胃感觉很舒服。

简单用过路餐之后,相互鼓励,准备继续上路。要在天黑之前下山,没有时间留给我们做过多的停留。后面的山路越来越不好走了，积雪变得越来越厚。走着走着雪地上就再也见不到人的足迹了。雪越来越深，有的地方可以没过膝盖，特别是在阳光照不到的地方，表面的雪开始凝固成硬的雪板。我们在上面走，用登山杖试探着，有的雪板能够承受住我们的身体，而有的地方一踩上去几乎整条腿就会陷下去。深一脚浅一脚地努力前行，即使摔倒也从没有想过退缩，行走在深山里的孤独的北极星目的只有一个，那就是登上秦皇岛最高峰，就在这个仿佛只剩下了我们三个人的世界里，在这个仿佛独立于时间的深山中。

我们第三次停下来休息的地方是一个有两棵笔直松树的山路转弯处，松树体态挺拔俊美，让我想起了去黄山时见到的迎客松。但现在我感觉这里更美，碧蓝的天幕下两棵松树静静地站着，仿佛是专门等待我们三个人似的。这里是山脊外侧的转折点，所以视野好极了。我们不约而同地停下来，在此欣赏风景，拍照留念。回首走过的路，曲曲折折的登山路一下子呈现在了广阔的天空下，呈现在我们的视野中。真没想到一步步的艰难跋涉竟然走了那么远，也终于弄明白自己是如何走过来的。不禁这样想，人生如果能够多有几次这样的回望，那么我们的心灵将会有怎样的感悟呢？登山并不只是爬到山顶那么简单啊。

在这里我们能够清晰地看到都山的两座山峰，最让人感觉惊奇的是，这两座山峰都是由巨石堆砌而成的。每块巨石都有几吨甚至几十吨重，相对山体较为深色的植被来说，石色发白，故远远望去宛若积雪覆盖山顶，于是便有了"都山积雪"的美称。我们各自望着这远处的美景，静静地体会自然之美。这种美以及这样的感悟都难以用语言表达，你必须在现场才能感觉到，这也是为什么我们喜欢登山的原因吧。

这次登山和以前的户外活动是完全不同的，以前我们一般结队出行，而这次是我们三个人与整个大山的独处。我们一边吃着路餐一边静静地看着远处的风景，如果时间能够停止，能够让这种美好的感悟一直留在心间该有多好。可问题就是我们永远不能要求时间停止，我们必须在这个时空中划过，我们即使能够活得很久，但终究会走到生命的结束。这风景，这如此美妙的风景,也终究会离开我们。我这种孩子般的想法如此幼稚,但却经常困扰着我,尤其是我简单地学习了一些微分几何的知识以后。我经常被这样的问题困扰着,就像现在它们会时不时地浮现在我的脑海。它们折磨着我,也在指引着我不断去思考与探索:我们为什么活着,我们所处在的世界到底是什么样子,我们来自哪里,我们为什么会来,我们又将去往何方……

有时候我会被这些问题弄得不知所措,身在都山,心已走远。但我们必须出发了,太阳不知不觉已过了正午,如果要在天黑前下山就不得不出发了。剩下的路愈发不好走,积雪变得越来越深。但好在经过这样的休息,我们的体能恢复得不错。斗在此之前就已经腿疼了,我担心他没有办法登顶。好在刚才的风景重新激发了他的渴望,那种登顶都山一览众山小的渴望。

我们一鼓作气,一直走到了防火通道的尽头。这里有一片相对平坦的地方,有些道家的庙宇。如果夏天来到这里,会有一些人在此休息,也会有小贩在此提供方便面之类的简单午餐。而现在这里只有我们三个人,这种感觉真是太美了,我在此录下了视频,纪念我们北极星小团队在这样冬日的特殊光景中登上了都山。

这里的视野非常不错,除了北面的山峰方向之外,剩下能看到大部分的地平线。遥望天际,就在某个瞬间仿佛感觉自己走到了宇宙的边缘,也仿佛感觉心被封印着。天空诚然很美,但我想看到更遥远的东西,能够跨越天际的地平线,那是一种能赋予心灵更多自由的东西。那种不知所措的苍白感又一次袭来,我感到自己是那么的无知,此时此刻,蔚蓝的天空下,我仿佛只不过是手里拿着的DV,除了这呈现在我视野中的美丽而单纯的世界外,我还剩下了什么呢?

后来,在我的梦里,在我回忆这段爬山经历时,总能想起在这里的情景。一些想法也就是在回想起这段经历时产生的。金色月光的夜里,我静静地躺在床上,临睡前的时刻,我会回想起在都山上的情景。蓝色的天幕,耀眼的阳光,远处稍显模糊的地平线,还有那个处于困惑中的我。我多么希望能够跟这个世界直接对话,可却找不到与之相适合的语言,我只能默默地望着天地间的一切,体会宇宙以及这内心中谦卑的真诚。

斗和雅丽姐也有这样的感受吧,当自然的景致真的打动心灵的时候,我们都会保持沉默。斗已经没有了开玩笑时的那种玩世不恭了,现在他在离我稍远的地方眺望着远方的天空,我不知道他在沉思着什么。雅丽姐也在凝视着这辽阔大地上的一切。我把目光重新移回到遥远的天际,仿佛能够直接感受到地平线的弯曲。青龙县城在视线的远方略显安详,我想如果人们经常从这样的地方眺望自己的家乡肯定会心生热爱。但这个演绎着凡俗生活的地方竟然显得与平时如此不同,它仿佛只是这苍白历史中微不足道的一笔,这种想法不免让人心生怜爱。在这个高度,远山仿佛成了舞台上的道具,它们显得那样渺小,就像它们能够被我们一眼看穿,从而毫无秘密。

整个世界仿佛已经被收摄在眼底,也收摄在在心底。我一时间感恩这样的世界,这样的视角,让我感觉到真实的自己。我应该从这美丽而神奇的世界中学到的第一件事就是内心的真诚。世界如此神奇,而我能感受到它,面对这样的恩赐,难道我不应该献上最高的真诚与敬意吗?这样的情感让我产生了很多想法,每每想到当时的情景我都能感觉到心灵收获了很多东西。

我们再次启程,很快就能登顶前面的两座山峰了,但我们必须加快脚步,否则等下山时真的要天黑了,那也许会很危险。剩下的登山路已经全是土路,上面的积雪更厚。出于安全的考虑,雅丽姐希望我们这次登山活动就此结束,可斗和我想继续登顶,不想给以后的回忆留下任何遗憾。我们向雅丽姐承诺,会小心地保护她,让她尽量放心,她才终于肯跟我们继续爬山。作为一个业余的户外爱好者,她这样的体力与毅力,已经相当不错了。如果她平时不曾坚持锻炼,想爬到这里几乎是不可能的。果然,剩下的路给我们留下了更多的精彩,路上的雪更厚了,而且这两座山峰由于大多由巨石堆砌而成,所以几乎很少有野生动物出没。积雪上留下的只有风的足迹。太阳晒在上面,雪尚无法全部融化时,气温就再次降低,这样能够形成坚硬的雪板,体重稍轻的人可以在上面行走而不至于陷入。北极星将在这片积雪上留下足迹,留下这个冬天里的第一串足迹。

我们在这片雪地上高兴地欢蹦跳跃,就像大自然的孩子在母亲的怀抱中尽情地嬉戏。行走在盘山路的边缘,仿佛行走在天边,这种感觉经历了就不会忘记。我们终于在下午两点多登上了山顶，都山海拔最高处。这里有以前军队留下的废弃设施，废旧的太阳能电池板、雷达，以及直升机停机场孤独地在这里守望着。我沿着直升机机场边缘围墙走了一圈，世界随着我的视角在晃动，在这样的高度，仿佛自己脱离了平凡的世界，独自行走在这个星球的边缘。

稍作停留，北极星小队决定前往另一座山峰。但路已经被积雪彻底覆盖，如果只凭借夏天的记忆前行将会非常危险。斗在前面带路，我们要从露在积雪外面的巨石上横穿过去。小心翼翼地行走在这些几吨重的巨石上是一次非常刺激的经历，夏天我曾经专门从巨石上穿越了很远的距离。可现在我很担心巨石表面会因积雪而变得很滑，从而存在极大的风险。但在斗的带领下，我们还是决定在巨石上穿越。雅丽姐在中间，斗走在了最前面，我走在最后。因为冬天穿的衣服厚重，动作并不十分灵便，所以必须集中全部的注意力，否则很有可能滑倒摔伤。我也会偶尔停下来欣赏风景，仍会想起曾经浮现在脑海中的问题。但我并不敢多想，只是感觉我既属于这个世界，但又想逃离这个世界，有某种超越这个层次的东西在提醒着我，在吸引着我，也在困惑着我。

横跨了巨石之河，我们到了以前兵营留下的残破宿舍。以前曾有人在此露营，可我们要在天黑之前赶回去，所以并没有在此多做停留。有一条相对宽阔的道路通往另一座山峰。这座山峰相对较矮，并不像我们已经登顶的最高峰，它上面只有巨石，几乎没有任何植被，唯一特别的地方就是在向东的山坡上有一座道家的庙宇。我们走着的这条路正是通往那座小庙的。三个人各自向前走着，向前方望去，路的尽头仿佛直接伸向了天空。事实上如果你一个人走在这样的世界里，你会感觉到自己就是在天空中行走，尘世的喧嚣已经被彻底地抛在了脑后。这里只有连接了脚下之路的蓝色天空，寒冷而孤独的风声，还有自己。在这样的环境下，你会感到自身存在的神奇，感到世界的无限广博与神秘。

那座道家的庙宇是这条路的终点，夏天的时候这里曾有道姑居住。可现在是冬天，由于生活所需无法运送至此，道姑不得不回到山下居住。我们在此停留片刻，一起眺望着家的方向。

不知不觉太阳已西沉，那些零散地分布在沟沟岔岔中的像哈比人住的农村房子已经冒起了清淡的炊烟。纵使很是不舍，但我们也必须得回去了，下山的路还很远，需要抓紧时间，因为我们知道天黑后行路会很危险。前方又穿过由巨石组成的河流，又经过一段艰苦的跋涉才走到了防火通道。这次我走在了最前方，为他们带路。

有些地方的积雪厚极了，可到了防火通道以后，剩下的就相对好走一些了。天色渐晚，我们不知不觉加快了脚步，回去的路上几乎没有停留，一鼓作气走到了山脚下，此时太阳已经沉到了地平线以下。我们看着地平线的影子一点点将整个都山吞没。

当坐上斗的那辆白色老捷达时，我们才真正意识到这次登山活动在欢乐与美好的回忆中结束了。附近村庄的灯火让我们感到亲切与温暖，就像我们经历了一次神圣的旅行重返人间，但留给我的美好回忆以及种种困惑却一直存在于我的脑海，单纯美好，在时光的辗转中难以消逝。

03 心灵对时空的收摄

　　那天晚上我的好友爱国为我准备了晚宴,盛情之至令人备受感激。席间我见到了多年未见的老同学,虽然他们在各自的领域都混得不错,但是受到社会习气的熏习,当年的纯真早已远去,毕竟我们已经是人到中年。我已经忘记了席间都谈了些什么,只记得我的脑海里一直想念我在都山顶上看到的风景,蓝色天幕下的地平线,以及远处在那个小小的县城中的平凡生活。这样的景象即使在今天也一直存在于脑海,总在不经意间悄然浮现。它像是某种启示,一种牵引着我心灵的力量,让我从某种尘世的凡俗中跳出来,去寻找不同的自己,一个努力使自己的人生充实而深刻的自己。

　　后来,在那次旅行后的很多个晚上,每当夜色寂静深沉,我都会静静地回忆那个画面。蓝色的天幕仿佛像梦一样笼罩着苍茫的大地,小小的县城退缩成一种苍白甚至略让人感到怜悯的存在,就像那个渺小的我一样。我们作为在无限时空中的短暂存在到底意味着什么呢?甚至这一切为什么存在呢?这一切的背后若真有主宰,他又是什么呢?我知道一辈子也找不到关于这些问题的答案,但我还是想尽力去寻找,因为这就是我认为属于我的生活方式,一个孩子般天真与倔强的人的生活方式。

　　从那次登山到现在的这几个月里,我又爬过了很多山,但我仍然会经常想起家乡狂野而美丽的都山,想念那略带玫瑰色的夕阳无声地穿过白桦林,想起都山那些巨石堆砌的俊美山峰。想起自己俯瞰大地,感觉自己空洞得就像一架摄像机。都山,那次单独跟它的约会对于我好像是一个开始,它激发了我的无数想法,让我满怀热情地写下这样的文字。也许我有这样的想法是幸运的,因为我要开启两个旅程,一个属于身体的,另一个属于我的心灵。它们对于我来说具有永恒的意义,我的人生也许就是要这样,用整个生命去探索与发现,然后当我垂垂老矣的时候能够毫无遗憾地安然离去。

天空是那样湛蓝,没有一丝云彩。站在都山顶上俯瞰走过的路,才终于看清楚我们是如何一步步地走来,眺望远方的城镇我才感觉到那里庸庸碌碌的生活是多么的渺小。是的,站在山顶能让人看清很多东西,它会帮你收摄视野,不仅仅是空间还有心灵。上山的时候,能够欣赏路边的风景,但是我们很难知道整条路的情况,只能看到身所在处附近的一小段。如果你不是刻意地去计数,也不会记得走过了多少道弯。人只有站在更广阔的视野上才能更好地看清自己,登山不仅仅是一项运动,它还会改变我们的心境。

人真是足够幸运,有这样的智力能够收摄时空与心灵。如果我只是一只蚂蚁,那么我将多么可悲地永远生活在最片面而细微的世界之中。

眺望远方的地平线,的确能够让我想起很多。那暗黄的暮色笼罩着整个故乡的小城,让我想到遥远时空之外的雅典,那里曾生活着一群最早对整个世界有着深刻理性洞见的人们,他们是最早攀登在人类知识高峰的先行者,早在两千五百多年的漫长岁月之前,就已经达到了那个贫乏的知识积累水平的认知极限。那些最早用理性的目光窥视宇宙深处奥秘的人,是怎样站在知识的高峰俯瞰苍茫大地上生活着的人类的呢?

显然站得越高我就能够看得更远,还能够看得更透彻。如果我的内心只能在一小段路的范围上去总结,我们就无法了解整条路的情况。同样,如果我们只能在一年的时间范围内进行规划,那么我们将无法认识与理解整个人生的内涵与价值。一个人是否充满智慧,仿佛更多地体现在他能够在怎样的时空、心灵范围以及什么样的深度上完成对自己、整个人类社会、整个宇宙以及存在的收摄。也许,这就是为什么在印度人的生活中,我们能够观察到有些人在浑浑噩噩与平庸中死去,而有些圣者则选择一种弃绝的生活。

我的前一本书《信息的演化》已经出版,在那本书里我将人的认知论层次划分为三层:信息层、知识层与智慧层。在我看来,人之所以能够拥有并经营最高的智慧层,显然需要依靠对时空、心灵以及自身的收摄能力。所以便有了如下假设:如果我们的智力只能够完成几个月的收摄,那么我们永远也不会对整个人生有什么深刻而真挚的看法,也只能是以接近动物的方式走过短暂的一生,甚至每个漫长的冬天我们都将忍饥挨饿。如果我们在时间维度上的收摄能力延长到一年,我们就会有足够的智慧在秋收时节尽量多地储藏食物,以应付即将到来的寒冬。但我们的存在也将仅此而已,对于这样智力边界极为有限的一群人来说,还谈什么进步的文化与文明呢?

幸好,人具有如此强大的收摄能力,它不仅能够跨越狭小的地域疆界,还能够跨越银河,它不仅能够纵观人生还能够纵观人类的整个历史,它也能够超越个人认知的极限以摆脱种族的藩篱。所以,人真是幸运的,虽然我们不知道自己为什么存在,但是却拥有了探知这个问题的机会与可能,即使用尽一生的时间甚至无数世代的时间都找不到完美的答案。或者我们所探寻的答案本身就并不存在,但我并不就此认为这一切是对人类的诅咒,恰恰相反,我觉得这是人类被赋予的莫大幸运。

让我们继续扩展人类心灵收摄能力的假设吧,就像我爬山时回首走过的路程一样,如果我看不到来路的全貌,那么我就无法在宏观上把握这次旅程的一切。生命在时间维度上何尝不是类似的情形呢?如果我们的记忆力和智力都极为有限,只能总结几年之内的生活,并仅能做短期的规划,那么我们的生活也将不过是稍稍大一点的循环罢了,生命同样会无聊乏味。这样的话,人基本上还是停留在动物的层面上。

但人的脑力所被赋予的更多,他们的心灵在漫长的进化中具有了超越作为动物层面所需的能力,更确切地说是远远超越了,甚至我想把这种能力看成是无限的。于是,这种心灵收摄力的无限性与人自身的有限性构成了矛盾,这种矛盾让人类跳出了生物的单纯维度,让他们依靠着一种不同于动物的力量存在着、生活着、发展着。

我从来没有体验过像在这次与都山的亲密接触时所感觉到的自己那样真实的存在。蓝色的天幕、巨石的山峰、皑皑白雪以及远方略显模糊的地平线,构成了这个最美好而单纯的世界。它们把影像投射到了我的大脑,强有力地证明着世界的神奇以及证明我自身的存在。这种感觉第一次如此强烈地出现在我的生命中,我仿佛既看到了自己与这个世界彼此之间清晰的界限,又看到了我们是如此真切地交织成了一个系统。我之所以能够感觉那个美丽的世界是因为我和它本身是一体的,这里并没有空洞的我的存在,如果不存在这个世界我真的无法想象自己将能够以怎样的一种方式存在。

二十多岁的时候我也爬过很多山,当时的我仅仅沉浸于登山所带来的乐趣,却从没有体验过站在都山上的那种感觉。也许是人的成长,特别是知识的成长以及内心不断的成熟改变了我,使我能够获得不同的登山体验,带给我不同的视角吧。我突然惊讶于生命的莫名之美与无限神奇,那种自然与心灵之间既彼此分离又相扶相依的深刻直觉激起了我无法消除的疑惑,宇宙、人生,这一切都是为什么呢?

当这些问题开始纠缠的时候,对于我来说也正是自我意识强力觉醒的时候,也是一种不同于宗教性的重生体验。略带野性的都山以及现在我所写下的文字将是我重新去探寻生命,重新构建自我的一个起点。

也许整个人类也经历过这样的过程吧。从 25 亿多年前的太古代晚期开始最低等的蓝藻以及菌类开始到人类文明的出现,期间在地球这个美丽的行星上无数古代生物上演着从产生到繁荣再到消亡的悲剧,它们从未获此殊荣。这 25 亿多年生命存在的历史啊,长得让人难以想象。然而只有到了几千年前的人类,才开始有幸具有如此强大的收摄能力,从而跳出动物存在状态的藩篱,以理性的方式从更高的一个层次上看待自己以及生命。

这种理性的觉醒对于人来说是何等珍贵,辉煌壮丽的宇宙发展对于我们来说都是漫长而精致的铺垫,只有当我们灵魂觉醒的时候这一切的一切才具有了意义。宇宙终于可以映射在一种能够深刻感知它的存在之中了,而人在短暂的一生中也幸运地具有了理解与欣赏它的可能与机会。

每个人也许都会经历类似的过程,成长的过程就是不断延伸自己认知的过程,随着知识和认知能力的发展他最终成为一个成熟的理性个体,就像整个人类从蒙昧到文明一样。当时我所体会到的,让我难以忘记的,也许就是这种转变的巨大震撼吧。

不同的是,从那一刻开始,我觉得自己应该忘记一切,忘记所学过的知识,所看的书籍以及所经历过的人生,等等。应该从眼前的景色开始,这也许是我自己的起点,一个试图通过理性寻找自己心灵的起点。

悬挂了一轮金灿灿太阳的蓝色天幕是我所能够观察到的空间边界，我知道晚上在蓝色天空出现的地方能看到璀璨的群星。如果没有学过任何天文学的知识，那么我们就不知道星星与我们之间的距离，直觉上它们和蓝天就像是这个世界舞台上出现的不同幕布。天空像锅底一样扣在了广博的土地之上，整个大地看上去基本是平的，就算出现的众多山峦跟它比起来也显得像是放在上面小小的道具。这就是肉眼所能观察到的空间边界了。如果忘记所学的知识，我很难凭直觉判断这个世界整体的样子是什么，遥远的天际外大地到底会延伸到哪里呢？它真的是平的吗？它是否存在边界？所有这些我都不知道，想要真正地弄明白这些问题需要更多的探索，更精细的观察以及更多缜密的推理。

那么时间的界限呢？我知道这个世界在时间的维度上似乎遵守着一个美妙的循环。天气会变冷也会变热，天空会刮起狂风降下暴雨也会降下皑皑白雪。大地上的植物会在一定时间枯萎也会在一定的时间重新生长。这四个明显的阶段都有着它们自己的特点，它们被称为四季，还被人们赋予了不同的名字，人们把四季所构成的整个周期称为一年。动物也许没有关于这个循环周期的概念，但据人们观察有些动物会提前为寒冬的到来储备食物。它们何以具有这样的能力我们不知道，但对于自己来说，也许正是因为认识到了天空下的这一切在时间上的这种循环，所以我们在存储粮食的时候清楚地知道自己在做什么。

四季在时间上的循环往复对于我们不仅仅意味着如何安排劳动，它还意味着所有的人都会随着它慢慢地成长、成熟、衰老以至最后的死亡。没有任何生命能够在时间的轮回中保持永恒。存在脑海中的童年斑驳的记忆告诉我们自己的生命是从什么时候开始的，也可以通过对周围人的观察认识到所有人都会有生命的终点，自己也不幸被包含在内。我们通过生活中的观察所能确信的时间范围也就是这些了，即是心灵收摄能力所作用的时间范围。至于出生前的事，或者死后的事对于已经成熟了的理性来说根本什么也不知道，因为这些事情已经超出了心智认知的边界。

时间与空间共同的边界将我们的心灵包裹了起来，这是我们能够真切体验到的范畴,所以心灵的收摄能力也应该只作用在这样的一个范围之内,作用在这个限制了个体认知的"盒子"之上。原则上,就目前心灵对世界的认知状态,我们只应该在这个盒子里规划自己的生命轨迹,任何超过这个界限的猜测都应该仅仅停留在猜测的水平。因为就直接的感官而言,我们所观察到的具有更高的可信度,而无法观察到的就不应该下任何的结论。对抛弃了所有所学知识但具有理性的人来说的确应该如此。

但这样生活的人将是单调而可悲的,如果仅以这些能够直接观察到的东西作为世界的模本,人类将不会拥有今天如此璀璨的文化,也不会有科学、法律乃至道德。动物就是在这样的盒子里生活的,它们的盒子相对于人类来说,更是小得可怜。但它们不具有跨越盒子的能力,所以它们永远不会像人类一样生活,它们在 DNA 里面所记录内容的支配下生活着。人可就不一样了,人类心灵所拥有的强大的收摄能力是这个直觉之下的盒子所限制不住的,人任由思维横冲直撞,它们要么把这个盒子撑大,要么干脆不管不顾地跳出到盒子之外。对于人来说,也许盒子之外的世界才是最重要的,人们不仅依赖着盒子内的东西活着,还要依赖着盒子外的东西活着。

04 人作为超越"盒子"的存在

　　这个认知的边界牢牢地将动物束缚起来,动物的智力还没有发展出让它们突破盒子的能力。然而,人却不一样,当人脑作为智力的容器演化到足够发达的程度,心灵的收摄能力便不知不觉地冲出了牢笼。但对于人类来说,虽然冲出牢笼是必须的,可如果忘记了那个认知盒子的存在也将是非常危险的,因为那外在的东西足以让人丧失理智,让人发狂,乃至夺人性命、引发战争。然而,如果在心中能够有这个边界的概念,那么盒子之外的内容就会是伟大的恩赐,就像前面说的,如果认知仅局限在盒子之内,那么怎么会有今天整个人类绚烂无比的文化呢?

　　人类的收摄能力具有无限的潜能,它就像被困在认知牢笼中的猛兽,星空大地无法锁住它的贪婪,岁月时光封印不了它的欲望,为了获得满足,它首先凭借的是想象的力量。如尤瓦尔·赫拉利在它的《人类简史》中说的,是想象力把人带入了另一个维度,一个不同于动物的维度。人类想象在这天空之上,在我们视野所及之外有神的存在,人们想象死亡之后灵魂将前往冥府,海洋深处有可怕的神灵或者妖魔。神、鬼等种种想象力的造物总是躲在人类视线之外,可一经产生就再也挥之不去。

　　社会的共同想象也肯定是从个人开始的,比如那些具有丰富想象力的聪明人,或者是精神分裂的巫师,等等。他们把某种想法说出来,就会在其他人的大脑中激发同样的想象。我在《信息的演化》一书中提到"人脑云",它就像社会的超级大脑,它对应于人类发展的心智水平和认知状态。当某种想法在"人脑云"中传播开来,就会协同成一种大家共同信赖的思维模式,它对应于人类特定发展阶段"人脑云"的认知水平。

　　然而,这种想象的力量太强大了,它渐渐地形成一种社会的共同认知状态,而让人们很容易忘记那个认知盒子的边界。即使人们认识到了这一点,可个体的理性也会受到想象力的压迫,社会活动也将受到人脑云意识形态的制约。不知不觉中,社会集体的想象便决定了人们的生活。如果有一个冷静的理性生物从地球之外俯瞰人类,过往的人类生活将是一场怎样的想象力的闹剧啊。你看,不同的社会演化出了不同的习俗,有的社会认为火葬是对死者的尊重,但另外一个社会却认为火葬是给奴隶的,于是他们把死者埋葬在石砌的坟墓中。有的文化认为天葬是神圣的,有的文化认为水葬是虔敬的,等等,不一而足。那个冷静的生物看到人类的这一切,它会作何感想呢?

我说的这一切都是对死亡之后的想象,它已经超过了认知盒子的时间边界,因为我们没有谁能够知道自己死后将会如何。那么,时间边界的另外一头呢?它也是被毫不客气地超越了。在无数民族的想象中,人有来世也有前生,灵魂永恒地穿越在时间之河中。可实际上,我们关于自己的前生什么也不知道,甚至三岁以前自己是什么样的也几乎没人记得。空间也不例外,按照理性的发展,我们不知道蓝色天幕或者星空外的世界,然而那里却有一位无所不能的上帝端坐着,虔诚的教徒如此相信他的存在与威严,他们在大地之上小心谨慎地履行着教会的规则,唯恐自己犯下一点点的过错。

大多数先民的古代神话中,太阳和月亮都被想象为神,地上的人们虔敬地为他们献祭。为了给太阳神献上战俘的心脏,阿兹特克人甚至不惜发动所谓的鲜花战争。人们也相信在幽深的大地之下存在冥府,那是死去的人们所要前往的地方,无论天堂或是地狱都是人类想象死亡后前往的场所。人们被自己创造的世界吓坏了,在如是的想象面前他们无比虔敬真诚。希腊人在死者眼皮上放上硬币,帮助他的亡灵顺利渡过由卡戎负责摆渡的冥河。埃及人则为死者带上亡灵书,向冥界的神明证明自己生前的清白。

那个对动物来说是绝对心灵牢笼的认知盒子,在人类早期先民那里就已经被无视了。甚至人们已经忘记了知性的边界,彻底让想象力统治人的一切。社会的统治权让位给了既不能给我们提供食物,又不能提供安全的存在——那些盒子之外的东西。但是,它所带来的不全是负面的,事实上很难想象没有这些盒子之外内容所推动的历史,它们把人群聚集起来,从而催生了共同的宗教信仰、法律、道德以及习俗文化。人类文明史的大部分时期是以这些想象为基础的,这些想象之物和社会的现实需求结合在一起共同推动着人类的发展。即使在今天的科学时代,盒子之外的内容,为我们提供的心灵慰藉也都是非常有益甚至不可或缺的。人们不愿抛弃宗教,即使最顶尖的科学家中也有很多人都依靠这盒子之外的东西生活着。

人类不仅仅是理智的更是情感的,这盒子之外的内容能够更好地满足人类情感的需要,即使它们存在的空间也许越来越小。但最重要的是别忘记了盒子的边界,如果清楚这一点那么盒子外的世界就将是无比美好的了。

能够平息人类心灵收摄力欲望的还有另外一种方式,它不是盲目地让收摄力超越盒子的边缘,而是尽量放大这个我们被困其中的盒子,即凭借人类的知性,把认知的版图一点点推向更广阔的空间。通过望远镜人类的视野远远超过了蔚蓝的天空,月亮、太阳以及天上的银河都不再神秘。看来,"太阳神"的宫殿被人的认知力所攻陷了,那些曾有的想象沦落成了历史蒙昧时期的心灵印记,如果古代的阿兹特克人也突然认识到这一点,不知道他们是不是要彻底地崩溃呢?"月神"的宫殿更是有宇航员登门造访,那里没有嫦娥没有玉兔,有的只是一片静寂的荒芜。显微镜能够让我们看到微观世界,人类终于明白有些疾病原来是那些肉眼看不到的微生物引起的,一些医药被发明出来专门对付这些小东西,从而使人免受某些疾病之苦。在时间上人类也是扩充到了前所未有的疆界,通过地质学和考古学,人们发现了地球以及人类、古生物的历史,通过宇宙学人类的认知甚至已经延伸到了宇宙的最早期。

人类理性以及知识的进步极大地扩展了认知的疆界,现在这个盒子中的内容已经再也不会有容纳不下的收摄力了。事实上到了今天这样的时代,比如数学或者物理学的任何一个分支都能让任何一个人的智力相形见绌。可是,人总是有强烈的好奇心和渴望,虽然盒子里的世界已经足够庞大、内容足够繁多,但这个宇宙的神秘远远超越这一切,盒子外的世界仍然充满了吸引力,人类的收摄之心仍然会伸出盒子的边缘。

上述两种方式之间当然是存在矛盾的,因为理性与科学的方式是要把盒子的边缘扩大到曾经仅作为想象的领域,这就必然会造成两种看待问题的方式以及结论上的冲突。比如在人们想象中地球曾是宇宙的中心,然而科学以确切无疑的方式告诉我们地球以及太阳系内的其他行星都在围绕着太阳旋转。在茫茫宇宙之中,连太阳也只不过是一颗最普通的恒星,它也没有任何资格作为宇宙的中心。但这样的科学认识破坏了人类上千年的思维习惯,也妨碍到了某些社会群体的利益,所以两者之间展开了激烈的矛盾与冲突,即使极为明显的事实,以及那些被科学证明了的规律也要经过很长时间才能被人们广泛接受。

同样,进化论直接与上帝造人论相冲突,宇宙学与各个版本的创世说相冲突。那些过去是想象的产物被极大地冲击了,它们的空间被不断地压缩。但幸运的是盒子内部的世界还没有扩展到整个宇宙,外面仍然有想象的空间,某些神秘的存在始终在不断地滋润着人们的想象和情感,吸引着人类永恒的目光。

人啊,既依托于盒子之内的世界也离不开那外面的广阔空间,人就是这样一种超越了"盒子"的存在。只是人很容易忽略这个边界,从而造成了思维上的混乱。心灵的统摄力,是有着自己的特点的,它并不是一种简单的智力形式,而是包含了人这种智能生命最大野心的力量,因为它不把看清某一方面或者把握某一细节作为目标,它是想把握整个世界,无论是物质的、社会的还是精神的。它在每个人的脑海里都想成为最高的全部的君王,并由此统治一个人的一切。所以那已知的盒子根本满足不了它的要求,就算将人类历史所取得的全部可靠的知识都赋予一个人,他也不会满足,更何况这个盒子里包括的内容本身还存在缺陷呢。他心灵深处的统摄力一定会把盒子外面的东西拉进来,并囊括于其统辖之下。如果上帝负责盒子外面的部分,那么他的上帝也会存在,只不过他心中上帝的内涵与范畴已经远远不同于虔诚的天主教信徒的了。

这就是人类心灵统摄力的秘密,既是人类的贪婪也是伟大的秘密。为了成功,它不惜掩耳盗铃,甚至不惜将错就错。人在某种程度上来说,依靠的就是其对盒子外内容的处理方式活着,人们为了那些处于统摄力之下但在盒子之外的东西而存在,并还会为此献上最为崇高的爱,甚至宝贵的生命。

05 为什么先是想象力

    人的一生为什么如此依靠想象的东西呢？为什么想象力能够如此轻而易举地获得支配人类生活的能力呢？这些问题也超出了我的认知盒子，我要回答它们也需要跨越到盒子之外。但我不会贸然进犯到那个黑色的领域，这里真正需要的是尽可能依赖最理性的方式以及最可靠的知识进行探索。但我要事先声明，这里对上述相关问题所做的探索仍然只能是我个人的尝试与猜测。在这本书里我所做的仍然是延续我在《信息的演化》一书中的思考，或者在原来的理论框架基础上进行全新的探索。

    蔚蓝天空下的一切本来是那样的单纯与美好，可人在这片天空下生活的一切远比这个不可思议的美妙舞台复杂得多。人用想象力，用情感去粉饰所看到的一切，例如雨可以是令人伤心的也可以是让人喜悦的，关键要看这个人的处境、心情，也就是这个人本身。但雨就是雨，是这个蓝色星球上的一种古老的自然现象，与之相关的其他内容以及人们从中感到的寓意都是主观添加的。最令人不解的是，每个人都会这样，每个民族都会这样，而整个人类的文明史也是这样，这样看来这是何等情感丰富的人类啊。

    每个民族都有自己的神话，神话就是一个民族集体的共同想象。从不同人群想象的世界中，不仅可以看到这个民族对外在自然世界的认识，也能看到他们的内心世界，他们的生活环境、情感模式以及心智水平等等因素，它们都被投射到了民族神话所描述的世界当中。因此，不同民族的人们不管他们的语言、服饰以及生活习惯如何不同，他们都是分享人这种智慧生命的基本生物特征。用一句更直白的话说，不管什么肤色、什么民族，他们也都是人罢了。所以，在最基础的层面上说，他们有着共同的本能，共同的需求，共同的情感，甚至共同的灵魂。于是那些神话学大师们看到的是：各民族不管具有多么纷繁复杂的神话形式,它们的内在实质都是相同的,所有民族的神话本质上就是一个神话,它们直指人这个生物种群的内心。

前段时间我对神话突然产生了浓厚的兴趣,不,确切地说应该是很久之前就已经对不同民族的神话感兴趣了,如希腊神话、印度神话、阿拉伯神话、北欧神话、阿兹特克神话等等,它们所创造的绚丽神奇的想象世界令人心驰神往。这些神话之中我最偏爱的是印度神话和希腊神话,它们都形成了无比庞大而复杂的故事体系,两者都包括了人类内心最炽烈、丰富、深刻的情感,它们向全世界展示了人类非比寻常的强大智慧和想象力。拿起印度神话的书籍,我的内心就可以处在远离俗事的平静中获得安宁和满足,这不仅仅能够让我了解复杂深奥的印度文化,还能让我的心灵驰骋在神话世界的无限美好之中。在这里,可以暂时抛弃人世的紊乱纷繁而享受心灵的超凡潇洒,让爱情之火炽烈地燃烧,让灵魂忘记生命沉重的羁绊与藩篱。不禁想象如果神话中的世界是真实的该有多好,如果我真的生活在神话世界中那该是何等奇妙。

但这种想法也许是经不起时间考验的,我们作为智慧生命的存在,天生就有突破认知层次的狂热需求,没有任何一个认知层次会让我们感到满足,因为我们的存在不在于生活于什么样的层次,而是在于我们一定要在有限的生命中不断地突破自己的层次。亲爱的读者,我不知道你们是否认同我的观点,但是我就是这样想的,一个没有任何秘密而言的世界对于我来说就是地狱。

所以在这里请允许我冒失地僭越到神话学的领域,向你们展示我自己关于神话的一些肤浅看法。把那些无比瑰丽神奇的神话世界留给孩子们吧,我所关心的是神话故事更上面一层的东西,因为这些内容关系到我们认知力的"盒子"。

世界上几乎没有哪个民族的神话不包含创世神话的,虽然不同民族的创世神话在认知方式以及精细程度上存在很大差异,但每个古老的民族都在尝试给所身处的这个世界一个源起上的解释。不同民族的创世神话在《新大英百科全书》中被分为五种类型:由至高的创世主所主宰的创始、通过生成的创始、世界父母的创始、宇宙蛋的创始、陆地潜水者的创始。

这里不妨先看几个例子。古埃及的宗教信仰经历了极为漫长的时期，他们的神明最具特色的是大部分都由动物的头和人的身体组合而成。其中最重要的神祇之一是太阳神，在不同的城市太阳神有着不同的名字，后来由于政治上的原因，太阳神也会被组合到一起，赫里奥波里斯（Heliopolis）的拉和底比斯的阿蒙神被组合到一起成了阿蒙－拉。在那些对于我们来说略显怪异的神明出现之前，赫里奥波里斯的埃及人认为世界上只存在原初之水，然后在这原初之水中生出了莲花，再由这莲花之中生出了太阳神阿蒙－拉。太阳神的子女风神休和雨水之神泰芙努特结合诞生了天穹之神努特和大地之神凯布。人类是太阳神用眼泪创造的。埃及的神话还存在其他的创世版本，但它们好像都和原初之水有着不解之缘。沿着赫里奥波里斯的创世神话，之后的人类生活就是可理解的了。埃及人在尼罗河有规律的泛滥节奏中一代代地繁衍与生活着，他们在这样一套神话体系之下，或者说在他们灵魂深处的这种信仰之下几乎以不变的生活模式延续了三千多年。

阿兹特克人的神话也有与之相类似的地方，他们认为最初的世界只是一片混沌的水，此后 Ometeotl 大神将自己从这样的混沌中创造了出来，Ometeotl 具有男性和女性双重神格，他后来创造了阿兹特克的四大创世神。与 Ometeotl 同时在水中出生的还有怪物 Cipactli，后来四大创世神齐心协力杀死了长相丑陋令人恐惧的水怪，并用它的身体创造了世界。

美索不达米亚是另外一支古文明的摇篮，底格里斯河和幼发拉底河孕育了无数伟大的人，既非闪族亦非印欧族的神秘苏美尔人在这里创造出了伟大的文化。后来的阿卡德人、巴比伦人、亚述人甚至迦南人的神话体系都直接或间接地来源于苏美尔人。研究苏美尔历史与文化的美国宾夕法尼亚大学近东文明系教授萨缪尔·诺亚·克拉默尔教授在他的《苏美尔神话》一书中总结的苏美尔创世神话如下①：

---

① 萨缪尔·诺亚·克拉默尔. 苏美尔神话［M］. 叶舒宪，译. 西安：陕西师范大学出版社总社有限公司，2013，P49.

1. 首先是原初瀛海。它的诞生与起源没有讲，苏美尔人将其构想成永恒的存在，是不太可能的。

2. 原初瀛海产生了宇宙山，将天空和大地连为一体。

3. 以人的形象构想神，安（天空）是男性，基（大地）是女性。大气之神恩利尔连接着他们。

4. 大气之神恩利尔从大地上把天空分立出来，而他的父亲安则统治着天空，恩利尔本身获得了他的母亲基，就是大地。

这是苏美尔人的创世神话，与上一个创世神话比起来，可以发现一个非常不同的地方，苏美尔神话中有些神早在天地分开之前就已经存在了，而赫里奥波里斯的神是由莲花中出生的。但苏美尔的创世神话令人印象最深刻的就是它表现得极为明显的俄狄浦斯情节，因为大气之神恩利尔是天空之神安和大地女神基的儿子，他分了父亲和母亲，并且自己获得了母亲。这显然要比弗洛伊德试图证明的犹太教是"父亲宗教"，基督教是"儿子宗教"的过程直白多了。然而，这一点并不是本书要探讨的内容，只是因为这很难不让人想到弗洛伊德罢了。不过谁又能确信这不是苏美尔人用俄狄浦斯情节的涂料粉刷过的宇宙起源的模型呢？

事实上很多民族的创世神话与之类似，埃及神话中就有与之类似之处，只不过不同的是埃及的天空之神是女性，大地之神是男性。毛利人的创世神话以及希腊创世神话等也属于这一类型。毛利人的父亲天神兰奇（Rangi）和大地母亲巴巴（Papa）就是被他们的儿子分开的。而赫西奥德（Hesiod）讲述了作为天空之神的乌拉诺斯与大地母亲盖亚被分离的故事。相对于上一个物质起源的神话，苏美尔的这个神话显然又多出了一些内容，因为这里神不是出生的，他仿佛和宇宙山一样的古老。

前文提到了基督教，那么就看一下《圣经》旧约部分的《创世纪》吧——犹太人的创世说，这也许最为人们熟悉不过了。《创世纪》简约明了的第一句就说明宇宙是上帝创造的——"起初神创造天地"。然后神的存在就有了场所：地是无形的虚空；深渊之上一片漆黑；神的灵在水面上运行。然后接下来的就是六日的连续创世工作了,神说:"要有光!"就有了光……六天之后人也被造好了,并且他们已经拥有了繁衍和发展的舞台,也许这个舞台就是早期《圣经》作者认知力的"盒子"吧。搭建完生活的场景后,第七天上帝终于可以休息了,《摩西十诫》中告诫人们一定要守安息日。旧约《创世纪》中,神是一切的开端,诸如天地星辰这些物质性元素都是神创造的,这一点明显不同于苏美尔的创世神话。

关于创世神话还有一些风格更为迥异的,例如毛利人中流传着这样的宇宙起源故事:有一只鸟把蛋下在了原始的大海里,蛋破裂开来从中出来了一些神奇的东西——一个男人、一个女人、一个男孩儿、一个女孩儿、一头猪、一只狗以及一条独木舟。这条独木舟把所有生物带到了新西兰①。西藏甘孜州乡城县、稻城县民间流传着《十个神鸡蛋》的创世故事:一只神鸡分三次一共下了十个鸡蛋,其中有三个鸡蛋飞到了天上变成了太阳、月亮和繁星;有三个飞到中间变成白云、高山和树木;还有三个变成了水、土壤以及岩石;最后一个变成了人②。

一则印度创世神话中也谈到了"原初卵":

> 太初之时,唯有梵。
>
> 宇宙是一片冥蒙。它不可见,没有特征,超越感官,没有生,没有死,没有存在也没有不存在。没有昼,没有夜,一切浑然难分。
>
> 但在这个混沌的宇宙中,自存自有的至高精神业已存在。它不可知,因此也没有名字,但后来人们都把它称为"梵"。它是这个宇宙的本原,永恒存在而不可见。人们这样表达对它的崇敬和疑问:
>
> "既无生,亦无死。既无昼,亦无夜。只有它,按自己的方式呼吸,却并非呼吸空气。"
>
> ……

---

① 约瑟夫·坎贝尔. 千面英雄[M]. 杭州:浙江人民出版社,2016,P260.
② 王远明. 从多元性到体系化:论康区创始——后创始神话体系[J]. 中华文化论坛,2014(7):154-159.

梵决意使得世界诞生,万物形成。于是,从"无"中产生了"有",至高精神首先创造出了水,然后在水中放入了一粒种子。

这粒种子变成了一个金色的卵,像光芒万丈的太阳一样耀眼。至高精神梵于是以创造之神"梵天"的面貌出现在金卵里。

梵天孤独地在金卵中居住着,超过人类想象的漫长年代就这样在他的思索中度过了。最后,创造神梵天用他思想的力量,将金卵一分为二,上半部分变成苍天,下半部分变为大地。为使天地分开,梵天又在它们之间安排了大气,确定了东西南北的方位,创造了时间和空间的划分。宇宙就这么形成了。

……

最早的人类,则是梵天把自己分成两半,结合生下毗罗吉,毗罗吉又生下了摩奴。摩奴是所有人类的祖先①。

从印度的这则创世神话中,我们可以看到印度古人对宇宙起源展开的极富哲理性的思考,他们相信宇宙最初只有被称为梵的至高精神存在,天地万物所有物质性的存在都是从这样的至高精神中产生出来的。印度古人在思维中受到"有"与"无"的困惑,他们试图跳出这种没有任何结果的思考状态,所以他们认为在那原初状态中不可以用"无"或者"有"来限定梵,因为那至高的存在在他们的心中早已超越了这种让逻辑显得难堪的层面。

上面所有的创世神话都体现出了发展的过程,这些不同的神话都认为宇宙是从一个更单纯统一的状态中演化出来的。与此不同的是,有的宗教将宇宙的存在看成是一个循环的过程,他们并不把宇宙看成是神创造的,其永恒性就是根本的实在。耆那教的信仰体系就直接面对这种宇宙存在的无限性,宇宙在时间流逝中直接体现为一个无限的循环过程,这种循环构成了宇宙之轮。耆那教给这样的时间之轮赋予了十二条形象的轮辐,轮辐的旋转不仅代表了时间的循环也代表了人类生活的循环。这个无限旋转的过程中有人类

---

① 杨怡爽.印度神话[M].西安:陕西新华出版社传媒集团、陕西人民出版社,2015,P01.

生活处于上升期的美好时代,生活在那个时代的人们道德高尚、体格高大、生活富足,而且人的寿命很长。而在循环的下降期,人类变得越来越矮小,道德下滑,生活越来越困苦,寿命也会越来越短。人被绑在了这永恒的时间之轮上。耆那教并不信仰神,只相信祖师,相信战胜欲望能够让灵魂达到更美好的境界。

不同民族对宇宙及人类起源问题的看法是相当不同的,还有其他许许多多的创世神话由于受到篇幅的限制无法一一列举(比如北欧神话以及琐罗亚斯德教的创始说等)。但不管怎样,关于宇宙的产生问题每个民族都有着自己的看法,但有了这几个例子,其他关于宇宙产生问题的认识也许并不会给我们带来任何新意,它们只不过是在最底层的认知上变换一种形式罢了。

在这些创世神话中,一个耐人寻味的区别就是,有的民族认为物质是最先存在的,即原初的宇宙只是物质性的存在,神以及人都是从这种物质性存在中产生出来的。比如上面提到的赫里奥波里斯创世神话中的原初之水,阿兹特克的混沌之水等。但是也有些神话认为精神性的存在是最原始的,比如上面提到的犹太人的上帝、印度的"梵"。这两种认知方式上的不同在人类的行为上制造出很大的差异,从而造成深远的社会影响。另外,还有像耆那教这样直接面对宇宙的无限性的,这里并没有给宇宙赋予一个源头,它只是在内心深处接受了宇宙的永恒性。

但是无论从哪种方式,我们都可以看到几乎所有的民族在他们的理性刚刚觉醒的时刻就开始寻找宇宙产生问题的解释。当他们充分意识到时间永不停息的流逝现象后,这种寻找答案的渴望就变得越来越强烈。由于世界上如此复杂多样的物质形态是难以让人理解的,人们便自然而然地想到如果这些事物不是由某种单纯简单的物质形态演化过来的话,那么它们将是根本无法被理解与掌握的。有两种无限性常困扰着那个时代的人们:一个是物质形式上的多样性,另外就是时间回溯过程的无限性。正是为了避免上述无限性的困惑,早期的人们会把宇宙存在样态的丰富多彩归结为某些简单的存在,比如归结到基本的水、土等他们认为单质的元素,那么这种无限就获得了一定程度的可理解性。或者认为不同的事物分有某些共同的存在比如某种神圣性,也会起到同样的效果。早期的神话以及后来的哲学都有这方面的尝试,只不过两者采用的方式不尽相同,当然它们也对应着人类心智的不同状态。

当所有的存在被归结为一种或几种单质的元素,或者是因为分有共同的内容而获得一定程度的整体性,那么人类的理解力就感觉到某种暂时的解放和满足,或者他们认为至少对事物在形式上有了整体性的把握。但还有另外一个无限性困扰他们,那就是时间的无限性,随着时间的回溯,世界不可以永远是如此繁杂的,因为那样的话时间的无限性将变成永恒的困惑,于是世界必须是演化的。这种演化过程必须是从简单到复杂,否则的话就不可能存在一个源头,它也就是人们为了寻找解决无限性必须诉求的东西。于是我们就看到了在早期神话中,世界总是从一个或者很少的几个元素演化而来的,这些一个或者很少的几个元素变成了起点,它们至少给时间回溯的无限性带来了并不那么完美但仍让人感慨宽慰的解决方案。

在上面的埃及神话中这个解决方案就是原初之水,在犹太人的创世神话中就是上帝,在印度人那里就是梵。也有的神话归结为几个简单的存在,比如北欧神话中的无底鸿沟和它北面的尼福尔海姆及南面的穆斯贝尔海姆,或是琐罗亚斯德教中光明与黑暗两个世界以及分别居住其中的阿胡拉马兹达与阿里曼。

但不管是原初之水或者成为混沌的物质性的原初存在,还是上帝或者"梵"的精神性存在,甚至几种类型的简单存在,它们都是解决无限性的一种无可奈何的选择。其实人们并没有真正地解决无限性,但这些想法至少会让内心获得些许的安慰,让人们在感觉上可以对整个宇宙有整体性的把握了。在没有整体性把握的自我欺骗下,人类的生存将是不可想象的,将是可怕的。

事实上,人类今天仍然没有在时间回溯这一端有整体性的把握,从现在宇宙学的进展上看,人类仍无法给这个无限性提供一个完美的封印。宇宙如果像彭罗斯教授在他的《宇宙的轮回》一书中所说的,是循环性的存在,那么人们不得不面对时间上的无限,就像耆那教对宇宙的认知一样,我们得直接面对演化的无限。

无论神话中宇宙的产生是物质演化的结果，还是神创的甚至是永恒循环的，它们都没有真正解决时间无限的问题，但人类通过神话或者像耆那教那样直接接受无限性至少为这个问题的解答带来了慰藉。神话的种种构思让人们获得了一种解脱，可无论如何，那些善于思考的人们将永远摆脱不了这个世界带给我们的困惑：宇宙啊，你为什么存在呢？

创世神话只不过是解决问题的人工方案，我们很容易迷失于这些神奇的想象中而忘记它们所要解决的问题本身及其起因。不同民族的创世神话只不过是在用不同的形式回答同一个问题，而这个问题也有着同样的起因。

我们知道日常语言中"聪明"与"智慧"这两个词之间的差别，但是却很难明确地表达出两者的差异。我在《信息的演化》一书中提到了人的认知论模型，它包括三个不同的层次：信息层、知识层和智慧层。从这个体系的角度来看，"聪明"更多的是用于形容一个人信息层行为的，而"智慧"则主要用来形容人的智慧层行为。心灵的收摄能力对应的是人的智慧层，那么当人的智慧层收摄力试图作用在认知盒子时空边界的时间起点上时便会遇到问题，这就是时间的无限性和智慧层整合力之间的矛盾。因为对于人类的有限心智来说，时间回溯的无限性显然是无法理解与接受的。

显然，这种无法理解所造成的后果是可怕的，特别是对于早期的先民们来说。为了摆脱这样的恐惧，他们需要找到一种方法来获得安慰。人类开始对这样的问题进行探索，于是神话可以被理解为这种早期的尝试之一。在那个蒙昧的时代，想象力也许是唯一能够使用的工具。就这样，先民们必须通过想象填补空白，创世神话就这样产生了。它们形成于那些富有想象力的头脑，但一经从个体的口头传出，便容易在群体中形成一种共识，因为它本身形成的是一种认知形态的外在表达，它会作为一个强大的序参量在当时的整体认知水平上起到协同作用，从而形成那个群体的特定认知方式。

后来的宗教、哲学以及科学与这些神话有着同样的作用，它们都是人类为了跨越那个不可逾越的鸿沟而发明出来的。从神话到宗教、哲学以及科学的发展过程体现了人们在解决这个问题上表现出来的不断增强的理性，但它们的作用有着相似性，它们都在帮助人类头脑中智慧层的收摄力。在宇宙源起的问题上,这种收摄力试图跨过无限所带来的困扰,将不可理解的过去变成可理解的,使智慧层的收摄力在这个地方表现出一定的完整性,从而也把人类自身和整个宇宙联系起来。自然界仍是自然界,它既不会眷顾人类也不折磨人类,它永远都会是纯粹的自然。然而在有着这种收摄力的整体性体验后,世界变得是可以理解的了。甚至在这种整体感中人类可以找到与它交流的方式。于是,天地之间的万物显得生机盎然,生命仿佛因为找到了某种价值性的存在而感到释然与惬意。

然而,想象力毕竟是想象力,它在解决这个问题的时候显然留下了很多破绽,比如我们仍然可以在这样的想象中看到人类这种生物性的特点。很多创始神话中天空代表父亲,大地代表母亲,宇宙万物是在同人类一样的有性生殖的过程中被创造的。有的神话把人的呼吸过程赋予了宇宙,也许当时的人们觉得呼吸是生命的特征吧,它们自然认为这种特征也存在于宇宙整体,比如印度教中梵的呼吸,老子《道德经》中"天地之间,其犹橐籥乎?"等等。这些想象不正是说明人类是按照自己的特点来想象宇宙的吗?

另外,这些解决方案并没有真正解决时间回溯上的无限性,只不过是将其还原为一个简单的类似于源头的存在。面对这样的困难,人类不惜自我欺骗,或者通过强制性来压制内心的不安与困惑。上帝创造宇宙之前发生了什么? 阿兹特克的神怎么能够实现自我的创造呢? ⋯⋯这些问题我们也许不可以再追问了。除了对于那些善于思考的人来说,谁会愿意想这些问题呢?因为这些问题与现实的生存处境之间的关系并不那么近,它们太过虚无缥缈了。不管怎样,这种想象力的神奇创造总算可以交差了,有了它们人类的生活毕竟舒服了很多。

如果我们把时间的回溯方向定义为左方,而指向未来的方向称为右方的话,那么创世神话就可以说是人类的认知盒子在其左边缘发生的事情。这些问题的产生显然是无法避免的。还记得我前文描述的登上都山山顶的感觉吗? 在那里我发现了自己处于那样的一个盒子中,并且极为强烈地意识到自身的存在。空间边界、时间边界将我包裹起来,如果我没有学过书本上的知识,我不会知道这个小小的盒子之外的任何事情,幸运的是我并没有处在那样的状态中。不过也许我们可以试想遥远的过去，那些古代的先民们就处在这样的狭小的盒子中，因为他们还没有创造出人类今天如此庞大的知识体系。他们只能看到蓝色的天空，以及在这里上演的天气变化，夜晚的星空只不过是天地舞台的另一块漂亮的幕布罢了。他们同样能够看到人在时间流逝过程中的生老病死，但他们不知道一个人死后会在他的内心深处发生什么，人对死后的世界茫然无知，那些死去的人还会有灵魂存在吗？它们将去往何方？他们什么也不知道。但对于生命过程他们可以看到人生的开始，看到一个孩子慢慢长大成人。他们肯定人类是由祖先那里这样一代代繁衍而来的，但他们这样想着马上就会遇到困难。因为这一思路将在回溯时间的过去时面对无限，无限显然是可怕的，用人类的心智无法很自信地掌握。

这就是当时人类认知盒子左边缘所面对的处境，那个时候人类可以向前追溯无穷个世代，但是他们并不认为人类自身的特征会因为世代的回溯而发生变化。毕竟进化论虽在古希腊出现了雏形，但进化论真正占领人的认知还要等待达尔文的出现。这种回溯带来的巨大麻烦，就使人的智慧层收摄力显得手足无措。毕竟那是无限啊，设身处地地想想就让人感到可怕。

我们不会放弃智慧层的收摄力的，因为缺乏整体感，人就会在所生存的环境中感到害怕。同样认知盒子左侧的无限也是无法消除的，因为它那样明显地符合当时的逻辑。于是两者的矛盾产生了，一个不愿放弃的捕猎者和一个不肯降服的猎物之间的故事上演了。在那个知识贫乏的时代，人们没有过多的方式处理这种内心的危机，想象力于是就成了最有力的助手，它形成于人脑，最后在社会中演变成了无可置疑的伟大信条。类似耆那教那样承认时间无限性的态度，其实也是解决上述矛盾的一种方案，只不过这种方案中捕猎者彻底地放弃了，因为它认为这个无限性怪兽本身的存在是一种不可争辩的事实，人们只能承认它、接受它。但这就会带来新的麻烦，无限的循环同样会折磨猎手的内心，因为它代表的是一种束缚，一种生命轮回之轮的束缚，于是从中找到跳出轮回的修行途径就成了与之相似的信仰体系的内心追求。他们想摆脱这样的让人难以忍受的无限，他们想超越这样的境界，于是就有了"涅槃"。

通过想象，人类也仿佛找到了和这个宇宙沟通的方式，他们试图通过某种仪式性的活动，或者控制自身的欲望以及通过提升自己的道德等方式来与这个庞大的宇宙系统进行交流，企图让这个自然界能够按照人类的意愿运行。所以我们可以从那些仍然处于相对原始状态民族的种种诡异的神秘仪式中看出他们对这个世界的看法，当然也可以看到人类自身的欲望。

前段时间有机会和几个爱好户外的朋友一起去一座无人居住的小岛，我们在那个小岛上露营，一起在海边观看日出日落还有那浩瀚的星空。那个小岛由两座小山构成，两者之间由一块两边是海滩的狭窄的陆地相连。我们把帐篷扎在了海岸线相对平直的一侧，可以看到夕阳从海边落下。另外一边的海岸线是月牙弯刀的形状，它与两座山峰一起环抱着蔚蓝的大海。从这边的沙滩走到另一侧仅需几分钟时间，所以整个岛并不算大。

第一天晚上我坐在西侧海岸边注视着夕阳，它渐渐地沉入海平面，并在海面上染上一层温暖的金色余晖。已经好久没有这样认真地观看日落的景象了，我突然意识到地球的自转原来是那么的快，时间的速度在这里变得如此直观，不免让人心生感慨。

在这个忙碌的地球上，曾经生活过跟我们一样思考的人们，这个场景怎能不让我想起苏东坡的《前赤壁赋》呢："寄蜉蝣于天地，渺沧海之一粟。哀吾生之须臾，羡长江之无穷；挟飞仙以遨游，抱明月而长终；知不可乎骤得，托遗响于悲风……"而对于今日具有如此知识储备的人类来说，会在怎样的深度上寻求答案呢？我们又会怎样思考自身的存在呢？

远古先人远没有现在人们对宇宙认识得这么深刻，他们仍困惑在大自然的无限神奇中。神话也许就是他们对宇宙进行探索的最初尝试，它只不过是后来的宗教、科学的早期版本。神话借助丰富的想象，创作自圆其说的故事，他们凭借于此让生活变得完美很多，因为他们仿佛找到了一种自身与宇宙联系的方式，一种从中获取生命价值的方式。自然界还是自然界，但经过这样一番想象所沉淀成的信念，一切都不同了。

户外最美妙的好处在于它能够让人暂时忘记世间的一切，能够让人从内心深处接触自然，每次旅行我都会这样，最好选择人迹罕至的地方把所学的知识也忘记,让自己感觉仅仅作为一个会思维的生命而存在。

第二天,几个帐篷的灯光早早地亮了起来,天上的星海拖着金色的月牙船与之遥相呼应。我们几个借助头灯的灯光前往东边的海湾,停下来在那里静静地等待着日出。夜很安静,偶尔的几声鸟鸣还有海浪拍打沙滩的声音让夜色更显宁静了。我们这些在城市中生活惯了的人们,来到这样一座无人小岛观看日出不免心怀激动,但大家都没有说话,只是静静地注视着遥远的东方。视线的最远处仍是一座岛屿,那座岛要比我们所在的小岛大多了,岛上群山连绵,太阳将在这些山间冉冉升起。

我从没有意识到太阳升起会在天空中形成那么细腻而丰富的颜色变化,首先最靠近海平面的天边被染成了淡淡的橘黄色,这种橘黄仿佛知道自己明确的边界,它很快将由金黄色过渡成清晨的蔚蓝。用不了多久,这种橘黄色就开始扩散,夜色与星空在它的逼近过程中悄悄地褪去了。海面上开始反射金色的光芒,就像它也许曾在很多人美好的梦境中出现过的那样。天空越来越亮,不知不觉中橘黄色散开了,当意识到想要再去寻找它的边界时它已经不见了。世界更明晰了,它为太阳的初升做好了最后的准备。终于一轮金色的太阳以它难以抵挡的美出现在远处的天边,我被它的美惊呆了,这是多么伟大而神奇的存在啊!

我想如果我是远古的先民,那么这样的美将会给我怎样的心灵体验呢?也许这种无与伦比的美曾引发了人的无限惊奇,并让人产生无限遐想。他们崇敬这个神奇世界,他们害怕它但是也需要与之交流,所以他们通过想象赋予这个世界以人性,但自然界又是如此不同于人,所以他们认为这里面一定包括超越人的内容,他们便称之为神。太阳如此遥不可及,却照亮了整个世界,它显然需要具有这种神性,于是它渐渐成了神,它被想象成了一种与人的存在相关甚至可以通过某种途径可以与之沟通的存在。如果这样的信念产生了,那么当看到如此壮观的日出景象时,一种与宇宙奥秘间情感的交流便会在心中悄然开始,它刺激了体内激素的分泌,鼓舞了内心最纯真最原始的情感,于是在那个日出的庄严时刻我深深地感到:"阿波罗啊!你仅用日出之美就证明了自身的神性。"

即使它提供的是一个并不算完美的答案，但是想象力在那个人类认知盒子非常有限的岁月里却如此不可或缺、如此重要。它填补了人类心灵之所需，并支撑着人类生命的价值与意义，它成了人类在理性以及知识储备都极为匮乏的年代唯一探索盒子之外未知世界的工具。

人们的智慧层如此强烈地、根深蒂固地要整合盒子以及其外部的一切，那么盒子的有限性必然和智慧层的收摄力发生矛盾，想象力就在这一矛盾中插手了，它的工作虽然没有能够解决矛盾但是也缓解了两者的冲突。

盒子的每一个边界都会可能和收摄之力发生冲突，前文的创世神话就是盒子的时间回溯边缘（或者我们称它左边缘）与收摄之力的冲突。人类以自身的角度向前回溯，回溯自身世世代代的繁衍便构成了一种无限，即使是现代人也会感觉到不安的无限。这种无限显然是收摄力所无法容忍的。于是矛盾愈演愈烈，想象力不得不插手相助，创世神话就这样产生了。当然这里也不排除像耆那教那样直接面对并坦然接受无限性的。但这仍然否定不了创世神话的普遍性，因为跟原初民的创世神话比起来，耆那教毕竟是一种相对成熟的信仰体系，且出现的时间相对较晚。

创世神话越是普遍，仿佛越能说明人类认知盒子左边缘与智慧层收摄力之间矛盾的普遍性。除此之外，我们也可以探讨盒子的其他边缘，看看那里的认知边界和收摄力之间具有什么样的矛盾，它们之间的矛盾又如何通过想象力的工作进行弥补。

神话是人类认知发展初期智慧层收摄力与未知领域碰撞出的必然产物。不过在探讨下一矛盾之前，我想先仔细地看看智慧层的收摄力。它如此普遍地存在于人类社会，并且一直伴随着人类的整个历史，我在下一节将大胆地把这种收摄力看成是智慧层的本能。

06　作为智慧层本能的收摄力

在我的论文 *A Personal Epistemology Model：From the Perspective of the Development of Personal Information Management* 以及拙作《信息的演化》一书中，我都探讨过个人认知论的三个层次：信息层、知识层和智慧层，并基于此进行了模型的应用与拓展。这里所做的仍是思考的继续，本节我将探讨这样一个假设：智慧层的收摄力（或者我们也可以称之为整合力）是人类的一种本能。

动物的存在不能没有智慧层。就像以前的文字中我经常表达的那样，不能仅从字面意义上理解"智慧层"，就像夸克的"色"与"味"一样，它只是个名字罢了。动物的智能层可以非常简单，它甚至可以根本不存在与智慧一词本身所具有的意义间的任何联系，比如动物只有简单的生存本能、性本能等。但如果没有了智慧层，那么它将沦为一种机械性的存在，机器人就目前的水平来说就是一种工具性的机器。

人从动物层面进化而来，也就是说早期的人类仅仅具有简单的和动物处于同一水平的智慧层和信息层。信息层支配所有的日常活动，在弯曲的道路上行走、挑选最红的最成熟的果实、躲避疼痛等行为控制都属于信息层。但信息层的行为要听命于智慧层，因为智慧层包含了生命存在的最高指令。正是因为这一点，动物的所有行为都围绕着它展开，我们的社会生活、喜怒哀乐最深的根源即在于此，从这一点也能看到我们作为生物存在的局限性了。

信息层和智慧层构成一个整体，它们是在生物的漫长进化过程中形成的。生物个体诞生以后就在这个本来只有单纯的物质层面联系的宇宙中确立了一个边界，它把自身和自身以外的一切隔离开来，对它而言外面的一切只不过是生存的环境，我在探讨信息的演化时也曾说过这一点。既然自身和外界分开了,那么自身就是一个整体,这个整体的每一部分都为整体的存在发挥作用。就像丹尼尔·沃普特在他的 TED 演讲中所说的那样,大脑也许的确就是动物为了适应环境所进化出的产物。动物拥有了大脑才能够更好地适应环境,诚如杰拉德·埃德尔曼所说,人脑并不是为了提供物理世界的客观图景,而只是为了提供对环境更好的适应性。通过大脑,动物能够更协调地控制生物体的整体动作,从而带来更大的生存机会。所以,也许正是这种动物大脑的整体协调性才赋予了意识的整体收摄力,它必须使自身在意识层面保持一致,否则它将很难在复杂的环境下完成自我的生存目标。

人类大脑的功能与结构远远超越了动物,其智慧层所包含的内容也远比动物复杂,它不仅包含动物层面的本能内容,还包括更为复杂的社会及个体生命的哲学认知以及价值体系等。但这种作为意识的整体性并没有因为人类高度发达的大脑而消失,人们一直希望从整体上把握世界以及自我,这种倾向表现在每个人类个体的头脑中,也表现在社会整体的意识中,还表现在人类的整个历史中。我们并不是像动物一样冷漠地无视未知,恰恰相反,人类的好奇心永远指向人类尚未认识的领域,对未知的内容进行想象就是这种收摄力所最早采用的手段之一,所以我们可以从这个角度理解普遍存在于不同早期文化中的创世神话。

在人类个体的头脑中,这种整合将把世界的一切和自身的生物性本能结合在一起,并通过深层的智慧活动将所有的信息整合成一个认知体系,从这一认知体系中将派生出人对价值的判断,这些价值将衍生出其生活的准则。这种智慧层的整合本性也许就来源于生物体自身的整体性,虽然在人脑中被整合的内容以及整合方式本身都变得极为复杂,但是智慧层的收摄力仍可能源自于动物自身的整体性。如果这样考虑,那么人类的智慧层收摄力便自然而然地成为了一种本能。任何时代的人们、任何生命个体都将受到这样一个本能的驱使,虽然这一点在不同个体身上表现的程度和方式不尽相同。

创世神话的普遍性正是对这种根深蒂固的本能的良好说明,几乎每一个文化都有对世界起源的猜想,而这些想象的普遍模式就是世界往前回溯过程中物质世界的丰富性与异质性将慢慢减少,最后形成一种或几种简单的存在，宇宙获得了某种统一。这样，实际效果上就仿佛赋予了世界源起方向一个端点，但这种解释并不完美，因为我们转而就会追问到存在自身，那个一直困惑着人类并不断吸引着人类关注的哲学问题。不同创世构想的这一相同模式也许反映的正是这种智慧层收摄力自身的本性，它如此普遍，以至于让人联想到它就是智慧层的本能。

这种收摄力不仅仅作用在人类认知的早期，即使对于今天的人类认知状态，它也仍然在发挥着本能的作用。这种智慧层的收摄力本身就是科学以及哲学等学科发展的重要原因与动力之一。人类不断地探索未知领域，并且不断地把新的发现纳入到已有的知识体系之下，如果出现无法驾驭的内容，那么人类就会寻找更深刻的可以解释这些新内容的知识体系。创世神话显然是粗糙的，后来的宗教体系相对而言就比较细腻而深刻，它把原来的神话精炼成更为系统的体系。这里我们可以看到人类理性为了维持其信仰体系而做出的巨大努力。比如基督教的神学家们利用他们的聪明才智努力证明上帝是真实存在的，他们试图通过理性捍卫整个宗教体系的完整性。

自然科学方面也是如此，比如伽利略相对性原理与麦克斯韦方程是相互冲突的，牛顿的万有引力跟光速极限也是相冲突的，牛顿的引力理论已经没有办法精确地解释水星近动的问题了，这些问题已经超越了牛顿力学的体系大厦。知识体系的裂痕出现了，那么为了重新把这些问题控制在智慧层的收摄力之下，就要发现更深层次的理论体系以能够将上述的矛盾化解开来，于是爱因斯坦的相对论横空出世。虽然，相对论取得了很大成功，它已经成为宇宙学的基础理论，但是它与量子力学之间的矛盾仍然是存在的，现在人类的智慧层收摄力正在作用到这样的矛盾上，很多学者的宝贵精力献给了这一问题，但时至今日仍未获得令人满意的解决方案。

标准模型中包含 17 种基本粒子，它是现代物理学取得的最伟大成就之一，但是这一模型只能解释宇宙的可见物质部分，至于那些占据了整个宇宙96％的内容物部分仍然无法取得很好的解释。未来当人们对暗物质或者暗能量的研究取得一定的实质性的进展后，一种更完整的理论也许将会产生，它将能够提供对物质世界更深刻的解释。而驱使人类进行如此不断探索的动力之一就是这种智慧层的收摄力。它的存在仿佛预示了，只要有未知的内容存在，人类的探索就将不会停止，它的张力永不停歇地延伸到了人类已知的范畴之外，而这样的追求与人类的实际需求以及物质利益无关，虽然在这些探索过程中将受到上述因素的巨大影响。

也许我们可以把神话、宗教以及科学都看成是人类在处理自身与世界以及社会、心灵内在关系上的不同努力方式，人们一直在为认识这个世界并在这个世界中找到理想的生活方式而不断探索。他们跟那些在本能单纯驱使下生活的动物如此不同，在意识觉醒的那一刻开始就试图依赖某种认知体系生活着。这种认知体系就意味着透过事物纷繁的表象而找到它们内部的深刻联系，这样心灵仿佛因为找到更深刻的内容而获得某种超越感和满足感，这样的循环过程自然而然地导向了一个整体，也就是我们认为的收摄力作用的结果。

人类长期的进化过程和个体的成长过程都把我们塑造成了一个线性思维的动物，我们自然而然地把这种模式运用于所见到的一切现象之中，这也许就是这种收摄力的最初来源，谁让我们的大脑配备的是单核 CPU 呢？

人在成长的过程中会不知不觉地受到这个收摄力的作用，不知不觉中这个周围的世界在内心中就会形成一个整体。这一整体提供了人在其中生活的基础，它不能分裂，否则将是非常可怕的。当新的现象或者信息试图破坏这个整体性基础时，收摄力会马上显现，它会尽力在心灵深处保持对外界认知的整体性。它为了灵魂的健康而显得那样的迫切和不择手段，甚至很可能无视道德和理性。比如一个非常理性、严谨的物理学家，有一天真的看到了鬼魂（我们假设真有鬼魂存在并确定无疑地出现在他的眼前）。即使他像《生活大爆炸》中的谢耳朵一样，先是一惊，然后因为马上意识到这肯定是他的好友们弄的恶作剧而获得心理上的准备，但当他发现这不是恶作剧时，他肯定会吓疯的，因为在他的大脑里物质世界的运作规律没有给鬼魂这类事物留下任何的位置。而现在出现在眼前的一切极为强烈而真实地破坏了他智慧层所构建认知的体系的统一性。所有之前的收摄力工作已经被无情地破坏了，他于是彻底地崩溃，晕倒在极度的恐惧与被彻底否定的折磨之中。

过几天,他的意识开始恢复正常,但发生的一切没有办法让他忘记,他也许会自欺欺人地告诉自己:前两天我经历的都是梦境,那出现在眼前的鬼魂不会是真的。他这样安慰自己的过程中其实就是不想破坏智慧层收摄力的已有工作,他试图通过无耻的漠视来应对心灵的危机,如果他这样的漠视足够坚定,他可能渐渐地恢复健康,那个内心里的宇宙法则并没有发生太大变化,或者他顽固而无耻地不让它发生变化。所以即使这样,他获得健康了但仍有挥之不去的心结,因为他尽管漠视了这一诡异现象,但其内心深知这只不过是内心的卑鄙伎俩或者是为了不发生精神分裂而做的正确选择,那个曾经出现在他眼前的鬼影将在他余生的整个心灵深处不时地泛起不安的涟漪。

但事情也许并不是这样向好的方向发展,他的职业良心告诉他不可以漠视事实,也不应该忘记所发生的一切。但这曾经的记忆与自己的原有认知体系和信念是如此格格不入,一个是眼睁睁的不容否认的事实,另一个是自己大半生构建起来的心灵最底层的认知体系,两者哪个都不能被轻易地否定。于是他智慧层的最高收摄力开始不知所措了,他无法处理这样的矛盾,收摄力彻底缴枪了,他开始出现了精神分裂,可怕的命运降临在了他的头上。

但也许他足够强大,第二天醒来后恐惧已经在他的心头消散,他勇敢地面对这样一个令他无比惊讶的现实,一种愉快的心情开始渐渐涌上心头,因为一个新的领域在他的世界出现了。他不再害怕,勇敢地重新站立起来,那些工作中的物理问题已经无法再占据他的内心,于是他准备投入这个新现象的研究工作。智慧层的收摄力重整旗鼓,他兴奋地要将这一新的现象置于自己的研究视野之下,他开始主动地搜寻鬼魂现象,并试图找到这个世界更真实的本性。这样的人是强者,我们真应该为这样的人喝彩。

这三种情况就是人的收摄力所表现出来的作用方式与强度上的差异,但不管怎样,人的智慧层整体性是不允许被真正破坏的,为了保持完整它可以漠视甚至否认事实,也可以像第三种情况那样勇敢地面对现实,让一种期许的更高的整体性目标指引自己。但如果人的智慧层整体性真的被破坏了,那么这个人就可能不得不面对真正可悲的局面了。

人作为一个生存的动态系统,他的意识形态被不知不觉地塑造成了整体性的存在,这是它能够在复杂的环境下适应生存所必需的基础。这一基础在与复杂的环境相互作用时所表现出的就是收摄力,它不知不觉地把我们所有获取的信息集中起来,在它们之上提炼出生活的经验,然后在此基础上继续提炼构成了对整个存在的一些基本信念,这些信念构成了一个相对完整的体系。这个体系就存在于人的智慧层,大多数人也许很少能够对这样的体系进行深刻的反思,但这个体系的确存在。那些工作于此的人,能够有意地深刻挖掘这部分内容,并让自己的灵魂得到升华,我们通常用智慧这个词来形容他们。

这个体系形成得如此缓慢,它是在漫长的经验和深刻的领悟下出现的,它是对以往经历的不断总结,因而它具有极强的稳定性。我们如此担心会破坏它,所以那种对直接挑战其整体性、合理性的信息进行选择性漠视的行为也是可以理解的,虽然它令人显得如此封闭与固执。我们谈的收摄力正是这样一种智慧层维持整体性的作用方式,只要整体性存在着那么收摄力就不会停止工作,因而我大胆地将其称为人类智慧层的本能。我觉得在某种意义说,它将比弗洛伊德所关注的性本能、死本能等我们这个物种所特有的本能更为基础,因为假设外星人如果不是两性生殖的,那么他们可能没有性本能,但是只要他们是思维的个体,他们能够对周围的世界有个整体性的认识,那么他们的智慧层就将具有收摄本能,收摄力能够让他们更好地把握自然界。所以,可以开这样一个玩笑:如果我们一起散步时迎面碰上一个明显精神不正常的外星人,我更愿跟你打赌他患上的是精神分裂症而不是相思病。

智慧层的收摄力作为个体精神以及认知秩序的护卫者,常常像密探一样工作,日常的信息层工作不会引起它的烦心,所以大部分人也不能够注意到它的存在,就像东厂势力嚣张的明朝有几个普通百姓能够有机会直接见到遍布社会每个角落的锦衣卫呢?但它就是真真切切的存在,存在于每个人的智慧层。当有一个叛乱分子出现时,它就会即刻现身。上例中的鬼魂所带来的就是一条大逆不道的信息,它摆明了要挑战智慧层已有认知体系的权威,收摄力马上就得应对这样的情况,它的努力结果将对这个人造成非常大的影响。

但是也有那种真正具有智慧的人,他们的智慧层收摄力不会如此被动消极地接受工作，而是有意识地去试图收摄整个认知体系，于是所谓的灵性以及哲学等术语就这样产生了。

收摄力最开始主要作用在认知盒子的内部，因为这个盒子是我们生存的客观基础，所以不论在心理上是否愿意接受，都不得不承认它，并且按照它制定的法则存活。例如我们的睡眠规律要适应地球的自转规律，农作物的种植要适应地球公转的规律，既然如此依赖它那么为了更好地生存我们最好接受它。坎贝尔在他的《追随直觉之路》一书中曾提到，他几乎没有听说过任何一个原始神话是否定世界的。解决生存问题就要更好地认识这个世界，然而，世界通过我们的感觉所呈现的是杂乱无章的，这些接收到的客观世界的信息如果不经处理，也就是收摄力的处理，那么它将变得不可理解、不可掌握。而这将是我们这种智力发达的生物个体所无法接受的。

收摄力要求我们处理所接收到的一切信息，能够从众多的无规律的现象中认识到本质。慢慢地这些积累的认知构成了知识，人们渐渐地发现有些知识是不容置疑的，比如物理学等自然科学方面的知识，但也有的可以融入人类这种生物的情感模式，事实上那些纯粹的自然知识也是一点点脱胎于这种人类情感认知的。人毕竟属于动物，最终还是依赖着情感以及信念而活着，我们如此追求客观知识也只不过是在最高的智慧层层次上提供给自身一种深刻的情感，一种远远超越了动物层面但仍然属于情感的情感范畴。如果不是这样的话，人又与机器有什么差别？如果仅仅是机器，就现在来说即使是最智能的机器又何谈存在呢？

情感不能仅仅来源于情绪性的灵魂的狂热，也许越是深刻真挚的情感越应该来源于冷静的客观的认知，所以我们需要最大可能地发展那些客观的认知，没有对世界的更确切的认识哪儿能有更深刻的情感呢？自然科学的知识对于社科类的研究者来说同样重要，否则我们的情感与认知就太过狭隘与矫情了。

我们是有生与死、有欲望的存在，这是我们每个人的定数，我们不得不把所有的内容都关涉到它，智慧层的整合力就是在不知不觉中处理这些问题的，但现实生活中只有少数人真正有意识地去规划这个内容。无论如何我们的存在是依赖物理现实的,所以收摄力必须先在盒子内工作,它从最直接、具体的信息层开始工作,然后上升到知识层,再到最后上升到智慧层,这里最终形成的稳定的内容体系将支撑这种复杂动物生活的一切。人类从智力刚刚发展的初期就开始了这样的过程,只不过这种过程最初体现的是人类纯真与幼稚的一面。

神话学大师坎贝尔,发现了原初民复杂神话系统中的两种基本认知:狩猎部落存在的基础就是不断地猎杀动物,生命存在的维系需要其他生物的死亡,为了能够更好地面对如此血腥的现实,他们的内心深处形成了这样的一种认知:死亡本不存在,那些为了人类而牺牲的动物还能够复活;热带以植物种植为主的部落的人们看到,腐败和死亡能够有益于植物自身的成长,他们的核心观念是:生命源于死亡。坎贝尔就是利用这样的基本观念去解读狩猎部落以及种植部落那骇人听闻的血腥而残忍的神话仪式的。我要说的是,这两种深刻地影响了狩猎和种植部落思想及社会活动体系的认知观念,就是原初民最早的在盒子之内的信息整合工作所形成的。

这两种信念尚没有涉及对宇宙的认知,而是只关涉人类生活的本身,即对生死的认识。这两种信念直接来源于他们的生活经验,所以这显然是建立在盒子内部的最原始与单纯的认知。但它们必须为智慧层服务,那些部落的人们按照这些单纯的信念为了更好地活着,发明了种种社会仪式,因为他们认为只有通过这样的仪式才能够直接参与到这个宇宙与存在之中,各种原始宗教行为就是在这样的过程中产生的。

人类的发展以及那些真正关心自身存在的人也是同样这么做的,只不过他们的活动更加精细与充满理性罢了。我们必须清醒地记录,小心地推理,我们不再相信那些表面看似深奥但其实不着边际的话,总之我们越来越理性了,我们不再轻易地相信那些我们无法接触无法证实的内容。也就是说我们越来越关注这个盒子之内的事情,智慧层的收摄力首先作用在这个领域,自然科学就是如此作用的结果。在触及那些盒子之外的内容时,人类也越来越显得谨慎。古希腊的哲学就是这样做的,那些先哲们关于未知领域的信念并非随意建立在猜测基础之上的,而是以盒子之内的认知为基础进行综合与分析,从而得出一些关于盒子之外的推测。但形成哲学以前,人们并不会这样做,他们甚至无法意识到盒子内外的边界,关于宇宙的一切无论是已知的还是未知的都是基于自身的推测。

但智慧层的收摄力无论在哪个时代都是首先要作用到盒子内部的,因为盒子内部的东西才是我们能够把握的真实基础,我们既然在其中生存就要先听命于它。然而,智慧层的完整性需求显然会让收摄力与其作用的盒子内的领域发生冲突。比如前文说到的向前回溯的时间无限性和宇宙起源的矛盾,这种推理来自于最明显的事实,人类在看不到自身物种进化之前就早已看到人类那貌似无限延续的世代繁衍了,那么往前追溯这个过程就展示出一种无限,这是他们在盒子的左边缘最先遇到的矛盾。"无限"这个令人想起来就害怕的字眼怎能不会在人们的头脑中留下恐怖和不安呢?但智慧层的收摄力总要找出一种办法来获得心灵上的安宁,不管采用什么样的方法。上帝、梵或是金卵等等的一切都只不过是解决这种矛盾的手段,或许我们也可以从这样的一个角度来看它们的内在同一性吧。

显然这个盒子不会仅在一个边缘带来智慧层的困惑,它还会在其他的地方同样折磨智慧层的最高整合冲动。比如,每个人都会死亡,当原初的先民们第一次真正意识到这一过程时,他们就会悲哀、焦虑与彷徨。为什么人的身体看上去仍完好无损但却永远停止了呼吸?是不是活的人体还包括被我们称作灵魂的那个看不见的东西?每个人都会死亡,那么死后我们还有以后吗?我们将会去往哪里?这种种的问题开始纠缠着人类。他们能看到的死亡就是生命活力的戛然而止,而对于死者的未来命运却无从得知。

从个人的视角来看,死亡就是一个人认知盒子的右边界,我们对死亡之后的完全无知将会和收摄力形成另一组矛盾,在此我们将看到收摄力以及想象力又将如何工作,我将在后文展开这部分内容。总之,当收摄力遇到矛盾时,它们将同样开发种种内容来维护智慧层的整体性。

我们已经看到,收摄力总是先在盒子之内的狭小范围内开始工作的,但是用不了多久它就会发现,盒子内部的东西远远无法提供智慧层所需的整体性,因为收摄力在盒子的边缘总会遇到矛盾。它在盒子的左边缘遇到的是时间回溯的无限,而在盒子的右边缘遇到的是对死后世界的彻底无知。因而,收摄力以及想象力必然会伸向盒子之外,只不过人们一开始并非有意识地这样做,而后来,随着人类认知的发展,这种跨越边界的行为渐渐地被清醒地意识到。

神话是最开始伸向盒子之外的,其次是宗教,然后是哲学,最后就是科学,它们都试图为人类的智慧层提供完备性,我们可以认为它们本质上是相同的,但方式上却如此不同。神话、宗教直接地僭越到盒子的外围以构建智慧层的完整性。哲学主要以盒子内部的东西为基础,试图通过最大的理性和现实作为基础以跨越到盒子之外。而科学的特点在于,它所做的是尽量地扩大这个盒子,让盒子的边缘不断地向外侵吞它之外的世界,然后它仅仅作用在盒子内部。对外面的未知世界,科学也会提出猜想,但它知道它所做的仅仅是猜想。

可前两者并不是这样,它们相信并不断地尝试直接与盒子之外的内容相互作用。但现在我们知道,这盒子之外的内容已经远远超过了我们这个物种所能认知的最大边界。所以那些自称能够与盒子之外内容相互作用的人所能提供的内容永远都将是其个人经验,永远无法构成现在意义上的科学知识。这就是一切宗教都会让你自己去寻找灵魂救赎之路的原因吧,所以基于此的所有认知都是个人体悟性的。因而宗教知识对于我们来说,永远都会带有神秘性。既然这些是在智慧层收摄力的作用之下的,那么所有宗教意义上的研修,就是旨在建立盒子之内与盒子之外内容基础上的智慧层整体性,那些善于此道的人被认为是有悟性的,他们的灵性体验也就是出现在其智慧层收摄力作用在盒子内外两部分内容的过程之中,它将心灵引导至某种整体状态。这种整体性将赋予心灵某种深刻的内在超越感与满足感,也许这种心灵状态就是宗教意义上的圆满。

从神话或者宗教的角度来看,也许正是由于盒子之外的内容,才能够真正地将盒子内的部分带向完整,所以人们才会认为盒子之外的内容的重要性远远超越了盒子内在的内容。但盒子之外的事物并不一定都是善的(以人类的道德模式来看),因为完整性不能仅仅由矛盾的单一方面构成,还需要恶的事物,善与恶体现的是对人类自身的约束与调整。没有仅仅存在天堂的宗教世界体系、也没有仅仅存在地狱的宗教世界体系,因为两者都将是不完整的。涂尔干的《宗教生活的基本形式》一书中阐述了宗教的基本结构,几乎所有宗教都把这个世界分成两类,即圣的与俗的。也许在人们的视角中、生活中所谓事物的圣俗,其所对应的就是盒子之外事物的善恶。

神话和宗教以对盒子之外事物的极端信心打造了智慧层的完整性,由于人们长期受到宗教文化的影响,所以类似的思维方式便潜移默化地植入到了人们的心底。在这个网络如此发达的时代,你会发现身边仍有很多迷信的人,如果你问他是否迷信,他也许会不承认,但是他们会按照迷信的方式处理遇到的困难或问题。比如你会发现很多人在汽车尾部系上红绿色的布条,很多人仍迷信风水等。但我想这种思维的惯性也是可以理解的,因为与科学不同,神话与宗教一直自认为在长期地与盒子之外的事物打交道,所以它们仿佛就具有了某种与这些未知的事物打交道的经验。人在独自面对自然界时,在遇到人生的挫折时大部分是因为遇到太多的未知和不确定而感到害怕,而宗教以及神话正好具有长期处理这些因素的"经验",因而人在这样的时候就自然而然地选择通过宗教信仰寻找心灵的支撑力量。

对未知事物的信念给人提供了某种内心最高层面的完整性,这种完整性能够更好地帮助人们走出所遇到的困境,它提供了心灵和外界事物间的完美缓冲。但是这种凭借对未知事物的猜测形成的信念所构成的整体性对于个人是相对脆弱的,所以宗教系统会要求个人不断努力奋斗以构建并维持其内心的整体性,人也许要在这个整体性上付出一生的时间,甚至还都不够。

但不管怎样,宗教或者神话在人类心灵面对世界的神秘与无限时还是提供了巨大的支撑力量,对一般人来说在这一点上科学知识所起的力量与之相比还真是难以企及的。很显然,凭借信仰过着一种隐居的独自面对自然生活的人要比凭借知识的人多得多。即使是现在这样的时代,毕竟能够像电影《神奇队长》中队长那样生活的人还很少,但隐居的修行人却不计其数。因为科学更多的是从盒子内部工作的,而神话和宗教则恰恰相反,它们更多地关注盒子外部。修行人正是在隐居的过程中去探索这些外在事物的独特体验。

现在我的认知态度是这样的：我们需要坦然面对这个世界，要努力划清盒子内外的边界，并应努力把盒子外面的内容纳入到盒子内部。但智慧层的整合之力是不会停歇的，它永远伸向盒子的外部边界，伸向未知的深处。它依赖着那些未知的东西所带来的巨大心灵力量活着，而这种心灵力量是盒子内部的内容难以提供的。由于现在人类知识的庞大储量，任何一个人想全面掌握它都是不可能的。但即使我们掌握不了，如果明知道它是盒子内部的事物，也可以把它接受为一种无关信念的事实，一个可以和日常普通的喝水杯或者圆珠笔相提并论的俗物。西班牙人在征服玛雅人的过程中，玛雅人才第一次看到马这种动物。他们被马吓坏了，并敬马为神。但对于其他熟悉马这种动物的人来说，马只不过是一种可以用来作为代步的工具性动物罢了。同理，如果鬼魂真的存在，并且被人们证实和接受，那么鬼魂就会沦落为一个普通的种族，人们将同样不以为意。那些吓人的将永远躲在黑暗的角落里，同样，能提供人类心灵力量以及灵性感悟的内容也只能身处盒子之外。因为我们无法真正地接触它，所以我们怕它、尊敬它、崇拜它。

现在我知道了自身认知的处境，我仍然会向盒子之外的事物寻求帮助，只不过和那些神话和宗教的笃信者比起来，我们只是能够意识到自己在做什么。

人是追求灵魂完整性的动物，也就是说他的智慧告诉他盒子内的部分是远远不够的，但是如果假设这宇宙间的一切已被人类收摄在盒子之内又将怎样呢？这也许就不再有心灵的支撑了，人就会陷入无限光明与空白中。当然人类生命的渺小与能力的限制仍然能提供人生意义的内容，但也许还会有人因为缺少盒子外内容提供的力量，而渐渐地感到厌烦，他们想逃离这个无比巨大的笼子，他们的心灵将渐渐走向涅槃。

在结束这一节的讨论前，我想再补充一点，那就是收摄力属于智慧层的本性，知识层以及信息层虽然也有类似的内在的驱动力，但是它们的范畴和深度都是非常有限的。在信息层，它需要的是信号的集成，信息的整合，它的内容是非常有限的。在知识层，在大脑内和外在载体两个方面都在做着整合，知识整合过程所遵循的理性与逻辑使得整个工作极为谨慎，因而知识整合的结果很难直接服务于生命的价值与意义。另外，一个人的知识终归是非常有限的，随着人类知识的不断积累，任何一个人都不可能掌握全部的人类知识，所以在大脑中任何一个人的知识结构总是有着边界的。但人并不能清晰地认识到这种边界，因为智慧层的活动仿佛会刻意地掩饰知识结构与这个世界的真实之间以及自己的无知之间的边界。然而，如果一个人能够充分地稳健地丰富其知识结构，那么基于知识的智慧层整合就将开始，这是一个明知道无法完成却要努力完成的过程，但在这个过程中，他将不断地看清自己，丰富自己。

智慧层的整合是最根本的、最底层的、最"权威"的，它的工作完全以个人为中心，当然这个过程中它被迫接受很多事情，但这整个过程最容易僭越事实和理性的边界。它的手段既包括无比高尚的，也包括丑陋和麻木的，它的种种所作所为体现的就是其整合的本性，收摄力像鞭子一样驱赶着所有理性和非理性的认知、情感，把它们赶到一起，过滤、锻打、琢磨等等，使之成为一体。这个过程是漫长的，它终究潜移默化地形成一个整体，人便以此为出发点，进行一种独立的自我生活，没有两个人是相同的，就像没有两个大脑是相同的一样。

智慧层的收摄力是一种本能，一种能够让神话、宗教、哲学、科学体现在一个维度内的东西。它就如同在历史中所起的作用一样，展现为一种不断尝试建立稳定的体系结构又由于过分地不断探索的野心，而不断打破稳定的矛盾。每个人也都是这样，我们不断试图建立一种稳定的统一的内在，但如果没有因为怠惰而停止，那么就很快因为试图把未知的事物收摄进来而倍感窘迫，不过当一种新的平衡态建立起来后，我们会有一种成长的幸福感。心灵在这个过程中是不断被提升的，如同人类因探索未知而不断进步一样。

在未知的领域内，人类会一直探索下去，没有什么能阻止这样的步伐。人自然会受到种种限制，但这样的过程却不会停止，也许你可以把这一现象理解为人类崇高的科学精神和探索精神，但在这里我们也可以把它看作是一种本能——一种属于智慧层的本能。

07 死后的世界

其实死后没有世界,至少从个人的角度每个人都对其一无所知。然而这是我们所不愿接受的,因为死亡造成的空白无论如何都难以令人接受,为此我们的想象力创造了死亡后仍延续的故事,也从而创造了无数的死后的世界……

作为唯一留存的古代世界七大建筑奇迹之一的埃及吉萨金字塔,反映的也是死亡的主题。古人为死亡所做的一切为我们留下了最丰富的历史信息,从与死亡相关的事件中我们可以了解很多的信息,比如古人的信仰、情感、工艺水平以及日常生活。人类自认识死亡以来,就开始在某些特定信念的支配下,为了死后的世界极尽操劳,并认真而努力地为了一个他自身所不知道的未来而精心谋划,死亡那本无一物的概念却如此深刻而广泛地决定了人们的现实生活。

死亡在很多古老文化的传统中并不意味着一个人的全部结束,反而代表着生活阶段的一个转折点,一种全新生活方式的开始。于是他们在现实生活中有一部分要做的就是为了这个新的阶段进行准备。佛教的西方极乐世界、基督教的天堂、埃及的芦苇之地等说法都是人们死后的一种梦想之地,是一种死亡之后能美好生活的地方。死亡本是一个人一切的戛然而止,但是人们并不愿意这样直接地面对它,对于每个能够领会自身真实存在的存在者来说,谁会愿意看到其自身的一切突然停止与消失呢?

死亡是人这种生物性存在所要经历的正常过程,是这个功能系统必须要经历的最后环节。这个过程让信息层、知识层、智慧层的一切活动都走向终点,大脑那个强大的神经系统将不再奏响意识交响曲的乐章。对于走向死亡的人来说,一切都将消失,甚至消失的概念对他也没有了,而这一点是最可怕的,但我们每个人都将不可避免地面对这一过程。于是关于它,就产生了种种心灵的意向。很多文化开始否认死亡,在《通向直觉之路》中坎贝尔不是告诉我们原始的狩猎部落从内心深处是否认死亡的吗?狩猎民族杀死小熊是真切地为了它的重生。非洲的种植部落则相信生命来自死亡,这样的信念让他们创造了令人无比惊悚的祭祀活动场面。中国古代的很多帝王不是到处求仙问道,试图炮制不死的妙药灵丹吗?苏格拉底相信灵魂不死,才给我们留下了如此脍炙人口的《斐多篇》。智慧层被这些关于死亡的各式各样的断想、猜测以及信念所左右着,因此这本无一物的死亡却如此深远地影响着人们的现实生活。所以死亡对于人们来说就显得无比重要了,对死亡的分析同样应该引起人们的充分重视,因为它本身在很大程度上决定着我们的存在。

我们都被认知盒子所囚禁着,在时间维度上的回溯让我们碰到了其时间无限性和智慧层整体收摄力的矛盾。智慧层为了获得内在的完整性,它运用了种种瑰丽的想象,但不幸的是,即使那些哲学家运用最理性的方式也无法揭示宇宙起源的真实。而对于普通人而言,宇宙起源离自身太过遥远,与现实生活也好像毫无关系。对于大部分人,与上帝创造的种种生活戒律比起来,他是如何创造宇宙的以及其中的细节就显得不那么重要了。只有那些善于思考的大脑,才会在宇宙的起源中不断地自寻烦恼。时间不仅仅指向过去,它还指向永恒的未来。蓝色的天空下,我们不曾在一刻停止,欢乐过后会有悲伤,皱纹会慢慢地爬上所有人的脸庞。我们在生活中看到了他人的死亡,于是发现每一个人其实都身处这个奔向死亡的时间列车之上。

宇宙的起源让我们陷入无尽的思索与遐想,可死亡不仅仅关涉遐想,它还将是我们每个人必须面对的未来以及无法逃脱的命运,于是它比时间的过去还更贴近我们,并对我们的现实生活产生更大的影响,我们竭尽所能地回避它,正如海德格尔所说的常人那样,但每个人又不得不去面对它。无论如何,我们却对死亡之后自己将会面临什么一无所知,这就是我们每个人所面临的认知盒子时间维度的右边缘,这就是我们所要面对的终点。同样如海德格尔所认为的那样:死亡就是我们所有计划的最远限度,在这个界限我们所有计划都会终结,无论完成与否。死亡就是我们存在的最远范围,我们的所做所思所见都在这个范围之内，谁都没有办法超越它。这个界限在我们的话语里就是认知盒子的右边界，在这个界限之内，我们可以自由窥视一切，而在其右侧每个人都是绝对的无知。

智慧层所要做的总是希望能够构建一个深层认知的整体结构，然而在盒子的右边界这种整体性被赤裸裸地切断，这种对死亡之后世界的无知残忍地挫败了智慧层的整体构筑的企图，因为只知道敌人的存在而对其一无所知又怎能战胜它呢？显然，在认知盒子的时间右边界智慧层遇到了更大的麻烦。在左边缘，时间的无限回溯过程中想象力尚可与一定的理性与逻辑联系在一起，它们共同合作让所得到的信念显得更加可信，因为认知盒子的左边缘与智慧层整合力的冲突是在一种缓慢回溯的过程中体现的，且它对现实生活的影响是相对间接的，这就意味着一种拖延，所以智慧层与它之间的矛盾就表现得不那么直接与尖锐。但是在右边缘，智慧层所面对的是一种无能为力、失去所有关联的绝对空白与茫然，且死亡作为一种确定的命运，它直接关系到我们每一个人，这种直接冲突让智慧层显得无能为力。它一方面逃避它，让自己完全沉浸在日常生活之中；另一方面又编造出无数的故事，在内心深处构建一种让成年人都依赖的童话。每种宗教都会处理生死问题，因为宗教就是为了提供智慧层的圆满而创造的，如果它们不把认知盒子的右边缘与智慧层之间的沟壑填补好又怎么算是完整的宗教呢？这里，我们将看不到理性与想象力的结合了，关于死后的世界，显然理性和逻辑是做不出任何贡献的，也许它们唯一能做的就是告诉我们认知盒子的右边缘什么都不存在。但对于人类来说，这样的冷静是相当严酷的，并不是所有的人都能像圣人一样从死亡中得到解脱。或者我们还可以说大部分人不会在死亡这一现象中获得海德格尔式的本己的自由。对于大部分人来说这会引起无比的惊慌与恐惧，因为大部分人的智慧还无法驾驭这样的现实。这里所有的一切都只能依靠想象力，以一种编故事的方式完成这种矛盾的缝合，也只有通过这样的方式才能够为智慧层提供一种完整的可供自我安慰的假象。

我们应该怎样理解死亡呢？从死亡现象中我们又能学到什么？以及死亡现象如何影响人的存在呢？类似这些问题，从古至今就令无数的聪明头脑陷入沉思。佛教从性空的角度看待生死,从而超脱生死。苏格拉底相信灵魂的永恒,勇敢地走向死亡。海德格尔认为死亡绽露为最本己的、无所关联的、不可逾越的可能性。以上种种观念都蕴含着自身的独特逻辑与视角,那么,从信息的角度应该怎样理解死亡现象呢?不妨从这样的视角出发,也许基于信息的探索能够为我们揭露出一些新的内容来。

死亡作为一种现象,不是从一开始就出现在人们的心灵中的。童年幼稚的心灵还远没有能力清晰地看到以及感觉到自身存在在时间维度上的界限,但死亡现象的信息会一点点向人的内心深处靠近,直到这种现象对人的存在产生最强烈的影响。人总是从周围事物的死亡现象中获取关于死亡的信息的,植物和动物都有死亡,但它们的死亡并不能深刻地触及到人对死亡最深层的担心与忧虑。死亡首先传递的信息,是一种停滞,确切地说是一种永久的停滞。生物体死亡意味着,这个生物体各个器官的功能将永远消失,肢体不再运动,肺部不再呼吸,心脏也不再跳动,所有器官的功能都停滞。死亡的生物体再也不是一个功能整体,死亡让生物体变成了仅仅物质层面上的单纯存在,你可以随意地切割它处置它,但它不会有任何的反应以保持自身的整体性,它已经不再是一个生物系统,而只是尚具有生物形态的物质性存在罢了。

从信息的角度来看,生物的死亡能够给我们提供的信息是它自身的整体性不存在了。死亡的生物已经不再具有信息层行为的任何特征,也就是说它内部的整体性已经消失,其信息层联系活动已经完全停滞,并且永久性地停滞,它沦为了单纯的物质集合,其各部分之间的联系将仅仅是物质层面的。

死亡现象将一点点地对成长中的个体产生最深远的影响,从死亡现象上获得的信息无法一下子就能够对人产生最深刻的影响。因为,死亡现象的影响需要生物体能够对其本身有充分的领会,然而这显然需要智慧层的活动,也就是说智慧层在未能充分地自我提升时生物体就无法从自身的角度认识死亡。对于除人类以外的生物来说,死亡现象显然是未被充分地认知与领会的。死亡也许根本无法引起它们的任何关注。我们虽然可以看到一些比较高等的动物体现出的对死亡现象的情感性反应,比如猩猩、大象都会因同伴的死亡而流露出哀伤的情感，但是没有任何迹象表明它们会因此能够认识到死亡将同样降临到自己的头上。因为它们的智慧层远没有进化到人类这样的发达水平，所以它们不可能对死亡有任何的反思与规划。

人的成长意味着智能层和知识层的不断自我完善，当心灵内部的机制发展到相对完善的阶段，他对死亡的理解将越来越深刻，直到他将真切地意识到自身的死亡。特别是身边的人或者所喜爱的动物的死亡容易触发这样的认知。这时，死亡不仅仅意味着简单的停滞，它还意味一种褫夺，每个人都生活在这样的一种命运之中，甚至所有生物在时间的流逝中将走向终结。我们对身边人的挚爱以及任何对生物性存在的爱总有一天将被自然的规律所褫夺。这种褫夺意味着信息双向交互的永久终结，我们相互获取情感慰藉的渠道将永恒关闭，一种难以言表的孤寂永恒地将我们笼罩在未来的岁月中。我们不理解死亡的真正奥秘，离去者的身体犹在，但心灵却与我们分处在两个世界，我们只知道自身仍然在这个冷漠的世界中继续，但却不知道逝者是否也能够真实地存在于另一个不同的世界之中，更不要提那个世界将是什么样子了。死亡现象于是激发了我们最深刻的情感，从而撼动整个知识层与智慧层的世界，它们于是开始从本己的角度领会这一现象。

我们确切地知道每个人都将走向死亡，因为我们从逝者的经历中看到了一切生者的必经之路，而我们自身亦将无能例外。但是，我们只能以他者的身份获得死亡现象的信息，而绝不能直接从自身的死亡中获得任何经验。在分析死亡现象时我们永远并只能是一个他者。他者视角告诉我们，有一天我们每个人都将走向停滞，我们的信息层、知识层以及智慧层的活动都将终结。诚然我们能够想到自身亡故之后太阳将照常升起，那些挚爱我们的亲人也将潸然泪下真挚地缅怀我们，但是所有的这些可以想到的关于自身死后的一切，都只不过是属于存在当下所建立起来的联系，而死后，这种联系将不复存在，更不要谈这里面所包含的任何意义了。我们之所以能够认识到这一点，是因为已经有充足的理由来确信死亡代表着信息层行为的终结，因为我们能够直接从逝者中观察到这一切。那些支撑起信息层活动的物质载体已经停止了工作，身体也不会再出现信息层的反应，它不会再躲避疼痛、危险，它已经降级成了一团人形的物质,这些现象让人们确定死者曾经拥有的信息层行为已经彻底停滞了,这完全不同于睡眠,而是永久地停滞了。

我们相信身体的死亡发生以后,知识层与智慧层的行为也将走向终结,因为那个曾经支持它们活动的生物系统已经不再运作了,它们不仅丧失了物质基础还同样丧失了信息层基础。在死亡面前,人类容易承认信息层行为的终止,因为他们能够直接观察这一事实,人们永远无法否认生物层面的死亡。但是却很难相信人的智慧层也会走向终结,在大部分的古老文化中并不把生物体的死亡当成一种智慧层活动的时间,人们认为并非常愿意认为智慧层的活动还将继续,它会脱离身体走向属于自己的归宿,人们把这个独立的部分称作灵魂。然而,从本书的信息视角进行审视,我们认为灵魂只不过是脱离了信息层(甚至也可以脱离知识层)的智慧层的另一种称谓,这种现象体现的是智慧层和信息层、知识层的脱节与分裂——一种极端的脱节形态。这样我们就给出了一个全然不同于奥古斯丁在他的作品《论灵魂的起源》中所谈及的灵魂起源的说法,本书认为灵魂的起源在于智慧层活动和知识层、信息层的彻底割裂。

事实上,信息层、知识层、智慧层的脱节现象会经常发生,后续我们将看到这些脱节现象引发出种种后果,这些后果给人类的认知进步带来了很多麻烦。在后文我将进一步探讨信息层、知识层、智慧层之间的脱节现象。

深刻地意识到自身存在在时间维度上的边界将会对生活产生极大的影响。对于很少一部分人,死亡现象能够激发出最本己的自由,也能够激发最高尚的品质,我们仿佛能够在古老的文献中听到最高的人性所激起的在死亡边界的回音。然而对于大部分人来说,死亡大多时候带给我们的是恐惧,对失去一切联系的恐惧。死亡是自身所有联系的断然终止,给我们自身留下的是对死后自身命运的一无所知。科学无法从第一人称的角度告诉我们死后会怎样,因为死亡所代表的边界已经超过了科学手段的范围。所以也许断定死亡就一定是完全的停止与空无并不比认为对死后的一无所知更显谨慎。

死亡,让我们看到的是一个边界,一个智慧层的完整性在时间维度上被赤裸裸地截断的边界,它如同黑洞的事件视界一样隔开了已知和未知。这个边界造成了智慧层的极大恐慌与不知所措,它与世界之间的联系因为死亡而显得孤独而冰冷。这个死亡的黑洞摆在那里,智慧层的整体性梦想被残忍地撕裂,它开始不知所措。于是,在时间维度的右边缘我们再次看到一组矛盾,一种对死后世界的绝对无知与智慧层整体性理性之间的矛盾,这一矛盾比宇宙起源的矛盾还要突兀而直接,因为它距离我们如此之近,并关涉我们每一个有限的生命个体,关系到我们最终的命运。

这个矛盾必须解决,即使人类永远也不能真正地消弭两者间的隔阂,但总会做出尝试,结果就是制造出种种的应对方案,通过想象力和信仰让矛盾变得不那么尖锐,让它变得柔和舒缓,从而在人类心灵和真实之间构筑了中间地带。神话和宗教都会在现实和人的内心之间建立缓冲,因为智慧层的收摄力通过如是的想象创造了一个中间环节,它必须将人类心灵包裹起来,保护起来,为心灵与现实的冲突提供减震装置,智慧层从中获益受到某种慰藉,它因此能够在认知盒子之内更好地生活。

原则上宗教可以不考虑宇宙的起源,对于那些纠缠于日常琐事中的人们来说,宇宙的起源也许并不是那么重要,但是它却不可能不提供给信众关于死后世界的理论,它必然要编造出死亡后的灵魂的命运,它必然要给人一套远远超越了认知边界的解释。它说出了没有人能够验证的话,只是为了获得智慧层的完整,即使这是一种假象,但是它却能够让每个人在短暂而残酷的人生中获得安慰,它实质上只不过是成年人编给自己的童话,一个能够让人在冰冷的世界中获得温暖的美丽的谎言。在这样的童话中,生命都不会彻底地结束,死亡将打开一扇全新的门,一扇穿越人类认知边界的门。智慧层信仰它,并相信能够穿越它而步入下一个崭新的世界。

让我们看看不同民族解决这一矛盾的伟大创造吧,几乎所有的宗教都创造了死后的世界。这些对死后世界种种神奇瑰丽的遐想,又深深地反作用于人们现实的生活。人们在忙忙碌碌地生,也在忙忙碌碌地死。历史上很多伟大的建筑奇迹不就是献给死亡的吗?我们可以从不同的宗教信仰中窥视人们对死后世界的猜想,这将是一段神奇的旅程,因为限于篇幅,这里我只能陪你粗略地走上一小段,且也只能浮光掠影,像但丁在《神曲》中那样详细而深入的旅行,是本书无论如何也做不到的。

前文既然提到了金字塔,那么就让我们从古埃及开始吧。前些时间,南京博物院恰好有一批埃及的文物巡展,使我有机会第一次近距离地接触埃及文物,那个以前只出现在文字中的历史真的有机会直接地映入眼帘。在去博物馆的路上,我的脑海里一直努力回忆着希罗多德《历史》一书中关于古埃及人的记载,那些流经千载的文字在我的想象中构筑了一个美丽的世界,透过千年的光阴幻影,古埃及人仿佛仍栩栩如生地活着。在历史之父的文字中,可以了解很多古埃及人的风俗,其中很多跟我们大相径庭,比如古埃及人认为脚是干净的,他们会用脚和面。男性女性的社会角色似乎与今日世界都有所不同,以及他们对待动物的态度等。但当我真正看到那批文物时,才感到文字远没有实物来得更加真实、震撼,那个曾经令我着迷的文化竟如是般真切地出现在了我的面前。我的思想被推移到了一个虚幻之境,思绪已经被带走,我沉浸在不成系统的纷繁遐想、失去时空感的茫然与彷徨之中。过了几天之后,那些炫丽晶莹的记忆才开始慢慢模糊,内心才重返生活。

这批展品几乎都是关于死亡主题的,各式各样的木乃伊,从人到动物简直就是艺术品。从这些艺术品中我们可以看到古埃及人关于死亡的观念,他们生前为了死亡做足了准备,在古埃及人的心目中死亡对于他们来说绝对不是结束,而是一个新生活的开端。奥西里斯是埃及的死神,同时也是埃及神话体系中最重要的神明之一,他的地位几乎和阿蒙—拉不相上下。事实上,我正是以奥西里斯神话为核心与线索去接近埃及文化的。通过这一神话就可以更好地理解古埃及人盛大的奥西里斯节,节日庆典中古埃及人通过表演奥西里斯节日剧(Osirian Festival Drama)来重现他的神话经历。以奥西里斯的神话故事为线索就可以编织起古埃及的神明及信仰谱系,从而了解古埃及的整个文明。当天看完展览后我在朋友圈中写下了类似的文字。

古埃及人如此关注死亡,也许正是出于对生活的挚爱,所以他们才为死亡做了充分的准备,精心地制作木乃伊,保存好身躯和内脏,死者携带亡灵书,所做的一切只是希望自己能够顺利地跨越死亡之门,然后重新回到生活。埃及人认为人的身体只不过是一个阶段,当某一天呼吸停止了,他的灵魂将会经过阿蒙提(Amenti)，阿蒙提是一个可怕而荒凉的山谷，还要穿过整个冥界图阿特。亡灵首先要经过冥界主神奥西里斯的审判。

死者所携的亡灵书中写下了对冥界主神奥西里斯的赞美，亡灵诵读赞美诗后将来到玛阿特神殿，冥界众神正在那里等着他。神殿用象征着正义、真理的羽毛和蛇标装饰它的飞檐，飞檐中央坐着一位双臂张开的神，可以在这尊神的右手下方看到荷鲁斯之眼，左手下面是一汪水。神殿的门敞开着，奥西里斯神正手持连枷、钩子和节杖端坐真理大厅，阿努比斯神正等着用天平称量死者的心脏。大厅中还有玛阿特女神、透特等。另外，四十二位神构成了死者的陪审团，亡灵需要记住这四十二位神的名字，并首先向他们做无罪告解。亡灵书中记录了这些告解的内容，从具体的告解内容上我们可以看到古埃及的道德标准。审判过程要遵循严格的程序，头戴鸵鸟羽毛饰物的玛阿特神负责介绍死者，朱鹭头的透特神负责记录。

审判的第二阶段主要由阿努比斯神负责，他将称量死者的心脏。天平一端是死者的心脏，另一端则是代表正义之神的鸵鸟羽毛，阿努比斯检查称量的结果。如果死者的心脏比正义羽毛重，那么守在一旁的怪物艾米特将迫不及待地吞下那颗罪恶的心脏。他将经历第二次死亡，将永远消失。倘若死者心脏比羽毛还要轻，那么死者将被认为是善良的，他将前往埃及人的天堂"芦苇之境"。在芦苇之境，他们将与神在一起并继续过着一种类似尘世的永恒而快乐的生活。

关于埃及人的天堂"芦苇之地"，亡灵书中有较为详细的描述：

我知道(或了解)北方天空之门；①
它的南边在水鸟湖，
北边在鹅湖
拉在那里靠风和划(桨)巡游。

① 雷蒙德・福克纳. 亡灵书[M]. 合肥：安徽人民出版社，2013，P146，符文109.

我是神之船的鞭子主人，

我是拉的（船里）划船的人，

我不疲倦。

我知道拉经过的两颗绿松，

它们已经在休的帮助下长大了，

在拉走过的东方之主的门口。

我知道属于拉的芦苇之境，

那里铜墙铁壁；

大麦高五腕尺，

耳朵两腕尺，

主茎三腕尺，

小麦七腕尺，

耳朵三腕尺而主茎四腕尺。

它们是精灵，

每个九腕尺高，

当着东方的神灵的面收割庄稼。

我知道东方的神灵；

它们是赫拉克提，

太阳牛，和晨星。

　　在芦苇之地灵魂得到永生，但这种永生的方式流露出埃及人对现实美好生活的憧憬与向往。在芦苇之境，他们仍需要劳作，亡灵书有图画描述芦苇之境的生活：阿尼在芦苇之境做农活，包括收割玉米、踩谷物、耕地①：

　　……

　　我在这里吃，在这里狂欢，

　　在这里喝水，

　　在这里耕种，

　　在这里收获，

　　我在这里繁衍后代，

　　我在里面男欢女爱

　　我不会在这里死亡，

　　因为我的魔力在这里很强大。

　　……

　　埃及人的天堂只是人世的一种理想，他们仍然热爱劳作，只是在芦苇之境这种单纯质朴的美好生活被寄予了永恒的期望。为了这样的生活，他们生前勇于直接面对死亡，并为了死后的世界做出种种准备。

　　这里不需要详细描述芦苇之境的细节了，为了达到这个理想中的天堂他们的一切行为就是可理解的。这个关于死后世界的美妙猜想决定了埃及人的人生观，他们因为憧憬芦苇之境而能够让生活变得有条不紊并充满希望和意义。只要按照一种符合道德的方式生活，人死后就有可能顺利通过冥界的审判从而获得永恒。对生死的无限猜想，因为这样的信念而暂时消弭了矛盾，于是人生短暂与时间的永恒之间就构建了一道梦幻般的桥梁。

　　要指出的是，这里的例子只是古埃及那漫长悠远的历史中，一个阶段的生死观。事实上，埃及人对死后世界的观念发生过很大的改变。后来，埃及人似乎不太相信死后的永恒了，有些文献显示，他们渐渐开始追求末世般的感官享乐。对死后世界的信念，就是这样决定了人们的日常生活，从而也潜

---

　　① 雷蒙德·福克纳. 亡灵书[M]. 合肥：安徽人民出版社，2013，P147，符文 110.

移默化地影响了一个民族的历史和文化。

关于冥界的旅行,其实是文化之旅,通过对死后世界的种种想象我们可以走进不同文化的内心。一个宗教如果不谈生死问题,它就不会有生命力。暂别埃及让我们走入下一站离我们最近的佛教,看看佛教中人死后的世界将是什么样子。

将佛教置于印度宗教谱系中,就可以发现佛教和婆罗门教之间的亲缘关系。它与耆那教的信仰体系都可以在古老的婆罗门教中找到根源。古老的婆罗门教结合了印度雅利安人的古老信仰和政治企图,形成了业报轮回的观念。印度的种姓制度是一种结合了政治与宗教的等级制度,人按照肤色、地位等因素被划分到了四个基本种姓:婆罗门、刹帝利、吠舍、首陀罗。四个种姓中雅利安人将被征服的印度原居民置于较低的种姓,并由此构建了以轮回和业报的思想统治工具。每个种姓的人必须遵守他所属种姓的道德律令才能够期望来世获得等级的提升。种姓制度让统治阶级和被统治阶级分离开来,并按照不同的社会职能结合起来形成一个运转良好的社会机器。那些命运悲惨的低级种姓只好将受苦受难作为一种道德自律来自我安慰,并把自我救赎的希望寄托到来生。《摩奴法典》中记录了每个种姓的道德和义务、必须遵守的法令条款和相应的惩罚措施。这部法典确立了冷酷森严的等级制度。低种姓的人们只有按照法典的指导生活才能够期望在来世的轮回中提升自身的种姓地位,人就是在这样的信仰指导下辗转轮回。

这种最基本的信仰形态自然而然地传给了耆那教和佛教。佛教的六道轮回是这种轮回信仰的另一种形态。六道是佛教中不同生命形态生死流转的场所与途径,这六道包括:天、人、地狱、饿鬼、畜生、阿修罗。六道中每一道的福报、智慧、寿命皆有不同,天、人、阿修罗为三善道,地狱、饿鬼、畜生为三恶道。每一个生命都会因自身所造业的不同在六道中起伏轮转。业力因果规定了每个人死后的去向。

佛教中亦根据古老的印度信仰构筑了这六道轮回中一切众生的具体场域,其中纷繁庞杂无法尽述。粗略而言,佛教中天道将天分为三界二十八天,欲界天共包括六层:四大王众天(夜叉天)、忉利天、善时天、都率天、乐化天、他化自在天。色界天包括十八天,其中又包括初禅三天:梵众天、梵辅天、大梵天,二禅三天:少光天、无量光天、光音天,三禅三天:少净天、无量净天、遍净天,四禅九天:无云天、福生天、广果天、无想天、无烦天、无热天、善见天、善现天、色究竟天(魔醯首罗天)。无色界天包括:空无边天、识无边天、无所有天、非想非非想天。这二十八层天中每一层都有不同的天人居住,且依修行功德位于天界的不同层,越靠上所居住的天人福德越大寿命俞长。每一层的众生以及他们居住的楼阁宫殿、道德伦理以及饮食起居等等都有极为精细的描述。但即使居住于最高的非想非非想天的众生也仍未超出轮回,寿命虽长但非永恒,福报享尽之时终须进入下一生死轮回。

除天界之外,还有阿修罗道。"阿修罗"来源于印度梵语,在印度神话中,他们与天神本来属于同一谱系,在搅乳海之时和天神发生矛盾,并与天神之间展开了无休止的战争。佛教六道中,阿修罗占一道,此道位于天人之下,海水之下的阿修罗城。因为修善中掺杂有傲慢、嫉妒、嗔恨、争强好斗心等而降生于此,阿修罗虽有福报,享有宫殿美食,但并不圆满,仍需日日受刑受苦。

人道即是我们所生活的地方,这里包括四大洲,分别位于须弥山的东南西北四个方向。佛教认为我们所居住的地方为阎浮提大陆洲,位于须弥山以南。其他洲也有人烟居住,但体态、生活习性、寿命等均与我们不同。

三恶道皆属于造恶业众生受苦之所,其中畜生道可谓受苦最轻的,畜生道的众生主要是指动物类,它们要在畜生道忍苦消业,直至业障消除复重入善道。比畜生道受苦重的地方是饿鬼道和地狱道,其中饿鬼道受苦程度次之。饿鬼道的众生一般因贪嫉欺诳等恶业而堕入饿鬼道,它们将终年不遇饮食,游荡于山林海底,或人间市镇承受痛苦果报。

地狱道为三恶道中受苦最重者,佛教中亦构筑了极为庞大的地狱体系,地狱多到无可量数。这里主要是为了那些罪孽深重的众生准备的。佛教中地狱被细化为八大热地狱、八大寒地狱、近边地狱和孤独地狱。一般而言的十八层地狱就是指这十八个地狱,但它们并非在空间上属于严格的上下层次,比如八寒地狱就在八热地狱的旁边,而孤独地狱则因个人业力所感而居无定处,或位于深山、湖泊或位于地底、旷野。这些大的地狱周边还会有小的地狱,每个地狱都有自己的名称,比如八热地狱包括:等活地狱、黑绳地狱、众合地狱、叫唤地狱、大叫唤地狱、焦热地狱、大焦热地狱、无间地狱(阿鼻地狱)。每个地狱就是一个极端残忍的酷刑室,其中包含的种种酷刑令人毛骨悚然。从这些地狱的描述细节中,佛教想象力与创造力之伟岸可见一斑。没有必要尽述这些地狱的细节,但后文将会给出一个简单的例子。

一切众生就在上述的六道中沉沦辗转,众生的道德行为将直接决定他们死后前往六道中的哪一道。但无论是在哪一道,都是因执著爱恋、迷惑造业所致,因果循环赋予生死轮转终无法摆脱苦恼,正所谓分段生死。所以佛教的重要目标之一就是让人在生死之轮的束缚中解脱,终至涅槃之境。

佛教信仰中,人死后除了六道轮回之外,还可以前往阿弥陀佛的西方极乐世界。那些发愿往生极乐世界的人,可蒙阿弥陀佛的接引。《阿弥陀经》中释迦牟尼佛告诉众生,距离我们所处的娑婆世界十万亿佛土之遥有一个无诸苦痛的世界。《阿弥陀经》中亦有这个世界的详细描述:

> ……
> 又舍利弗。极乐国土,有七宝池,八功德水,充满其中,池底纯以金沙布地。四边阶道,金、银、琉璃、玻璃合成。上有楼阁,亦以金、银、琉璃、玻璃、砗磲、赤珠、玛瑙而严饰之。池中莲花大如车轮,青色青光、黄色黄光、赤色赤光、白色白光,微妙香洁。
> ……
> 彼佛国土,常作天乐。黄金为地。昼夜六时,雨天曼陀罗华。其土众生,常以清旦,各以衣祴盛众妙华,供养他方十万亿佛,即以食时,还到本国,饭食经行。
> ……

极乐世界被描述得如此美好,无非也是鼓励人们能够一心向佛,修德行善终会得无上果报。

简单而言,佛教认为人死后的命运会受生前业力的影响。不管它把这六道描绘得如何卷帙浩繁、生动具体，无非就是告诉世人要相信因果业力，善有善报恶有恶报。然六道轮回终是痛苦，分段生死遂不足恋，所以只有依靠佛法指导，或涅槃或登西方极乐方能跳出生死苦海，于无限的轮回中终获解脱。

佛教创造了如此恢弘庞大的死后世界的图景，但这个巨大的体系仍可分为两大类别，一类充满恐怖令生者毛骨悚然，另一类则寄托了人的无限憧憬。所以，它与古埃及的死后世界也有共同之处。我们会发现，当智慧层的收摄力遇到困境时，想象力虽然在文化的影响下工作细节上存在差异，但却有着相似的内在逻辑。

让我们再看一下基督教的天堂与地狱，看看基督教为生命的终结创造了怎样的未完待续。没有必要关注宗教历史演变上的具体细节，完全可以跟随那位曾经的天堂与地狱的先导对基督教世界做一番游览，因为这里有一位才华无比横溢的导游——文艺复兴开拓者之一的但丁，他曾在名著《神曲》中跟随维吉尔和贝雅特丽齐游历天堂与地狱。

这里当然无法展开整个故事的细节，不过可以在他的作品中一窥天主教所构想的整个世界。《神曲》中人死后主要有三个地方可供前往：地狱、炼狱和天堂。在但丁的作品中，地狱总体类似于一个大漏洞，地球的中心为地狱的最深处，漏斗的口则在北半球。地狱又分为九层，越往下越窄，那些身处于此的灵魂主要根据其生前所犯下的罪行被分派到不同的层次。越靠近地心其灵魂所犯的罪恶也就越重。但丁把苏格拉底、荷马这样的人物安排到了第一层的特别区域，维吉尔的灵魂也居住于此。然后，七宗罪对应了不同层的地狱，比如第二层主要是因生前贪色而囚禁于此，第五层则主要因为愤怒。地狱除了分为九层以外，层以下还可继续分为环，环是层的下一级单位，比如第九层包括四环，每一环代表不同的罪恶。第九层第一环为：该隐环，他是谋杀亲族的代表；第二环为昂得诺环，他代表卖国者；第三环托勒密环，暗算宾客者；最后一环犹大环，臭名昭著的犹大代表的是卖恩主者。

在维吉尔的带领下，但丁渡过亚龙河，从第一层开始逐层游历。从第五层进入地帝城开始，诗人便开始不惜笔墨地驰骋于想象的世界，对地狱的描写也更加详细而生动。限于篇幅只能从中节选一小段，从而领略之中的神奇。

"前面现着一个风车,正在风中打转;我所看见的东西都是这边形状。那里的风真厉害,我只得退缩在我引导人①的背后,因为那里没有别的东西可以做屏风。我已经到了那里(我写的时候还是伴着恐怖),那里的灵魂全然盖在冰下,像水晶中间现着的草梗一般。有的躺着,有的立着,有的倒立着,还有的弯着腰,面孔靠近脚。

……

我觉得多么奇怪呀!我看见他②的头有三个面孔:在前的是火一般的红,其他两个正在每边肩胛以上,和正面的太阳穴相结合,右面白而带黄,左面像从尼罗河上游来的。每个面孔以下生了两只大翅膀,适合于大鸟的飞扬,我在海上也没有看见过这样大的帆。不过翅膀上面并不长着羽毛,只是和蝙蝠一样的质地。它们鼓翼生风,风吹三面,因此全科西多都冰冻了。它的六只眼睛都哭着,眼泪淌到三个面颊以下,那里就混合了血的涎沫。在每个嘴里,牙齿咬住一个罪人,好像铁钳一般,就是说,有三个罪人在那里受刑罚③。"

这段文字是诗人但丁关于地狱第九层的描写,在维吉尔的引导下诗人见到了地心的撒旦,撒旦丑陋狰狞的容貌令但丁心惊胆寒。但丁看到他的三个口中正在叼着三个罪人:犹大·斯加略多、柏吕笃和卡西何。

参观第九层后,但丁便随维吉尔前往了另外一个半球,在诗人的想象中炼狱就在南半球。中世纪的人们一般认为炼狱在地球的内部,但是但丁的想象中炼狱则位于南半球的山腹中。炼狱算是一个中转站,灵魂要在此忏悔洗涤然后再升入天堂。按照基督教的道德理论,炼狱分为七层,灵魂净化就是要一层层去掉其中罪恶,七宗罪洗涤殆尽,便可来到山顶上的地上乐园。诗人把地上乐园想象为亚当和夏娃的伊甸园,在那里他将遇到贝雅特丽齐,并

---

① 指但丁的引导人维吉尔.
② 指魔鬼撒旦.
③ 但丁. 神曲[M]. 王维克,译. 上海:上海文艺出版社,2014,P138.

跟随她的引导游历天堂。

地狱天堂本是想象力的造物，出于本书的写作目的，没有必要像考古学或者地质学那样去对其进行严格的考证。不妨仍跟随两位诗人的脚步，看看但丁从个人角度如何对炼狱展开想象。

......

我们立在一处，那里的山向后缩进；我的脚很疲倦，我们二人都不识去路，暂时立在那里离比沙漠还要寂静的平地层。这平地层的外表是下临的无极的深渊，里边是卓立千仞的绝壁；从里到外的阔度是人体身长的三倍；无论向左向右，尽我的目力望去，这里突出的部分像同样阔度的一条带子。我们还未移动一步，我看见那不可攀登的绝壁下部是白色的大理石，上面是精妙的雕刻，不要说波吕克勒托斯的艺术，就是自然本身也要退避三舍①。

......

这是但丁和维吉尔刚刚进入炼狱之门所见到的情景，接下来诗人开始描写雕塑的情景，并渐渐开始了炼狱的旅行，一层层向上直至遇见贝雅特丽齐，并从而开始了下一段的旅行。贝雅特丽齐代替维吉尔引导但丁完成天堂的旅行。但丁眼中的天堂亦不同于常人，他以托勒密的天体系统做主线，并抛弃一些世俗的元素以构想自己眼中的天堂。

天空分为九重，九重之外就是天府。九重天从下至上依次为：月球天、水星天、金星天、太阳天、火星天、木星天、土星天、恒星天、水晶天。但丁依据幸福的程度，让不同的灵魂分别居住于此，而上帝则居住在水晶天外的天府。我们没有时间来领略但丁在每一层天界所展露的超凡才华了，《神曲》不愧为一部奇书，那些逝去的历史人物在他的作品中复活了，诗人借用他们的言语来教导现实世界中的人们。

_____

① 但丁.神曲[M].王维克,译.上海:上海文艺出版社,2014,P181.

这里,还是让我们直接前往上帝的居所——天府,来领略其中的神奇吧。天府中居住的灵魂仍然具有人类的面孔并身着白袍,他们排列在幸福者的玫瑰之中,就像端坐于无边的圆形剧场,他们淹没在上帝的爱与光芒之中。下面这段文字就是上帝出现在诗人面前时的景象。

......

在那高光之深沉灿烂的本体里,我瞥见三个圈子,是三种颜色而一样大小;一个似乎是别个的反射,好像一虹被另一虹所反射的模样,而那第三个似乎是被这个和那个所鼓动的火。唉!我的话句多么无能,表现我的思想多么软弱!而我的思想和我的所见相比,真可说微乎其微了。永久的光呀!你建立只在你自己,只你认识你自己,而且被你所了解了解你,爱你又向你微笑。那个似乎是你的反射光而包含在你里面的圈子,当我的眼睛看在上面的时候,似乎现出他的本色而绘出我们人类的图形;我的眼光全然贯注在他上面。

这就是但丁想象中的上帝了,在"是爱也,动太阳而移群星"的赞美中但丁终于完成了整个天主教世界的旅行。这个庞大的层状世界既有活人的居所也有死者的归宿。死亡在天主教的信仰中,故事尚未完结,亡灵将接受审判,审判标准仍是善恶,善者可以进入天堂与上帝同在,而恶者则进入地狱承受痛苦。只不过跟古埃及存在差异的地方在于这里多了一个炼狱,不过本质上这里仅仅是一个过渡,它向那些真心悔过的灵魂提供机会,他们仍有希望升入天堂。

同样源于犹太教的伊斯兰教其生死观与之极为相似。伊斯兰教相信宇宙有终结,人死后还会复活,并将接受真主安拉的审判。行善者则会进入天园享受永恒的幸福,而行恶者则要进入火狱受苦。《古兰经》中天园有多种称谓,比如"乐园""恩泽园""永久之宅"等,天园亦有层级,七层中的最高层属于先知、殉道者及最虔敬者的安居之地,此层即为"天堂"。

《古兰经》中有很多关于天园的描述，如第七十六章第十三节至二十一节：

[13]他们在乐园中，靠在床上，不觉炎热，也不觉严寒。[14]乐园的荫影覆庇着他们，乐园的果实，他们容易采摘。[15]将有人在他们之间传递银盘和玻璃杯——[16]晶莹如玻璃的银杯，他们预订每杯的容量。[17]他们用那些杯饮含有姜汁的醴泉，[18]即乐园中有名的清快泉。[19]许多长生不老的少年，轮流着服侍他们。当你看见那些少年的时候，你以为他们是些散漫的珍珠。[20]当你在那里看着的时候，你会看见恩泽和大国。[21]他们将穿着绫罗锦缎的绿袍，他们将享受银镯的装饰，他们的主，将以纯洁的饮料赏赐他们。

安拉将用火狱惩罚罪孽的灵魂，火狱亦有七重，每一层都充满熊熊烈火。《古兰经》中亦有很多章节描写火狱，如第五十六章第四十二、四十三节：他们在毒风和沸水中，在黑烟的阴影下；第十四章第五十节：他们的衬衣是用沥青做的，火将笼罩他们的脸，他们不能睡眠，得不到饮料，喝的只有难以下咽的"沸水和脓汁"，等等。

让我们最后选择一个不是很常见的案例吧，看看索罗亚斯德教是如何给灵魂提供死后命运的。在索罗亚斯德教信仰中，一个人死后，他的灵魂随即离开其身体，但是出于对身体的眷恋，灵魂会在它附近停留三个日夜。灵魂会因离开身体而感到不安和痛苦，相关的仪式和经文会帮助亡灵鼓足勇气开始后续的旅程。而与此同时，天使们会从言、行、思三个方面总结死者生前的善恶，并以此为依据决定是引入其到"至善之宫"，还是被送往地下的"绝狱"。但无论灵魂善恶与否，都要经过"审判之桥"，这桥会根据灵魂的善恶自行变化，对于善者桥面会变得宽广，而对于恶者桥面会变得如刀刃般锋利。善者由美丽的处女形象的天使带入"至善之宫"，恶者由丑陋的老太婆引入"绝狱"。

关于"至善之宫"和"绝狱"的描述可见诸 Dadestan I Denig：Religious Decisions 一书。书中有这样的语言形容"至善之宫"：崇高的，尊贵的，至上的，最灿烂的，最芳香的，最纯洁的，充满美丽的存在，最令人渴望，最善的，是身上存在的居所，这里只有舒适、快乐、喜悦、幸福、安宁，胜过物质世界上的一切。这里没有渴望、疼痛、痛苦、不适，这里充满欢愉，这里是永恒的福祉之地，一个无疆的充满美好的无限世界。而绝狱恰好与至善之宫相反，索罗亚斯德教同样认为地狱在地底下，对它的描述只有黑暗、痛苦和恐怖：这里再没有舒适、喜悦，以及与欢乐有关的一切；这里只有恶臭、污秽、疼痛、惩罚、悲痛、深层的罪恶，以及不安。这里的恶臭、污秽、痛苦以及罪恶远远超出了地上的一切，即使地上最大的罪恶也远比不上这里的罪恶，这里对灵魂惩罚的苦痛也远远超过了恶魔对身体的惩罚。在这里罪恶的灵魂被邪恶的魔鬼和黑暗所惩罚着，这些魔鬼的头领正是众魔之王阿里曼。

这就是索罗亚斯德教中关于天堂和地狱的简略描述，从中亦能发现它与其他宗教信仰中关于天堂和地狱描述的相似性。这里同样有末日审判，教义指出世人不管犯下什么样的罪恶，他们终能被善的宗教感化，人类最终都能被拯救并皈依在善的宗教之下。

好了，到这里我想没有必要再列举更多的死后世界了，它们虽有形式上的不同但是却有实质上的相似。总体上，闪族人的宗教呈现的是一种直线性，而印欧雅利安人的宗教体现的是一种循环性。尽管如此，它们之间的相似之处仍十分明显。为什么几乎所有宗教都具有这样的相似性呢？他们为什么这样安排人类死后的命运呢？基于信息认知论模型的角度进行分析，也许能够为我们打开一个全新的视野。

可以看出，这里的一切都是始于矛盾的冲突与碰撞，这一矛盾即智慧层的收摄力与对死后无知状态两者间的强烈冲突。

从第一人称视角来看，我们所有人都对自己死亡之后的命运一无所知，因为死亡之后的第一人称信息即使存在也永远不会传递我们每个人的生前状态，死亡构成了一个吞没信息的边界，正如黑洞的视界一样。这就是我们所面对的真实处境，可是日常生活中种种杂乱的信念与日益纷繁的信息渐渐让我们陷入麻木，我们甚至忘记了死亡乃是认知盒子的边界。

既然这个边界如此冷酷决绝地隔断了我们的认知，那么为什么几乎所有的宗教都信誓旦旦地告诉我们它们很了解人死后的命运呢？它们仿佛知道死后的一切，甚至对那些最无关宏旨的细枝末节也仿佛都了如指掌。但是所有的宗教告诉我们死后世界都是自成一体，各说各话，没有哪两个宗教的地狱是完全一样的。它们从没有像人类发现美洲大陆那样发现同一个确定的地狱，也没有那样言之凿凿地声称发现的是同一个天堂。即使在同一个宗教内部，不同的经典关于这死后世界的描述也是不尽相同。但所有的宗教都必须要对那人类无法从中获取任何信息的场域有话说，不仅口头言说而且还要内心坚信。世界上，几十亿人安心地生活在它们提供的灵魂命运的图景中，并从中获得了生活的意义与安宁。

从我们的理论分析，可能是因为宗教提供了科学也许永远无法提供的智慧层完整性，即使这种完整性有时候需要建立在单纯的想象之上。

死亡是与每个人的切身存在最相关的问题，每个人都无法逃避死亡，但我们对自己的死后世界一无所知。这个彻底的无知状态，成了智慧层永恒的诅咒，对生命存在的领会与挚爱以及对死亡的无知与恐惧形成了极强烈的对比，智慧层想驾驭它，以摆脱无知而获得完整，但死亡之墙构成了认知盒子最令人难以驾驭的边界，收摄力在这里展开了对它最强烈的冲撞，但仍毫无所获。

因为生死问题如此深刻地关系到我们每个人，它与我们如此接近并且直接，所以它必然成为一切智慧层完整性构建的核心。对于生命有限的人来说，这个问题的重要性也许超过了认知盒子其他任何边界所遇矛盾而引发的问题。它直接影响到我们的现实生活，甚至规定着我们的生活方式以及意义。

任何一个宗教都需要为智慧层提供一种令人释然的完整性，因而它必然提供一种关于生死的学说，如果宗教触及不到这一问题它就构不成宗教，或者它不会有任何存在的意义与价值。但所有人都不能直接从死亡边界的另一面获取信息，这也意味着智慧层的收摄力在这里终将无法摆脱尴尬。但是智慧层只要存在它的完整性收摄力本能，那么在这一力量的不断驱动下，解决生死问题的心灵工作就会永不停息，这是人类智慧层完整性收摄力本能所体现的最固执的一面。这种固执性将同样作用于其他令收摄力受挫的地方，比如暗物质、暗能量、宇宙起源以及黑洞视界之内等等。但对于普通人而言，上述矛盾远没有死亡本身那样牵涉到每个人的切身利益，所以死亡和收摄力之间才发生了震惊整个人类历史的大碰撞。碰撞将引发人类关于生死问题的永恒探讨，但收摄力在此却久攻不下，它没有办法在无法回馈任何信息的场域找到令其感到完满的解释，于是想象力将再次披挂上阵，它的出征同样是为着智慧层的完整性。

宗教就是利用了试图填充死亡边界外那片空白区域的想象，它无法在边界之外获取任何材料，所以它只能利用尘世间的已有材料来展开构想。本质上，宗教所告诉我们的关于死亡边界之外的一切不是别的，其实正是整个我们生活所在的世俗世界在死亡边界的回声。而且在智慧层完整性的驱动下，它们的想象不可能完全不遵循逻辑，这就是为什么我们在前文游历了不同宗教文化中的死后世界之后能够感觉到的似曾相识的原因。我们看到的不同只是形式上的不同，它们因为受到不同文化、民族、历史以及地理环境等多方面因素的影响，所以才显得风格各异，但它们本质上却分享着类似的逻辑——智慧层完整性所要求的逻辑。

把世界上所有宗教的死后世界收集起来本身就能构成一本鸿篇巨制，可以从中看到不同民族想象力的神奇,它们能够很好地满足人们的猎奇心理,但它们之间的共同之处却能更好地展示共有的本质。

从不同宗教关于死后世界的想象中可以发现如下共同之处:

第一,不同宗教总是试图淡化、拖延或者缓解死亡和智慧层收摄力之间的矛盾与冲突。正常状态下,没有什么恐惧能够比死亡本身更可怕了,如果充分意识到自己的死亡,而不是认为它一般发生在别人身上或者对于自己来说还很遥远的话,那么死亡所引发的恐惧将使人不知所措,甚至疯狂。如果人的智慧驾驭不了这一冲突的话,这种生与死的冲突将会严重地破坏智慧层的完整,破坏人内心的安宁,从而破坏整个社会的智慧。所以宗教总会告诉你死亡并非彻底的终结,它的后面总是存在着未完待续,它会告诉你人死后还有不同的生活阶段,肉体即使无法前往但是灵魂还会继续。死亡并非彻底结束就是缓和矛盾的一个重要方法,它把那最猛烈的冲突淡化以及延后了,它使人心获得了某种希望与安宁,生活又变得惬意、舒适,变得容易接受了。通过种种猜想和想象,宗教提供了这种内心的依靠。它帮助人们摆脱对死亡的恐怖。

古埃及的信仰,存在第二次死亡,它是亡灵将要面对的命运之一,可它毕竟出现在人的正常真实死亡之后,而且在这种信仰中每个人都可以凭借主观可控的方式来避免它。这样这个被延后的死亡与存在的冲突被推迟到了一个可以接受的时空和心理领域,此时信仰不再有更多的言辞可陈,但这样的拖延已经卓有成效了,它很难再引起人心的恐慌。佛教中仿佛窥视到了其构建的天堂与地狱的真实意图,它又试图告诉人们,天堂与地狱也只不过是方便的说法,它们本不存在,对于那些借般若智慧看破生死的智者来说,哪有什么天堂与地狱,又怎会需要天堂与地狱呢?

第二,不管什么宗教,人死后总是有两条大路供选择,一者享受永福,一者接受惩罚。即使天堂和地狱的观念在不同宗教中呈现了无限多样与丰富的细节,但总会分为这两类。正因为死后的世界是想象的结果,所以它总充满了神话的色彩,如果人们认为死后的世界只是跟我们的现实生活一样平淡无奇,那么死亡这一现象本身就毫无意义了,它再不会跟智慧层的收摄力发生任何矛盾,这样的话它就沦落为普通的睡眠,它也就构不成认知盒子的边界了。可死亡偏偏遮蔽了其身后命运的神秘,于是对它的想象就不可能像日常生活一样平庸,它必然要寄托人类世俗生活的理想。天堂的构想就是这种理想或者说对一个完全不同命运阶段的憧憬,在世俗人的眼中天堂总是美好的。有的民族憧憬的美好是非常务实的,他们把在现实世界中的生活理想寄予到了天堂之中。古埃及人就是这样,在埃及的芦苇之境中,人们仍然需要劳作,只不过这里的生活变得更加安宁、美好、富足,他们希望这样的生活能够变为永恒。有些宗教的天堂描写并非着眼于生活的物质因素,而是更加注重精神层面的理想,比如基督教的天堂,这里灵魂可以和上帝在一起,这里充满了慈爱的荣光。

如果说天堂代表了人心对现实生活无法实现的理想的一种具相,那么地狱的描写就是人类对不可知的恐惧的一种具相。无论哪个宗教对地域的描写总是阴暗的、痛苦的、恐怖的,只是不同地狱的痛苦呈现的方式有所不同罢了,但是这些痛苦都是折磨人的痛苦,这些痛苦也只是作用到人类的感官。地狱是人对死后世界相对于天堂来说的另外一个方向的猜测,天堂是至福的那么地狱就是至苦的,地狱代表了另一极,如果没有地狱和天堂相对应,那么死后世界就是不均衡的,而不均衡就会引发逻辑上的问题。

可以想象,如果一个宗教提供的死后世界只有一极,那么就会引发社会问题。设想无论人生前是否作恶行善都只有天堂一条路可供选择的话,那么人在生前就不用担心死后会遭受什么厄运,他大可杀人越货,为所欲为。如果只存在地狱一极,也同样会引发类似的问题,既然死后都要受到惩罚,还不如生前尽情享乐,反正死后都是要受苦的。因此,宗教必须提供两种选择,一者通向至福,满足人们无限的憧憬,一者必须与之相对应,让人心生恐惧从而震慑其罪念,只有两者一起才能够达到均衡。

第三,几乎所有的宗教都把道德作为唯一的判断依据,以决定灵魂前往天堂还是地狱。宗教可以为智慧层提供一个最底层的整体性逻辑,于是它提供了人存在意义的价值系统,而道德就是这个系统的标准与核心。一个能够让社会运作良好的价值系统,其基础的标准必然要有益于社会秩序的良好运转,在这样的秩序下整个社会才能够稳定和发展,而只有道德才能够真正适合于这样的重任。在宗教中这样的道德标准便被表达为平常所说的善与恶,而它的极端形式则被表达为宗教律令和法律条款。

假设宗教以道德之外的标准为核心来构建它的整个信仰体系,那么会出现什么样的结果呢?假设有一个宗教是以金钱为标准的,也就是说它认为人死后是升入天堂还是进入地狱是由这个人生前所拥有的财富来判断的,那么会引发什么样的结果呢?因为宗教能够为人们提供一套相对完整的最底层的智慧层逻辑,那么金钱就将成为衡量一切的标准,所谓的道德将毫无意义,人们会采用一切的手段去获取金钱,从而必然会引发暴力,社会的稳定最终将被破坏。在这样的社会中,人人自危,失去了社会稳定发展的基础以及多样性,社会将走向停滞以及自我毁灭。同样,如果权力是核心的话也将同样破坏社会自身的存在基础,无法令社会长远地存在与发展。只有道德以及在此基础上的法律才真正有资格作为这样的标准与核心,这也许就是宗教体系的构建标准最终必须落实在道德上的原因。当代社会出现的诸多问题,也就因为这样的核心被其他的价值倾向所冲击造成的,比如金钱至上主义的崛起动摇了道德核心的地位,从而引发出诸多令人发指的社会丑行。

还需要注意的是,道德在不同宗教中呈现的样态是不尽相同的,基督教的道德与佛教的道德以及伊斯兰教的道德之间就存在很多差异。的确每个宗教都在强调善,但是不同社会与宗教的善却具有不同的内涵与特点,甚至它们所强调的善之间还是存在冲突的。比如,婆罗门教的善是有等级的,四个基本种姓的善呈现了明显的阶级性,婆罗门种姓的善行对于首陀罗来说就是不合身份的、越权的、亵渎的甚至是要被处以极刑的;而基督教的善则更强调上帝之下人与人之间的平等。但无论道德呈现的具体样式在不同宗教中是如何不同,它们总会呈现出一定的共性,比如对生命本身的尊重,对世界存在的敬畏,以及对幸福生活的憧憬,等等。而这些体现出不同程度、不同方式的价值倾向,就巩固了社会自身存在的基础。

第四,构建天堂与地狱的种种奇思妙想所需要的材料都来自于我们现世的生活。死亡作为认知盒子的边界所遮蔽的场域完全无法向我们发出信息,没有人能够说出天堂和地狱到底是什么样的,因而宗教中关于它们的描述也只能借助我们日常生活中的原料,只不过它们需要从现实世界诸多的元素中进行精心挑选,以让所要构建的世界与我们今天所处的世界呈现出最大的不同。天堂中的宫殿不可能是用钢筋混凝土建造的,因为钢筋混凝土虽然能够呈现出很好的建筑特性,但它们毕竟太过普通与世俗了。

阿弥陀佛的极乐世界虽然距离我们的世界有十万亿佛土,但是其构建材料仍是来自地球的金、银、琉璃、玻璃等等。而且这些不同民族或宗教中的天堂也是呈现地域性的,开玩笑地说,我们不能在埃及人的天堂中尝到咖喱,也不能在极乐世界中品到咖啡。而对于那些栖息之地被人类所破坏的动物来说,人的天堂更像是它们的地狱罢了。

即使是那些精神性表达的天堂,也是现实世界的构物。那样的天堂不需要日常生活的存在,但是却需要光明,需要人心把电磁波幻化成虚幻缥缈的荣光——一种精神性的装饰。天堂既然意喻美好,代表道德和生活境界的提升,它们总会被安排在天空之上,而只有光明才能代表人类内心的纯洁和坦荡,所以天堂也将充满光明,那些可见的电磁波就成了最重要的原料。地狱总是向下的、阴暗的,代表着生命的沉沦,道德的荒凉之境,要与天堂相对,黑暗、孤寂、恐惧也就成了最自然的地狱的饰物。

死亡在这里成了一面安装在时间维度上的哈哈镜,天堂和地狱是现实世界呈现于其中的充满人类想象的荒诞变形。

第五,指向永恒。宗教中的死后世界事实上并没有真正解决生死之间的根深蒂固的矛盾与冲突,它采用的只是一种淡化和拖延的策略。如此一来,命运之线在死亡以后是否断裂就被隐藏到了人们的视野之外。命运之线仍会断裂,比如古埃及信仰中的第二次死亡,但这次断裂已经再无法像死亡本身那样引起人们关于生死问题的深刻思索了。不过,宗教也会把命运之线引向无限,无论是在天堂永享幸福或还是在地狱承受无尽的苦难都是否认命运之线彻底断灭的方式。但人的眼光尚无力纠结于如此遥远的未来。生死之矛盾,死亡本身与收摄力的冲突就这样被永恒所淡化和缓解了。

但这样的做法除了隐藏矛盾外,相当于什么也没有做。如果透过永恒的幻想，就会发现，天堂和地狱都是一种令人窒息的不断的循环往复，是一种僵化的停滞状态，它们并不能满足人类对真正幸福的内心需求。人的幸福是无法真正得到满足的，因为人的幸福并不栖息于某种特定的状态中，而是存在于从一个状态不断向更高的、更好的状态的突破与前进过程中。

所以，这样的淡化与拖延无法让人产生对死亡本身充分的深刻的哲理性思考。关于死亡现象本身，人们还有一大堆工作要做。虽然已经有很多哲学家走在了前列，但这也许仍远远不够。

第六，宗教试图提供一种内心的均衡，它通过死后世界的对生前的或补偿或剥夺的方式，惩恶扬善，作恶者进入地狱，行善者升入天堂，宗教通过这样的方式向人们的内心提供一种平衡，给行善者以鼓励给作恶者以震慑。通过这样的信念，宗教让每个人的内心保持一种稳定，从而避免走向极化，人们会相信每个人在命运的总量上是公平的。而这种幻想中的公平却往往被政治所利用。

这里最明显的例子莫过于婆罗门教，婆罗门教试图让那些底层的种姓认为他们今生之所以要忍受种种痛苦，尽心尽力地服侍那些高等种姓，主要是因为它们的前生的业力造成的，正是因为前生所造的恶业才导致今生沦落为低等种姓。所宣扬的公平原则告诉那些受苦的人们，只要你们今生尽职尽责，心甘情愿地忍受种种无奈与苦痛，那么你们的来世就有希望投胎到高等种姓中去，从而享受高等种姓的种种权力。这种做法显然是十分奏效的，它深深地欺骗了受苦的人们，并让他们获得心态上的平衡。可想而知，没有这样的信念，社会的稳定就会受到威胁，那些被压迫的人们很可能站起来反抗。但这种想象中的公平与公正把怒气压抑了，他们把忍苦受难作为自身的美德，乐观地忍受种种辛苦，因为在内心深处坚信今生所受的痛苦将会在来生获得补偿，因果业力之轮总会在未来把自己带向高处。

闪族的线性宗教虽没有这样的业力轮转，但在心理均衡上却无二致。没有一个宗教会让一个生前作恶多端品质恶劣的人死后继续逍遥法外享受幸福，也不会让一个广施善行朴实生活的人进入地狱，因为这两种情况都不是均衡的，它们都将破坏心灵深处的公平机制，从而引发社会暴力。作恶者就是要在地狱中惩罚他,行善者就是应该在天堂奖励他,这样人心深处的平衡机制被建立了,社会的稳定基础也便加强了。

以上就是不同宗教的共同点,这也体现了宗教想象力所要遵循的基本逻辑了。它们于死亡与智慧层的碰撞处产生,通过种种对未知领域的构想构建智慧层的完整性。这种完整性缓解了心灵和现实之间的矛盾,并给短暂的人生带来种种慰藉,以使每个人获得勇气和安宁。

我们已经游历了几种宗教的地狱与天堂了,虽浮光掠影,但是仍能被不同文化的想象力所深深震撼。它们本身就是人类想象力构成的博物馆,它们仍然在深深地影响着我们今日的生活、艺术以及整个文化。

然而,智慧层收摄力的野心并非想象力所能彻底满足的,在那个由死亡构成的墙壁上收摄力的进攻永远不会停止,这就是人类智慧层的本能与天性。所以,我们也同样可以非常确信地说,人类关于生死的探讨永远不会结束,即使也许永远不会出现令所有人都满意的最终结果。

09 现在的边界

我们在时间维度上考察了两组矛盾，一组是无限和收摄力间的矛盾，另一组是无知和收摄力间的矛盾。并且已经看到不同的神话或者宗教是如何试图通过想象力的创造来解决它们的。事实上，认知盒子的边界并非只有时空两个维度，它有很多个维度，但我选择时空维度只是因为它们是最明显的，同时也是对人类影响最大的。那么，认知盒子的其他边界会和收摄力之间存在冲突吗？智慧层是否同样需要想象力来提供完整性呢？现在人类的认知盒子的边界究竟在哪里呢？这些问题尚需一一解答。

我们来看看信息盒子在空间维度上与收摄力之间的矛盾吧，虽然它并不像时间维度所引发的矛盾那样激烈，但它在某些方面更能反映出人类认知边界和收摄力相冲突的本质，因为那些空间上曾发生的矛盾已经被完好地解决了。

随着历史的发展，人类的认知盒子是在空间维度上不断扩大的，它一点点突破人类探索的边界，并直指空间疆域的极限。所以那些曾在空间范围内的想象被人类的科学探索所否定了。跟时间维度上的矛盾不同的是，某些空间维度上的想象是可验证的，所以，宗教在空间上提供的世界观景象就被科学一点点地否定了。

我的童年记忆很多都属于我出生的农村，那个时候信息很不发达，整个村子也很少有娱乐设施。所以村子里的第一台电视机就引起了全村的轰动，它也成了凝聚全村人的黏合剂。我就是在村子里的第一台电视机上看到了1986 年版的《西游记》。当时具体看到的电视画面已经记不清了，甚至也忘记了电视机是黑白的还是彩色的。但我记忆最清楚的是，看完一集后那种恋恋不舍的心情，以及期待下一集的急不可待。另外，还有影响我整个童年的对天空的遐想。看完电视后，我再看天空时就有了完全不同的感觉，那蔚蓝天空中飘浮的变幻莫测的云彩仿佛藏着天河、神仙以及天庭的楼阁。凝视天空之时，我总希望能够悄悄地获得他们的眷顾，让我有机会目睹他们的真容，哪怕一瞬。这种愿望虽永远无法实现，但却给了我对未知的虔敬和渴望，这种渴望直到今天依然能够在我内心深处隐藏。只不过这种渴望已经变换了疆域和场所。

今天我们知道，云只不过是大气现象，天空亦不像佛教和基督教所说的那样具有分层。毕达哥拉斯的对地并不存在，亚里士多德的世界观也被否定了，四元素最上层的大气之上不会存在火，迈克尔逊－莫雷实验还否定了以太的存在。当阿姆斯特朗登陆月球的时候，我们再回忆但丁《神曲》中的关于月球天的描述就感觉是那样想象丰富却单纯幼稚了。地球的内部结构已经在地质学面前被解释得相当清楚，地狱和天堂所被安置的地方都被事实所澄清，那些曾经容纳人类神奇想象的迷雾就这般被科学之光所驱散了。

就像我在童年时代对天空的遐想一样，在科学发展以前同样不知道天空的真相。一层昼夜变换的天幕笼罩着大地，也笼罩了人们的认知。但是未知就会引发智慧层和它的冲突，因为收摄力是无法作用于未知的。未知意味着人类心灵的巨大空洞，如果填不满它就意味着人的内心无法获得在宇宙中释然存在所需要的均衡与平静，这种矛盾在宗教中往往引发想象力的工作，于是驰骋天幕之外的就是人类的未知和想象。

宗教善于利用这些想象来填满心灵的空白，可是这些原料毕竟经不起人类科学探索的考验。传说中的天河，并非天界的河流，它只不过是银河系的截面，那关于天河的美好爱情神话只不过是人编造的美丽童话罢了。天界没有发现神仙、庙宇以及官殿。科学已经把宗教的世界观彻底地打翻了，宗教想象力的本质已在空间维度上暴露无遗。

曾经是收摄力和空间边界的矛盾被人类不断增长的认知所消灭，但是矛盾依然存在，只不过这个矛盾被推向了更遥远的地方，它们已经无法引起世俗生活着的人们普遍的注意了。另外，人类的理性也在不断发展，它已经不再像一个孩子一样必须要用空洞的想象力来建造智慧层的完整性，虽然人永远不会丢掉智慧层完整性的本能,但是已经学会了像成年人一样去接受完整性妄想的挫败,并不断倾向于试图用理性的方式来解决它。

如果宗教不是仍有生死问题以及宇宙存在本身更深刻的存在问题作为自己栖息之地,它们几乎就已经没有存在的任何必要性了。但是幸好关于这两个问题科学目前所能做的还非常有限,即使科学告诉人们死亡将是彻底的断灭,死后将失去一切的联系,但对死亡本身的认识依然呈现极为明显的个体性,它如此关切我们的命运,因而也就引发了人们关于这个问题本身的无数种想法。关于宇宙起源科学尚无法给出非常明确的答案,宇宙存在的伟大奥秘让所有好奇心仍惊叹不已。而今日宗教就在这样的矛盾中找到了存在的基础,它仍然试图告诉你信息盒子之外的东西,以此提供智慧层所需的完整性。而这些内容就给那些需要它的人们提供了完整性的安慰与体验,所以,今天的宗教虽然已经被科学吞食了如此广阔的疆域,但它们还能够依然存在。因为存在问题本身还没有解决,人生短暂,每个人都需要从生死中解脱出来。

好了,是时候该回顾一下我们今日的认知盒子了。看看它在人类不断发展的科学认知面前已经扩展到了怎样的范围。事实上,认知盒子并非只有时间和空间两个维度,它还包括其他维度,但是就像前面所说的时空维度对于我们来说非常直观,而且对我们的影响也非常巨大,所以这里仅从认知盒子的时空维度来介绍它的大小和范围。看看今天人类的认知已经驰骋在怎样的广阔疆域。

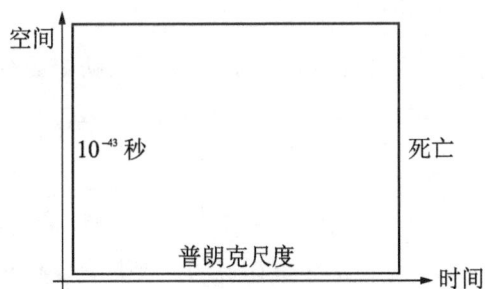

图1　认知盒子的边界

图 1 就是认知盒子的示意图,而不是真实的时空图,它的目的只是帮助我们形象地体会与感觉认知盒子的边界,而宇宙的真实时空背景要比这复杂得多。另外,这张图是第一人称视角的,因为它的右边界是个体的死亡,而不是指向时间的无限未来。

以个人视角来看,我们能够相对确切地回溯到时间的什么位置呢? 这个问题的回答必须借助宇宙学的知识,我们单凭感官以及哲学思辨是永远也找不到答案的,幸好爱因斯坦为我们提供了宇宙学的工具。我在拙作《信息的演化》一书中已经介绍过了,时间是一个十分复杂的概念,只有选择一个合适的等时面所说的时间才有意义,在这样的意义上说我们身处的宇宙已经存在一百三十七亿年了。向宇宙的早期回溯,最早我们可以回到宇宙大爆炸后的 10^{-43} 秒(就目前了解的宇宙学的知识),因为再向前回溯爱因斯坦的广义相对论就将无法工作了。上图中 Y 轴表示的就是宇宙大爆炸的时刻,但是人类现在的理论工具还没有办法回到那一点。不过,从 10^{-43} 秒开始,宇宙学就能够给出相对准确的宇宙演化图景,比如在什么时候光子退耦,什么时候氢原子形成,以及星系的形成等等。

如果单凭这样的知识,是不会知道宇宙形成的奥秘的,因为我们还回不到大爆炸的时刻,也不知道宇宙为何从无中产生(如果宇宙真的是从无到有),以及它到底是线性的还是存在轮回的。所以,在这里认知又一次遇到了边界,这个边界把基督教中上帝的工作隐退到了 10^{-43} 秒之前。上帝若存在,那么创世工作就不能再耗费周一到周六那么长的时间了,他必须在 10^{-43} 秒内完成。但这个边界与日常生活如此遥远,它是不会引起普通人思考的,但它会令那些知道它的天才们无比纠结。那些天才大脑中的智慧层将在收摄力的驱使下,不断展开对宇宙大爆炸时刻的研究与思索,并试图提出能够解释大爆炸的新的物理理论。

至于无法突破的认知盒子的外围,科学家们同样会展开想象,提出种种假说,这一点它和宗教的方式是非常相似的。但是科学假说明白自己的真实身份,它会寻找证据不断地对科学假说进行验证,一次证否就能够彻底结束科学假说的命运了。纵使验证了一万次也无法彻底地认为科学假说是绝对正确的,但是却可以提升对它的信心。而宗教却反对这样做,它们更倾向于保守地维护整个信仰体系的完整性。

在《宇宙的轮回》一书中,彭罗斯教授介绍了 CCC(conformal cyclic cosmology,共形循环宇宙学)纲领。在 CCC 纲领的指导下,宇宙被认为是循环的,也就是在大爆炸时刻之前宇宙并非空无,它和上一个宇宙的世代连在一起,也就是说我们身处的宇宙只不过是宇宙循环无限次中的一次。而且这一纲领告诉我们,我们身处的宇宙将会在非常遥远的未来走向终结,那时所有的粒子都会衰变为光子,然后宇宙将开始到进入下一个世代,下一个世代的起点是一次新的宇宙大爆炸。CCC 描绘了一个无限循环的宇宙,它能在一个世代(这里的世代指宇宙从大爆炸开始到最终衰变为无质量的粒子)和下一个世代间建立了平滑的过渡。彭罗斯教授在他的书中试图表明,一个世代的部分信息会传递到下一个世代,他认为大爆炸里一定会出现一个极端的"组织",表现为第二定律的直接结果,这个"组织"具有容许我们的大爆炸向以前世代共形延伸的特征,而延伸由非常具体的确定性演化所决定。所以,彭罗斯教授认为,也许在一定的意义上我们可以真的"看到"从前的世代。这里的"看到",是指 CMB(宇宙微波背景辐射)中留下的信息,如果 CCC 是正确的,那么 CMB 中出现的涟漪就是宇宙上个世代留给我们的最直接信息。

CCC 纲领还需要大量的实验去验证,但它告诉我们的是这个宇宙——我们这种如大海中一个浪花般短暂存在的生物所生活的场域——本属于一个无限的链条,而我们所身处的宇宙只是其中的一环——一个世代。这个世代从上一个世代的终结开始,它在几何上平滑地连接着我们的宇宙大爆炸奇点,然后它基本上沿着现代宇宙学所认为的那样开始演化。到我们现在这个时代宇宙演化了 137 亿年了,但这距离这一世代的终结还有极为漫长的时间,到那个时候构成你我身体的所有原子都将随变为光子,然后这一世代结束,它又过渡到下一个世代。宇宙将从下一个大爆炸开始演化,进入下一轮的循环。

所以,按照 CCC 纲领,我们的认知盒子就不是图 1 所示。它将占据整个时间轴,并且它的右边界将是这个世代的结束而不是第一人称的死亡。一个世代的时间跨度极为久远,久远得让人难以想象。今天所知最大的黑洞完全蒸发大约需要一个 10^{100} 年,而在这个世代终结之时宇宙中所有的重子都要蒸发殆尽,转换成无质量粒子。

这就是 CCC 呈给我们的宇宙样貌了,虽然它仿佛让宇宙大爆炸更容易接受一些,但是宇宙本身仍给我们留下了无限神秘。宇宙为什么如此这般存在呢?无限本身对我们来说究竟有什么意义呢?这些自古以来就纠结人类智慧层的问题依然存在。一个世代那浩瀚广袤的时空疆域已经足够大了,但一旦它变成确切已知的对于高傲的人类来说就形同枷锁。为什么我们要在这循环之中存在呢?我们不会满足于这样的僵化体系,一种超脱的欲望必将浮现在心底。人啊,害怕无知,且又在适度的无知中获得安宁。

好了,先不管 CCC 了,还是从图 1 中的认知盒子开始吧,这个盒子对于我们每个人来说是最重要的,因为它是第一人称的,且建立在最坚实可靠的科学认知成果之上。下面我们再看看空间维度上的边界,同样空间本身也是非常复杂的概念,彻底地理解时空需要掌握微分几何这套数学工具。所以,这里也只能做一些简单的介绍。

最早的基于爱因斯坦广义相对论的宇宙学模型描绘了三种宇宙随时间演化的情形,这三种情形都假设空间几何是均匀且各向同性的,三种情况对应着宇宙的三种空间曲率:正、负、零。曲率为正时,空间几何为三维球面,如果宇宙的曲率为正,那么整个宇宙的空间和时间就是有限的。曲率为负时,空间几何为双曲三维空间几何。而为零时,对应的是平直时空的欧几里得几何。后两种情形对应的宇宙在空间和时间都是无限的。空间几何的曲率决定了宇宙的形状以及命运,但是决定宇宙未来演化命运的还包括宇宙学常数 Λ。有证据表明,有一个足够大的 Λ 值让宇宙一直膨胀下去。也有观测表明宇宙的空间几何非常近似欧几里得几何,也就是空间曲率非常非常接近 0。

这就意味着宇宙在空间上是平直的、无限的,那么我们是否就能"看到"宇宙的无限远处呢?由于光速是一定的,而所有的信息都不能超过光速,所以我们能够观测的范围也不是无限的,处于我们光锥之内的部分才能够看到。当今我们可以观测的宇宙范围大约为 3×10^{26} 米,[①]需要注意的是这个数值是理论上的数值,并不一定意味今天的实际技术能力所能够观测到的范围,而是随着技术的不断进步人类可以观测到的极限。值得庆幸的是,当今的人类技术手段已经非常非常接近可观测的理论值了,换句话说就是人类今日已经基本上可以看到能看的最大范围了。3×10^{26} 米是值得我们记住的数值,是理论上我们当今能够观测的最远距离。当今是一个非常重要的修饰语,因为随着时间的不断推移,理论上能够观测的宇宙范围是在不断扩大的。这里,我们暂时把 3×10^{26} 米作为上图认知盒子的上边界,这个边界随着时间在不断扩大。

认知盒子在空间维度上不仅上边缘是有极限的,同样的它的下边缘也存在极限。但是古代的希腊人不知道这样的极限,所以才会有著名的阿基里斯与乌龟赛跑的芝诺悖论。现代的科学理论告诉我们,在微观尺度上我们不能无限制地缩小观测的尺度。我们观测微观世界,需要使用显微镜,那么显微镜的分辨率就决定了它能够观测的微观尺度。大栗博司教授在他的《超弦理论:探索时间、空间及宇宙的本原》一书中讲述了这个微观极限是如何产生的。显微镜的分辨率是跟其使用"波"的波长成反比的,波长越短那么分辨率也就越高。小学实验课所使用的光学显微镜的分辨率能够达到约 10^{-6} 米,这个尺度相当于人类细胞中线粒体的大小[②]。微观尺度上,粒子的波粒二相性非常显著,电子既可以被看作是粒子也同样可以看作为波,所以电子也可以作为显微镜所使用的波,这样的显微镜就是电子显微镜,电子显微镜的分辨率能够达到一百亿分之一米,这个距离相当于氢原子核大小。也就是说,电子显微镜没有办法看到氢原子核内部结构。

那么为了能够看到更小的尺度,就意味着需要利用波长更小的"波",也就是说需要进一步提高波的能量。2012 年,CERN(欧洲核子研究组织)的 LHC(大型强子对撞机)能够将分辨率提升到 10^{-16} 米。那么如果不断提高粒子加速器的能量,是否可以不断提高观测的分辨率呢? 爱因斯坦的著名公式

---

① 梁灿彬,周彬. 微分几何入门与广义相对论[M].北京:科学出版社,2006.
② 大栗博司. 超弦理论:探索时间、空间及宇宙的本原[M].北京:人民邮电出版社,2015.

$E=mc^2$ 告诉我们这样的猜想是不可行的。因为公式告诉我们能量和质量本质上是一样的,如果不断提高"波"的能量,它在与被观测粒子相"作用"的时候就会产生巨大的质量,而质量将会产生引力,引力增到极大的程度时,就意味着将产生黑洞。黑洞的"视界"将封印它内部的一切信息,所以当加速器的能量增加到足以产生黑洞的时候,我们就遇到了分辨率的极限,在这样的尺度范围之内是无法再进行观测的,这就是微观分辨率的极限了,凭借现有的理论我们向微观世界的前进之路就此止步了。

通过加速器能够产生黑洞,这就是当时欧洲建造 LHC 时引起部分民众的恐慌的原因了,一些民众觉得如果加速器产生黑洞将会毁灭整个地球。但是这种担心是不必要的,因为现在的 LHC 还远远不能产生制造黑洞所需要的能量。提高粒子(或者称为波)的能量需要增加粒子加速器的半径,不过恐怕整个地球也提供不了制造黑洞所需要加速器的尺度。

这个可观测的精度极限就是普朗克长度 1.6×10^{-35} 米,这也是我们认知盒子的下边界。今天技术所能观测的精度距离它还比较遥远,要知道这个尺度可是质子直径的 10^{22} 分之一啊。普朗克长度也可以直接由普朗克常数直接推导出来,它告诉我们,世界并不是无限可分的,这个世界在空间上的秘密又一次被封印了,现在人类的理论还无法突破它。但是只要边界存在就会令智慧层收摄力与之产生矛盾,但是这个矛盾的细微与遥远已经超出了普通人的视野,只有那些学者们才会不断地试图通过各种手段来化解冲突。正是智慧层的收摄力让他们不断地尝试建立新的理论来突破认知,所以人类的科学事业才会不断地前进。但我们也知道,很多最顶尖学者是通过信仰来缓和其智慧层的收摄力与认知边界的冲突的,他们自己心中亦有上帝,但是他们的心中对上帝的理解是和普通人完全不同的。

到这里已经把人类认知盒子的边界介绍完了,需要注意的是这个认知盒子是第一人称的,因为它只描绘了一个活着的主体的认知疆域。谁的死亡都不会影响宇宙的未来,但是死亡却是个体最终的命运,所以从第一人称视角来看,个体的时间右边界必然是他的死亡。

认知盒子是建立在人类目前所拥有的最坚实的理论基础之上的,我们当然希望能够有更深刻的理论来突破这个盒子的边界,但是这样的理论还遥不可及。普朗克时间拦住了我们向大爆炸起点回溯的路径,普朗克长度封印了宇宙最细微处的秘密,而光锥使我们无法窥视宇宙更遥远的地方,最后死亡终将让个体的一切引向终结。宇宙学理论预测了宇宙的未来命运,但是它只对未来活着的主体才有意义。从第一人称视角死亡才是最后的命运,那么死亡就是他盒子的右边界。我们每一个个体就生活在这样的盒子里,这是包括了人类的理性发展了几千年以来能够把我们的认知推向的最遥远的地方。

人类所有可歌可泣的历史以及最杰出璀璨的文明就发生在这个盒子中极微小的角落。相比之下人类如此渺小,但是却如此幸运和伟大,凭借人类心灵的不屈力量我们有幸把理性的认知延伸到如此广阔的疆域,并在这样浩瀚的宇宙中感受着自身的存在。

盒子内外都有无数的神秘等待着人类的揭示,智慧层的收摄力不管在什么地方都会受到冲击和挑战,但是认知盒子的边界会让这所有神秘所引发的人类兴趣重新排序。盒子之内的神秘在本质上也许并非不同于外面的,但是一旦人类的认知把它囊括在盒子之内,那么它的神秘程度就仿佛降级了,如果说上帝在黑洞之内那将是人们所无法接受的,但是如果说上帝在 10^{-43} 秒之前很多人就会觉得非常可能。

宇宙中其实并不真实地存在什么盒子,这个盒子是人类认知能力创造的,虽然建立在目前最坚实的理论基础上,但是它仍然是人类视角的。至于宇宙整体的容貌(连这种提法都是有待商榷的),以及最真实的细节我们并不知道。宇宙真的像彭罗斯教授在他的书中所说的那样是无限循环的吗?还是存在多重宇宙?这些问题还是留给物理学家们去解答吧,我们只能等待科学家们凭借他们卓越的才华进一步扩充人类的认知盒子。也许最重要的是应该明白自身的真实处境,并以此为基础构建关于存在本身的一切。我们无法让所有的思想都建立在客观的基础之上,但是我们能做到的是凭借理性在盒子之内尽量客观。

可以确定的是,我们生活在这样一个大大的时空的迷宫中,人类漫长而努力的探索,已经能够让理性之光照射到今日盒子的边界。我们被自身的认知所束缚着，来自于生活经验，我们会自然而然地怀疑，这个迷宫的外面是否有幕后的策划者，但是一定要记住这仅仅是基于人类经验和主观视角的猜想，还要记住我们所有的信息都是来自于盒子内部的，关于盒子外部我们唯一能够确定的，也是外部边界唯一发送给我们的信息就是那里还有内容存在，除此之外别无其他。

下篇　对存在的信息解析

也许来自于心底那挥之不去的淡淡伤感与孤独刺激了我的思绪,在自己靠近天空的时刻,感觉到异常的清醒。忘不了都山顶上,那个站在蔚蓝天空下的自己,远离人群仿佛从时光流转的浑浑噩噩中解脱出来,我如此警觉地意识到了自身的存在。

那一天成了我的一个新起点,视线的尽头,湛蓝的天空笼罩在苍茫的大地之上。苍穹下的我可以放下脑海中所有的记忆,仅仅成为当下的自己。如果忘记所有知识,那么这个蓝色天幕下的世界将是我的认知盒子,我所有的思想以及生活的全部都将建立在这个盒子之内的信息之上。当然我也会猜想认知盒子之外的东西,也许这会令我会形成一套属于自己的信仰,并让它成为我内心深处最底层的逻辑基础。

这样的话,按照我的性格,如是的人生对我来说最重要的就是走遍盒子的全部角落,因为我想解开这一切背后的秘密,我将会变成巨大的摄影棚内长大的楚门。生命无异于一场会有终结的游戏,这个蓝色的天幕将外层的秘密笼罩了起来,我在蔚蓝的天空下只是一个孤独的时光旅者。从生命最本真的意义以及思维的最根源处来说,我应该独自发现这个盒子中的一切,所有的关于这个小小世界的知识都必须由个人来发现与揭示,因为没有人可以替代我们的眼睛,就像没有人能够替代我们的生命。

每个人甚至每个能够反思这个世界及自身存在的生命体都应该这样做,因为我们都是以个人的第一视角生活的。虽然这是最理所当然的,但却是不切实际的,个人的智力和寿命在如此艰巨的任务面前简直微不足道。从更一般的意义上说,相对论的发现不能只归功于爱因斯坦。智商再高的人跟整个人类社会的智力即我在《信息的演化》一书中所提到的人脑云相比,也是相差无比悬殊。可这样的反思并不是毫无意义的,它让我领会到了作为智慧生命所应承担的个体责任,每个人要为自己的生命负责,为自身的有限存在负责。

既然本该由自己完成的任务必须要依靠他人的力量依靠社会的力量,那么我一定要找到最称职的委托人,他的理论必须是在所有的委托人中最坚实可靠的,能够经受住实践的严格考验。所以,我们能够把认知的边界延伸到这蓝色天幕以外极为遥远的地方,我借用了整个人类的力量才能够让自己的心灵走得更远。除此之外,自己——这个在宇宙的衬托下无比渺小的自己是无法逃脱这片蓝色天幕下的监狱的。

然而,我们每个人又都是如此重要,所有的认知都是从个人的视角延伸出来的。所谓的社会并不是一个如同我们每个人这样的可以真实感受到的存在,它只不过是对很多个社会个体的一种笼统的称呼。社会没有思维,没有眼睛,它必须通过个体的方式才能呈现。所以不能仅仅停留在社会的视角,还一定要重视个人的意义。所以,现在我必须要把体会到的所有的一切用我个人的语言描述出来,并通过我个人的肤浅认知帮助其他人展开深入的思索。

当走在通往山顶的最后一段路时,我仿佛走在天际。偶尔刻意地歪歪脑袋,天空的视野也跟着倾斜。正如前文所说,我的确感觉到自己空灵得像一架摄像机,但是我是一架能够意识到自己正在看见某物的摄像机,而真正的摄像机却不可能知道自己在做什么。这是个非常有趣的想法,沿着这个想法能够延伸出很多有趣的结果。我在想,我跟摄像机的差别难道就是我脑海中有一部分内容能够跳出摄像机的层次,而意识到外面的世界在我眼中成像吗?人是不是本身就属于一种可以超越于当前层次的存在呢?人是否具有一种接近于无限的潜能?此类问题开始在我脑海里闪烁,不断地困惑着我。

如果,我比摄像机高出一个层次,即能够认识到自身的存在,那么我还能走得更远吗?还能跳过现有的层次吗?我不知道,但是现在这个时刻我可以反思那个蔚蓝天空下的自己,今天我想把所有的层次都展示出来。

苍茫的大地和蔚蓝的天空已经不再是我的羁绊,我知道人类的能力已经非常明确那最远处的认知边界,那就是前文所介绍的认知盒子今天的边界。

从这个正在写作中的我看来,所有的一切包括三个部分:盒子外的内容、盒子内的内容以及那个思考中的我。

第一部分:盒子外的内容。我们只知道今日的认知盒子之外是有内容存在的,这是盒子之外能够传递给我们的唯一的信息。所以关于盒子之外到底怎么样我们并不知道,如果谁道出盒子之外的种种内容,那么也只不过是未经实验证明的单纯想象。如今认知盒子的时空边界,被两个冠以普朗克之名的常量挡住了。来自内心最单纯的愿望,当然希望能够看到宇宙从大爆炸开始到 10^{-43} 秒这个极端的时间范围内发生了什么,但是依据现在最可靠的理论是不允许的。同样,普朗克长度阻止了宇宙更细微处的秘密,我们无法知道空间更细节上的内容。不过也没什么,因为即使宇宙的法则允许人类深入它的内部,但现在的技术手段还远远不够。不过空间的上边界却是不同的,它并不是由现有理论提供的某个具体的常数封印了,它只取决于光锥的大小,或者说取决于宇宙大爆炸开始到现在的时间。当我在键盘上敲完这段文字的时候,我们理论上能够观察的宇宙范围就会比为敲下这段文字前增大了一些,没错,这个维度上我们的认知盒子一直在扩大。但这个边界的外面我们仍然一无所知。死亡是这个认知盒子右侧的第一人称边界,它只对第一人称有意义,同时也是最重要的。我不相信人死后会有什么灵魂,但是很多人并不这么认为,于是他们想象出死亡后灵魂的命运。不过,我们也应该注意到有些国际知名学者认为世界上可能真的存在转世现象。出于科学的态度我们也许不该武断地给出结论。但实际上,即使这些现象存在也是不会给我们的探讨带来太大的麻烦,因为人认识到这种现象后就会想着如何去超越它,那么它就会变得平庸无奇,可人类还得继续去寻找自我。

人类知识的历史完全可以从认知盒子的扩大现象中展示出来,正是因为我们从认知盒子的边界和范围来考察人类的思维活动,才发现了诸多想象的奥秘和本质。从更大的认知盒子的视角,我们才知道为什么古人会产生天圆地方的宇宙观,我们才知道他们为什么总想让巨龟、巨蛇等这些神奇的动物托起大地。从更广阔的视角,我们知道盒子之外的东西是如何影响盒子之内的,我们已经认识到了人类想象力的某种运作机制。

我们虽然原则上对盒子之外的内容一无所知,但是从历史上已经看到这盒子之外的内容是如何影响盒子之内生活着的人类的。有时候来自盒子之外的想象对人类生活的影响完全超过了盒子之内,很多人不是因为信仰上的细微差异而互相残杀吗,有趣的是他们双方对所信仰的内容都是来自想象而不是来自真实。

今天,当我们知道了这一切后,这个盒子之外的内容还会有什么重要的意义吗?我的回答是肯定的,不仅有而且意义重大。它的作用不仅仅在于让人类保持对宇宙未知的虔敬,还在于它能够帮助人们构建具有稳定性的智慧层底层逻辑。事实上,如我以前曾经表达过的,一个全部光明的宇宙是不会满足于人类这种存在的。我所理解的人的本性似乎更喜欢从一个层次到另一个层次的突破与迈进,他存在于这样的过程中,当有一天这个阶梯层次不存在了,也许人的本性就无法满足了,于是取而代之的就是世俗性的颓废与散漫,从而断送生命的本真意义。盒子之外的就是那个为人类提供的最后一级台阶。它能够向那些走在人类队伍最前列的人提供一种有所期待和渴望的环境中,从而避免他们走向荒芜甚至毁灭。

今天的理性告诉我们,我们会依赖它,但不会再傲慢自大地僭越它。智慧层的收摄力是不会罢手的,它会不断地试图构建新的理论,并带领人类继续前进。

第二部分:盒子之内。盒子的内外划分是人为的,是人的认知能力决定的,整个人类的认知史也体现在认知盒子的扩展过程中,所以盒子内外的区别并非实质性的。那个蓝天下试图忘记全部所学知识的我的认知盒子就是肉眼能见到的世界,但是我知道那只不过是地球上的一个小小的部分,它与这小世界外面的内容具有同样的性质。但是对于那个单纯的只生活在这个小世界的无知的我来说,一个人突然出现告诉我月球上的情景,显然会令我感到无比震惊,因为那已经远远超越了我的认知盒子,即使他告诉我的是一个今天我们看来非常普通的事情,比如告诉我月球上有环形山。正如前文所说,认知盒子的边界会让它内部的事物仿佛变得可理解的和可掌握的,而外面的内容则更能引起人们的兴趣。

实际上,这个认知盒子内同样充满了无数的未知和奥秘,黑洞、暗物质、暗能量等等还隐藏着很多的秘密有待我们去揭示,它们本身也存在人类认知的边界,只不过它们在更大的认知盒子之内,所以让人们觉得它们至少在感觉上是可以被理解和被接受的,因为它们被认为是熟悉的。比如黑洞天体的事件视界,阻止了人类的认知,但是人类是不会认为黑洞的内部存在上帝的,因为黑洞在科普书的介绍中已经让人们感到如此习以为常,它很难再让人们产生宗教性的虔诚与敬畏,但事实上,人们对黑洞的内部如同对比普朗克长度更小的范围都是一样的无知。

我们在盒子之内活着,每个人都生活在属于自己的小小的认知盒子中。即使把全部的生命都用来扩充自己的认知盒子,也只能掌握非常微小的一部分,何况大部分人被生活的烦恼以及性格的傲慢以及麻木等等不利因素所控制着呢。我们所做的一切都是努力地掌握这个巨大的人类认知盒子中跟自身相关的一部分,所以我们每个人都只能在这个巨大的认知之树上折取小小的一枝,而只有整个社会的人脑云才能领略这巨大认知盒子内的一切。

这个盒子内的东西支撑着我们的生活,我们就是生活在这个巨大监狱中的囚徒。人类所有的快乐、痛苦、爱情、梦想以及死亡等等都在这个巨大的场景中上演。我们是孤零零的舞者,是演员亦是观众,我们为自己喝彩,以为会有超越我们存在的眼睛审视自己、欣赏自己,可终究发现这所有的一切都是假象。我们不得不在时光的流逝中黯然老去,然后走向彻底的荒芜。悲观的人杞人忧天,自己折磨自己,乐观的人利用幻想以及编造神话让自己活得快乐,而善于思考的人则希望洞悉这盒子中的秘密,寻找生命的真实。

这个盒子就是我们存在的基础,是构建一切存在意义的基石。我们在其中获取信息,并努力从中辨别真伪,吸收、加工、精炼等等以构建那个独特的自我。存在所追求的形态是无限自由的,然而自由是建立在对这个盒子的领悟与脱离基础之上的。没有只属于人类狂妄的理想而非来源于这个盒子本身的自由,如同没有彻底脱离现实生活的梦。我们注定要在这个存在界限的但是又无比广阔的草原上驰骋,不管内心多么渴望飞翔,但我们离不开这个舞台,这个供给我们生命和精神的舞台。我想离开它,但是我又无比地爱它。

当我自觉意识到它的时候,我知道它是属于我身体外的一部分,当有一天我离开这个世界的时候,我会再次融入它的怀抱。梦想不是虚幻的,梦想也不是无知的,梦想应该是盒子之内的领悟与脱离。

第三部分:我。这里所有的一切,都是我个人的所思所想,如果没有我又怎么会有我所写下的文字呢。认知盒子的外面,是我的理性与思维受到阻隔时呈现于我的,盒子里面是我能够感受到的,而这一切如果没有了一个能够反思的我又怎么能够诉诸文字呢?那个站在蔚蓝天空下的自己,是与周围的事物不同的,因为我能够意识到自身的存在,能够领会到自身的存在,并对周围的一切有所反应。我本身亦属于这个世界的一部分,但是却是非常特殊的一部分,因为与岩石树木比起来,那个天空下的自己能够意识到自身的存在,一种主动的存在。这就意味着那个思考的自己已经超越了普通存在物的层次,因为任何自然存在物都单纯地受物理规律的支配,即使动物使情况变得复杂,但是它们无法像那个天空下的自己一样超越一般存在的层次。

我如是地反思自己,虽然抛弃来自于世间一切的羁绊,我仍能感觉自己并非岩石般地存在。曾感觉自己像一架空灵的摄像机,但是我知道摄像机永远也意识不到自己的存在,不管这个世界是多么清晰地呈现在它的底片之上。

这个从自身与世界的交互中抽离出来的我的一部分让世界变得不同了,这里的我已不再是那个具体名姓的我,这里的我只是一个能够领会自身及世界存在的一般存在,这个我可以是你也可以是外星人。没有这个我,就没有什么认知的盒子,也不会有什么可以道出这万物的存在,存在与不存在只对这个我才有意义。没有这个一般的我,什么都将没有意义。

而这个一般的我必须包括两个层次,一个作为最一般存在的我,如土木草石的我。这个层次的我,和周围的事物同属于物质层面的。它来自于这个世界,亦将消亡于这个世界。还有另一个我,是那个突然在某一天觉醒的我,这个我脱离了物的层面,并对这世间的一切有所领悟的我。他跳到了物质存在的上一个层次,以一种上帝般的眼光审视着这个世界和自身的存在。他欣然于他的存在,惊讶于他的存在。

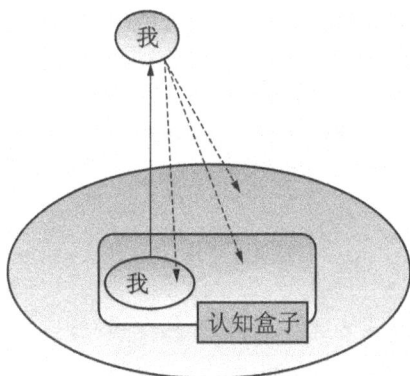

图 2　两个层次的我

　　我突然这样想,这个正在写作的我是另一个层次的我吗?因为这个正在写作的我亦把蔚蓝的天空下有所领悟的自己放置于思维之下。这是一个非常有意思的想法,它是否意味着人自身的某种超越的本质呢?这个问题我在此不做深入探讨,还是留给读者诸君吧。现在我只考虑那个曾经站在蔚蓝色天空下的自己,而不考虑这个正在写作中的自己。

　　图 2 是对上述所描绘的三部分的示意图。三者是不可分开的,抽去任何一部分都将是不完整的。那个曾经放弃固有认知,而觉醒着的自己因为涤净心灵的全部固有,变成了一切的基础、一切的起点。从这一点,我想重新展开自己的认知,展开自己的思想与生活,构建完全属于我自己的存在。我的确该亲自去发现这个世界的所有奥秘,可是我知道自己太渺小了,但是我知道的确该这样做。

　　不过在这个起点上,一定要明白,当开始所有的探索时,自己就在图 2 所示的世界之中。不会有脱离认知盒子的自己,而没有自己就不会知道是否有这个认知盒子以及整个世界,更不会知道这个认知盒子之外是否还有内容存在。而没有那个一般的我,又有何物能够揭示这个世界的存在呢。记住这些很重要,这是那个能反思的我所掌握的最初信息。这些信息有些不一定是真实的,但是信息的存在就有着它独特的意义。

　　我们无法从真实的世界出发,只能从真实的信息出发。

　　一个人是无法真正走入另一个人的内心的，所以只能向其他人展示自己的真实内在，并希望这种展示对其他人有所助益。虽然这种展示完全出自个人的主观心理，但却希望这种展示能够找到那个属于最一般的存在逻辑。

　　那个蔚蓝天空下的自己是这种反思和展示的起点，它因抛弃了所有庸俗的羁绊而显得单纯清澈。可这个起点并非突然出现在生命中的，它来自于一个长期的思考与感悟的过程，这种感觉如同海德格尔所说的从常人的自己中抽离出来转变为本真的自我。这里出现了一道分界，那个被世俗羁绊所牵扯流转的自己和一个想构建自己全新内在世界的分界。虽然以后我还生活在这个世界和社会之中，但内心要经历一次新的构建，一场新的旅行。

　　我要做的就是首先寻找构建内心世界的最值得信赖的材料，但只有这些还是远远不够的，它们只提供了建筑物的土木砖瓦，但还没有建筑物的设计方案。这个设计蓝图只能由自己进行规划。

　　不幸的是关于自己存在的一切感知都是从外界信息来的，一切内在世界和外在世界的交互都可以还原为信息的传递，而信息进一步可以还原为物质层面的联系(参见《信息的演化》一书)。信息不能脱离物质形态传播，它不是幽灵，所以最快的信息传递要依靠诸如光之类的这种电磁波。这些传递的信息，就是一切感觉、情感、信念以及存在的基础，没有这种主观内部与外部的联系，就不会有痛苦、爱以及自我的概念，而这些知觉或者概念也就是由信息中来。世界上本没有什么所谓的爱与存在，它们都是人类的内心在处理信息过程中所形成的概念。所以，蔚蓝天空下的自己以及世界被抽离的最简化的模式也是从信息中产生的。当自我存在的意识被如此清醒地觉知时，三个部分好像都是不可分的，但这种模式是随着信息被处理加工才能够生成的，特别是那个第二个层次的能够反观世界和自身的自我。另外，也不能仅仅停留在这样的模式中，将有更确切的信息告诉那个能够反思的自己，三个部分的关系是能够打破的，将被一种严谨而务实的方式所打破。

人最开始时没有什么真正的信念与理想，但是渐渐地会成长为为了理想和信念而生活着的存在。开始时，人只有本能的欲望，它吮吸乳汁，感知疼痛，哭哭闹闹，与外界存在的联系仅仅是信息层面的。它只不过是一个活着的整体，与外界的联系更倾向于物质性的以及信息性的。人就是从这样的信息层中成长起来的。这种形态就是人的最初形态，自身和世界是两个被分开的部分，它包括支配生命系统存在的生物性本能，以及可以与之联系的外界存在。在《信息的演化》一书中，我把这一层面的认知活动称之为信息层。这里我还将继续利用这套理论，展开对我自身的剖析。这里最初的信息交互模式中，我把本能划归到智慧层，虽然在字面意义上生物本能和智慧是没有什么联系的，可是它们作为支配生命系统的最内在逻辑，我把它们放到了统治性的地位。

基于这样的理论视角，展开了属于我自己的认知方式，一个人的成长就是这样一个简单层次的不断丰富与完善。那个十分单薄脆弱的智慧层，在无数次的信息活动中强化着自己。世界被淹没在无限的信息之海中，这些周围大量的信息中有些是真实的，有些是虚假的，智慧层必然要经过无数次的跌跌撞撞才能够真正成长起来。人们必须在大量纷繁的信息中，学会如何选择，以及如何屏蔽那些不必要的信息。同时还需要辨别真伪，因为有些信息所呈现的并非事物真实的样子。最初的生活就是沉浸在这样的信息海洋之中，纷繁复杂亦幻亦真，它只会呈现周遭世界的表面样态。但信息层的认知行为会不断地锻炼大脑，让它能够熟练地利用信息从而更好地在这个世界上生活。动物就是这样，它们的感觉与行动会随着行为模式的不断熟练和强化而变得敏锐，它们借助本能主要以信息层的行为方式生活着。人类漫长的进化历史，相当长的一段时间内也是停留在这样的活动模式之中，我在《信息的演化》一书中把这一过程称为前信息社会。

仅仅依靠本能和信息层的行为是远远不够的，信息层活动无法让人类获得内在的真正自由，因为它太依赖于外部世界的表象了，所以很难深入到认知的更深层次。从那些仅仅生活于信息层的人的身上，我们很容易发现他们的局限。即使表面上仿佛充满了睿智的老人也是一样。比如一个原始部落的老酋长，他的眼神也许因为人生的阅历而闪烁智慧的光芒，但是对于现在的我们来说他脑子里的科学常识还不如一个受过教育的孩子。这就是信息层活动的问题，它因为过多地停留于事物的表面而无法深入事物的本质，人仅仅根据事物的表面来认识世界又怎么能真正地认识这个世界呢？

对于仅仅停留在信息层活动的人来说，他的知识结构多半是经验性的，它很难在大脑中构建一个理性的逻辑知识体系，就像所说的部落酋长一样。如果仅仅停留在信息层的认知模式中，那么人类就走不出蒙昧状态，也不可能对世界以及自身有深刻的理解。但我们却要记住，信息层活动是最基础的、最底层的、最直接的，世界所有的表象以及真实都将通过信息展现出来，而信息又通过物质性的联系表达出来。

如果人只依赖于信息层行动，那么他也能够意识到自己的存在，但是也许这种自我意识是非常模糊的，片面的，不够深刻的。因为信息层活动很难让自己从与外部世界的信息交互中彻底抽离出来。这将导致他所体会的自我存在更多的是背景依赖的。而要更深刻地感觉到自己的存在，就要更多更深刻地了解真实的世界，并尽力从与世界的交互模式中脱离出来，不断丰富自己的智慧层，客观地认识世界认识自己，进而从中获得自由。

为了从信息汹涌澎湃的海洋中解脱出来，以一种更本真的视角与高度认识世界，就需要知识层的行为。在《信息的演化》一书中，我把知识层说成是人类的伟大恩赐，并认为它是区别于动物的最主要标志之一。知识层建立在信息层基础之上，并试图站在比它更高的层次收摄全部的信息，从而让所有的信息现象能够通过统一的规律进行解释。因而知识层试图通过一种体系性的概念建构来接近世界的本质，并且把信息相对表面性的认识提高到更深的层面，知识层更像是对这个世界以及人类自身的画骨性临摹。

人类的知识体系无疑增加了对这个世界认识的深度和广度，如果没有知识层我们的认知盒子是不可能达到今天如此广阔疆域的。它通过合理的逻辑将视野延伸到信息层之外,从而将人类与世界的联系提升到一种全新的交互模式,帮助人类更好地认识自身与这个世界的关系,从而能够尽量将自身从与这个世界纷繁的关系中解脱出来,将人置于一个更加接近自我与本真的一种存在状态。但知识层也是需要自我反省的,它一开始主要借助的是经验,人类形成的知识最初也主要是经验性的。经验性的知识是人长期从事信息层行为而得到的个人体悟性的认知,它虽然具有一定意义上的普遍性,但是这种普遍性仍然没能够很好地把人与周围世界的关系从相互羁绊的纠结中彻底解脱出来,经验的知识无法令人彻底地反思自身并厘清与这个世界的关系。另外,因为经验性知识更多地来源于个人的视角因而它无法更好地锻炼自身的理性,从而也对自身形成了一种束缚,这种束缚无法让他的思维走得更远,也无法让他对这个世界的认识更加真实。他甚至会被迷信观念所摄受,从而使自身沦为一种仅仅是自身与世界羁绊关系的牺牲品。

所以,人类仅仅凭借经验性知识是不够的,真正的知识必然要建立在事实、理性与逻辑基础之上。人必须从这个概念体系与世界的关系中摆脱出来隐藏自己,虽然所有的人类知识都是基于其自身的视角,但理性的知识必然要求这种视角尽量地隐藏起来甚至消失不见。这样,这种类型的知识就能够充分地将人从自身与世界的关系中剥离出来,人被置于一个相对旁观者的视角,也就是说人被这样的知识所超越了。但这种超越对于人来说并不是坏事,恰恰相反,人类因这种超越而获得自由,这种自由是从这样的知识超越并斩断自身与世界的盲目关联中获得的。人不再是这种类型知识的产权拥有者,他现在只是旁人,虽然可以发现、创造、改进以及利用它,但他仅仅是一个旁人,一个从公共的宝藏中获益的旁人。

正是这种类型的知识剪断了智慧层与信息层间的脐带,借助它智慧层走向了自身的成长之路,所以我才在《信息的演化》一书中如是地称赞知识层的功劳,认为它是人类自身获得的伟大恩赐,知识层让人真正地走向了人。但是这种解脱是相对性的,因为如是解脱的智慧层又很容易陷入与知识世界的关联和羁绊中。一种新的相互缠绕的束缚就在不知不觉间建立起来了,新的脐带在智慧层和知识层间出现了。虽然人因知识层的理性锻炼而强大起来,但在这种新的束缚之下，他仍然只是孩子，一个依赖于他者的存在样态，虽然这种样态相对于信息层是有所深化的。但由于这种羁绊构成了视角的局域性，使他越来越无法从自身与知识层的纠结中解脱出来。

知识层是建立在信息层基础上的，它让人更加接近本质，但是应该注意到它并不真的就是世界的自身，虽然它经常被认为是或者它自身也强烈地渴望是，但世界的真相却永远隐藏在信息与知识的背后。知识层提供了人看待世界本质的方式，它用人类的视野勾勒了世界的骨骼，但它代替不了世界自身，人类自身的局限性也体现在了这样的画作之中。然而，人类只有利用知识才能更好地接近世界本身，他的思维因知识层的活动而变得更加客观睿智，他的视野也因知识层变得敏锐而开阔。知识层一直在向世界以及人类的自身迫近，它开疆破土只是要尽最大的努力来向我们讲述这个真实的我和我所在的这个世界。当量子力学和相对论无法被统一到一起时，人们就会不断寻找新的理论去努力完成它们的统一，或者从根本上代替它们，因为这样做我们能够更进一步接近世界的真实，也接近自身的完整。

但让人类获得世界本质认识的理论不能仅仅来自于知识层本身的创造，一切理论的验证必须以客观世界为最终依据，这种验证过程总以信息的方式呈现于我们。这从一个侧面表明，知识层必须以信息层为基础，信息才是人类自身和世界联系的最直接渠道。没有信息层验证的知识是可疑的，知识不断被信息所验证才能不断增加它的客观性，即是说它更加接近与我们相互联系的那个世界的本质。牛顿力学体系取得了极大的成功，它能够解释绝大部分太阳系天体的运行规律。但是水星近动现象却向人类发出了一个不同的信息，对于这个信息（根据牛顿定律计算，水星近日点将有每个世纪 5,557.62 角秒的进动，但实际观测值为 5,600.73 角秒，两者之间的差值 43.11 角秒就是这一信息本身）牛顿理论是无法将其收摄的，于是人们开始渐渐意识到牛顿理论并非这个世界本身的最本质的理论，它对世界的勾勒在水星这里还不够精确与清晰。后来爱因斯坦的相对论出现了，这一信息才被爱因斯坦的广义相对论更好地解释。爱因斯坦相对论对世界的描绘要比牛顿的力学体系清晰多了，但这仍不够，人类还是会不断地寻找关于这个世界的更深入精细的理论的。

　　这一事例表明，知识层是人脑中出现的一种舶来品，相对另外两个层次它是人类漫长的演化中最后出现的，虽然它的作用对于人自身来说如此重要，但毕竟这种重要性是建立在生物层基础上的。它可以被阉割，因为它本身是一种服务性的，而不是像智慧层和信息层那样直接关涉生物的客观生存。生物如果被剥夺了信息层认知，也就被隔绝了与这个世界的联系，就意味着它本身不存在于这个世界中了，因为它再不能跟这个世界产生互动。同样，如果剥夺了生物的智慧层，那么它就变成了机器。但知识层被剥夺了，人还将是人，只不过对自身以及存在本身的认知就停留在极肤浅的层面，或者更露骨地说，那样的人只不过是一种动物。

　　知识层处于信息层和智慧层的中间位置，它的价值必须在为两个方面服务的过程中体现出来。向下，它服务于信息层。知识层将信息层纷繁复杂毫无规律的表象整理干净，分门别类，找出规律，让信息层活动处于一种有章可循的指导之下。使得人从与物质世界的复杂交互中解脱出来，以至于不被世界的多样性所裹夺从而迷失自己。另一方面，知识层更要向智慧层服务。知识层行为首先让人的理性接受锻炼，从而锻炼人的认知以及思维，使人从一种自在的存在逐渐转变为一种自主的存在。它通过知识层的构建，让人更好地把握这个与它联系的客观世界，从而让人的认知建立在更为真实的基础之上，也有助于存在的价值体系立于更坚实的基础之上。这意味着，知识层因冷静睿智地处理了人与世界以及人与人之间的关系而让人获得自由，从而加速了一个真实的自主的人的诞生。

　　应该时刻提醒自己，知识世界的魅力与神奇是令人神往与痴迷的，但是人不能仅仅停留于知识世界之中，正如人不能仅仅停留在信息层活动之中一样。人会迷失于信息，同样也会迷失于知识，因而人的价值体系以及活动实践不管多么需要依靠于知识，也必须要从这种与知识世界的交互中解脱出来，人的自由不存在于人与知识世界的相互羁绊之中，而是借助于它真正地走入自身之中。而这样的解脱将人引向更高的一层即智慧层。

　　对于人来说，智慧层古老而新奇。这里还要强调一遍，一定不要受"智慧"这一名词的字面意思所干扰,之所以使用它是因循信息学科的概念,但它在我的著作中所包含的丰富的内容是原有词汇所远远不能涵盖的。智慧层更像是不断成长着的一个人最底层的逻辑集合,虽然人在生活中的种种存在样态在细节上远离它,悖逆它,但从长远的视野来看,却最终反映着它,人稳定的长期的行为以及生活方式是智慧层的最终展现。所以人的本能,这种从动物形态存在的过程中主宰我们一切活动的概念仍然会出现在智慧层中,它的地位仍然是主宰性以及统治性的,虽然很可能被涂上了一层彬彬有礼的伪装。然而,这并非讽刺,人就是在与本能的斗争中获得自我的。依赖生物形态存在着的我们是不可能不受制于生物性本能的,但如不加阻拦与掩饰,那么本能就会如同出笼猛兽般吞噬文明的一切。因而,智慧层中的其他部分必须要对这种古老的力量进行管控,甚至有些思想还将迷失于这种管控之中,他们的禁欲主义存在方式已经演变成一种超越了实质本身的思想。然而,真正的智慧层存在于其本能力量与其他(用一般人的语言来说"高贵"的)力量的完美组合中,它们之间的协调与对抗只不过是智慧层自我管理的一般过程而非实质。

人在社会成长以及接受教育的过程中不断地向智慧层注入新的力量,这些新的力量之间要不断地交织冲撞,相互洗涤,优胜劣汰,然后只有一小部分被引入到智慧层中。它们一般会与本能发生冲突,相互对抗与妥协,最后形成一个相对稳定的状态,但这种稳定状态并非一成不变的,它的缓慢变化实质上体现为一个人的成长过程。在我以前的文章中[①],会看到它的变化过程是如何发生的。它有时候甚至会反转到与原来完全对立的状态。这种转变是相当不容易的,就如同让一个真正具有武士道精神的日本武士变成一个存在主义的哲学家一样。但是这种变化却是不断发生的,尤其是在人的成长阶段,只是后来才开始渐渐走向僵化。

本能、人生观以及个人价值体系可能是智慧层中最重要的部分,智慧层必须对它们进行自我管理,这种自我管理的水平和能力才真正适合用"智慧"

---

① Xiangyang Mu. A Personal Epistemology Model:From the Perspective of the Development of Personal Information Management [J]. Chinese Librarianship,2013(12):1-14.

这个词来形容。而通常我们所说的"聪明"却并不适合这一层次,它更适合形容下面两层,即知识层与信息层片段性的处理能力。所以我们一般说这个孩子很聪明,但却很少说这个孩子很有智慧,我们会笼统地说一位老人很有智慧,但只在他处理具体事情时才说这位老人很聪明。看来"智慧"这个词有些时候还的确很适合它所包含的内容。

但智慧并不能建立在空洞的基础上,它必须要让自身从信息以及知识的痴迷互动过程中解脱出来,它必须思考自身的存在,但是这种思考又必须建立在信息和知识层基础之上。如果剥夺知识层在这一活动中的重要力量,而过多地依赖于信息层,那么它的基础将更多地依赖于经验型知识,并主要通过相对感性的思维方式完成其自身的构建。这样我们看到的智慧类型,最具代表性的是一位饱经沧桑阅历丰富的年迈的部落长老。所以知识层必须要参与进来才能够突破这种类型的局限。因为知识层对理性的锻炼,使得智慧层的构建更遵循理性的逻辑方式,也更多地依赖于客观的认知基础,从而它能够使人摆脱主观视野的局限而获得更大的自由。于是我们看到了另外一种智慧类型,最具代表的是知识渊博的哲学家,他试图融人类全部知识于一体,以此为基础完成智慧层自身的构建。这样的方式是一种理性、客观、完整而饱满的方式,这才是真正意义上的智慧方式。

所以,完整而深刻的智慧层构建必须是建立于信息层、知识层活动基础之上的,三者在一起才能从本质的意义上符合人这种高贵生物的存在。三者必须以非常合理的方式组合在一起,完成一个人个体认知过程的运作。

我们必须意识到,信息层和智慧层中的某些部分是原始性与本源性的,而知识层是后来者,它是一种内在性的,且作用于两者之间。它是人类的恩赐,让人本质上区别于动物。但是知识体系无论看起来如何完美、精致、符合逻辑,如果它无法经受客观事实的检验,或者用本书的语言来说解释不了信息层现象,收摄不了某些信息,那么它都仅仅是思想的局限性构物,正如欧几里得几何以及牛顿力学体系。于是知识体系更多地像是一种阶梯,一种工具。它所起的本质作用,是将信息层和智慧层协调起来,让它们良性运作,深化两层的认知,从而让人的生存变得自由、深刻、饱满。

知识层以及智慧层中除了那些人一降生就包含的部分，其余都是从信息层中成长而来的。信息层是知识层以及智慧层某些部分的基础，知识层和智慧层中的这部分内容是从信息层的土壤中成长而来。所以，三者必须要清晰自己的作用与地位，并各尽其能以形成一个协调完整的体系。只有这样，人才能够接近其自身所属的这种高贵生物的本质。但是，现实中人类的认知体系往往无法让三者彼此真正协调且各尽其职，三者间有可能存在着比较严重的脱节现象。于是，那些残缺的或者脱节的认知体系结构就引发了种种问题，这些问题一般体现为残缺的以及病态的认知观念。

我们需要把这些脱节之处找出来，并看一下不同的脱节现象可能导致什么样的后果。

第一，知识层和信息层之间的脱节。知识层是来源于信息层的，它试图在信息层的背后寻找规律，因而从更高的层次上对繁杂的信息层现象进行解释和把握。它从信息现象中发现规律，并利用它获得的规律进行解释，当这种规律性知识能够解释的信息现象越多，它的可信程度也就越高。当生活中几乎所有的观测信息都被这样的规律性知识所统摄时，这种认知的地位就被提升到真理的层面，它获得了崇高的地位，以至于它甚至可以藐视信息层了。这样，人们忘记了知识层的发源地，而把知识层的内容当成了更基础更真实的东西，于是一位知识僭主诞生了。它开始肆无忌惮地扩展自己的领域，甚至对那些敢于反抗的信息进行毫不留情的蔑视以及镇压，为了自己的权威它不惜公然反对事实。

人类文明早期往往会遇到这样的情况，因为那个时候整个人类的信息层行为由于受到自然条件的限制而变得狭隘、短视甚至充满偏见，所以在其基础之上的知识体系生长弥坚。在这样的基础之上所得到的知识体系往往是羸弱、病态以及充满妄想的。在理性发展起来以前，神话就曾经作为知识层的一种填充物。它不仅仅是古人蒙昧时期的认识结果，还是一种发挥着知识层作用的解释工具，人们用神话体系解释生活中的信息现象，比如自然现象，人生的痛苦、疾病以及死亡等等。但是由于这种不合格的填充物无法真正承担知识层的作用，所以它在人类的发展过程中肯定会被淘汰。

宗教试图完善它,通过丰富细节、构建体系、参入理性、约束行动以及认知的方式,来延长它的寿命,可由于过多地依赖于臆想、信念,而非来源于不断丰富的信息层本身而终将被淘汰。于是,理性知识接踵而来。相对于神话以及早期宗教来说,基于理性的知识才真正符合今天知识的定义。古希腊是理性知识的发源地,它的知识体系虽然令人叹为观止,但相对于今天的知识体系来说毕竟还是太过狭隘与羸弱的,知识的精细及深刻程度都还十分有限。虽然理性已经得以锻炼,但知识还是往往容易被人们所误用以及滥用。

这种知识和信息的脱节现象充斥在古代的知识世界中,几乎所有的学者都没有办法从这样的错误方式中摆脱出来。泰勒斯认为水是宇宙的本原,赫拉克利特认为火是世界本原,毕达哥拉斯认为数是世界的本原,种种信念虽然令人称奇但无一不是知识层行为僭越于信息层的结果。虽然这样的扩展也许是知识扩展的必然环节,但是如果直接将这种僭越作为真实的信念就是违反原则的。即使就古希腊哲学家中被西塞罗称赞为天赋与勤奋方面都远远超越于其他很多学者的亚里士多德来说,也存在这种脱节现象。我们知道,亚里士多德是一位非常重视观察客观事实的哲学家,他尽量通过理性将知识体系建立在客观事实基础之上,但仍在不知不觉中将知识延伸到合理的范围之外。比如,正是将力与运动的知识(当然后来的结论是错误的)运用到宇宙范围内才导致了"第一推动者"概念的出现。这种知识层与信息层的脱节几乎在所有的古希腊学者中成了一种普遍现象。

这一现象也许是由于当时知识的总体储量相当匮乏,而智慧层的收摄力又在不断地向其召唤所造成的。这种情况下,为了提供智慧层永恒期待的完整性,知识层无意识地僭越了自己的领地,从而踏入了超出其能力的广阔范围。这样的情况容易让人产生错觉,因为它让人觉得自身一直在追随理性,而且这种知识的延拓本来就是人类知识成长的正常途径。关键的问题是,智慧层必须要知道这种知识延拓的实质,它在什么样的可信度以及范围上超越了信息层的基础,又该如何保证这种延拓是经得起实践考验的。但是,由于智慧层整体性本能的强烈呼唤,致使收摄力将知识层的范围远远拓展到正常的范围之外,以至于和某种信念结合在一起,这样知识便和信念彼此盘根错节,从而脱离了信息层的基础。

人类的知识发展历史,一直都是在这样和信息层的脱节中成长起来的,只不过这种现象被越来越多地认识到,而且脱节的程度也在不断地减弱。一方面,主要是由于人类实践的不断进行,积累了越来越多的知识。这些不断增长的知识,不断补充和完善人类的知识体系大厦,从而让原有的知识体系能够更少地承受智慧层收摄力的拉动。另一方面,人类的理性也在实践与冲突中得到进一步锻炼,它能够越来越清晰地认识到这一现象的实质,从而能够合理与正确地看待已有的知识体系。今天智慧层的整体性本能从未停止过对知识层的呼唤,但是人对知识的态度变得越来越谨慎。人们不再盲目地相信自身认知能力,并已经意识到认知的某些极限。但是这种极限并没有让人类彻底服输,他们正努力从根本上建立全新的知识体系,并以此突破旧有知识体系的局限。

知识层来源于信息层,但是它总是渴望在更高的层次上解释信息层的行为。也就是说它想通过一种规律性的、概念性的、体系性的内容来掌控信息层个性的、多样的、繁杂的现象。对于人类的认知能力来说,知识层的确是人认识自然界以及人类自身的必然方式和途径。它首先从信息层中成长而来,然后这种知识层行为自然而然地向外延拓。这种延拓需要在一个合理的范围之内,以便能够用新的信息层现象对其进行验证。如果新的信息现象能够被其解释,说明这种知识的延拓是十分合理的,它的有效性可以适用于一个更大的范围。如果出现了无法解释的现象,那么知识体系并不是马上对自身进行调整,而是充分研究这种情况发生的原因,如果的确是知识体系本身的问题,那么就将着手建立新的知识体系。如果这样一个过程是如此这般有秩序地进行的,那么人类知识就能够稳步健康地发展。但是,这种正常的发展步骤往往容易被打乱。由于不知不觉中响应了智慧层收摄力的呼唤,知识层往往被过多地延拓到未知领域,以至于已经无法通过信息层的基础进行验证,从而引发学术界的诸多问题。康德就曾在其作品中指出这样的现象,并批评以及矫正错误的工作方式。

这种现象也普遍地出现在每个人身上,我们总在不知不觉中越过自身知识的合理边界,使其侵入到未知领域。因而个体的诸多行为是感性的、盲目的、冲动的。我们受知识的指导,但也受信念的掌控,人并非仅是理性的造物,它是某种复杂多样的混合,于是人生具有无限的多样性。然而,当人进行深刻的哲理性反思时,就必须要明确自身知识的边界,必须对个人的知识体系做一个边界的划定和内容的甄别,从而使信息层、知识层以及智慧层真正按照合理的方式相结合,以构造一个相对完善的认知体系。

第二,智慧层和知识层、信息层的脱节。信息层行为处理的是自身和周围物质世界的关系,知识层行为处理的是自身和知识世界之间的关系。它们容易被这种与外界的互动关系所束缚,所以自我很难从这样的两种状态中解脱出来。而智慧层所处理的是自身与自身的关系,这种自我内部的诸多概念与记忆的相互勾连激荡提供了自我存在的场域。由于追求内在的完整性,它很容易在本能的欲望以及幻想中从整个认知体系中解脱出来,从而造成智慧层和信息层以及知识层的脱节。

人的成长过程中,智慧层总能达到一种自我认知,它是智慧层活动的结果。并且这种活动促使其逐渐形成一个价值整体,于是渐渐规定了其自身存在和所有行动的目的。因为人终归是生物性的,所以本能必然在这样的整体中占据极为重要的地位,另外就是对于那些有识之士来说道德、信念等等构成了其他的重要力量。不论如何,它们一旦形成智慧层的底层逻辑就很容易让智慧层从整体的认知体系中独立出来。这种独立往往带有个人的盲目性、狭隘性以及偏执性,一经独立它往往倾向于对信息层和知识层置若罔闻不问,甚至还会扭曲压制。

智慧层必然会从他者的死亡中意识到自身的死亡,但是强烈的对生的贪恋使其幻想自身能够从这样的命运中脱离出来。它无法否认肉体的死亡,但是却无法忍受智慧层自身的死亡,于是它幻想智慧层自身能够从肉体的死亡中独立出来。肉体死亡之后,它仍能独立行动,它所有的活动都是智慧层的继续,比如记忆、思考、感觉等等,但是这些行动却被赋予了另一个承担者,就是它所坚信的永恒的灵魂。它意识不到它所谓的灵魂,就是它自身的继续,一种生的贪恋下自身的脱离。为了让这样的概念真实有效,它只好从智慧层的最深处毫无保留地接受它,它于是不再考虑信息层和知识层向它反馈的一切,而摆出一种独裁式的不可侵犯的姿态。

所有的这一切只不过是智慧层的幻想,而实际上它对死后自身的命运一无所知,死亡作为认知盒子的右边界没有让任何的信息从它的外面以第一人称的口吻发送过来。智慧层面临的是一场有去无回的单程旅行,它所有的想象只不过是人世生活的映像,无论如何雕琢其原料都是陈词滥调,乏新可陈。

灵魂,这个脱离了认知体系的智慧层幻想着自身的独立。然而,真正的独立又岂能如此简单。它总带着认知体系的影子,灵魂仍然具有信息层的行动能力,它能听能说还能感觉,它本可以不需任何形态但是却总借用人形才能够被想象以及表达。这都是智慧层试图脱离为灵魂所无法掩藏的痕迹,这也证明灵魂只不过是一种超越认知盒子的想象罢了。

知识层在演化过程中是最后出现的,所以对于大部分人来说总会认为它是一种负担,所以总倾向于从知识层的活动中解放出来。于是大部分人的认知体系总是内容欠缺的,他们更容易借助信息层以及从中而来的经验型知识构筑智慧层的完整性,所以更别提把知识层当作智慧层的基础了。人在特殊的环境下,表现得更像是动物而不是具有知识的人。人极容易因强烈的情绪而失去理性以及知识,特别在担心恐惧的时候,他会不知不觉地忘记内心的所有知识体系,转而求助于上帝。

总体看来,信息层和知识层只不过是向智慧层提供了原料,智慧层使用这样的原料来搭建一个世界,这个世界处于其内在自我和真实的客观世界之间,它一方面体现着客观世界的冰冷与真实,另一方面又体现着构建者的欲望和梦想。它是一个缓冲带,赋予人这种能够思考的存在者以所谓的意义和价值,让冷酷的生存本身变成一种具有目的的旅行。因而,它总是在某种意义上脱离于现实的,这种脱离本身就是人这种生物的存在方式。然而,人是否能够从这种脱离中觉醒,并强烈地感觉到这种脱离的实质才是最重要的。问题是这种脱离是具有社会性和历史性的,诸多文化以及宗教本身就是智慧层脱离的社会性产物,它们一经产生就会左右人们的思想。很多人就是在混沌与盲目中一直被脱离着,这种脱离不是源于自身的创造性构造,而仅仅是一种可悲的麻木的被脱离状态。这样的存在样态是未经深刻地自我醒悟的，同样可以理解为一种世俗性的沦落。

当今天我们审视那些原始的世界观时，就会发现他们眼中的世界只不过是智慧层脱离于现实诸种简陋粗糙的创造物。然而，这种搭建却让他们的人生变得充实而富有意义，生活开始变得生机盎然，充满希望与激情。他们在这样根深蒂固的虚幻想象中，体味着崇高，体味着生命的意义与价值。然而，却忘记了自己只不过是活在社会的集体想象之中，自己从未深刻地反省过。写到这里我突然想起了很多场景，玛雅人在一些大型活动庆典中通过自杀的方式来获取光荣，日本神风敢死队的飞行员满怀忠诚毫不犹豫地冲向敌舰，恩培多克勒毫不犹豫地跳向火山，此类怪事不胜枚举。上述死亡主要因为认知体系中智慧层的过度脱离，他们有的被社会性地脱离了，来自于传统和教育，而有的是被自己虚妄的智慧层构造脱离了，恩培多克勒即为后者。

我们每个人都活在这样的构造与脱离中，尤其是没有生存压力的时候，这种智慧层的构建将更具现实意义，自我也将在这样的构建与脱离中体现出来。重要的问题是，这样的脱离过程应该是被充分意识与反省的，就像成年人也可以活在童话世界之中，但是他要知道这仅仅是个童话而已，而不能像孩子那样认为童话世界就是他们大脑中的真实世界。

对于一个具有自然情感以及诸多局限性的人来说，他的认知体系总会存在脱节现象，信息层、知识层以及智慧层经常会在诸多的噪音、冲突以及碰撞中变得有失协调，所以人需要不断地自省，不断地学习，以保持三者间的协调运作。用信息印证知识，用知识深化认知，用信念指引生活，只有这样才能不断地增加认知体系的完整性，从而才能够为自身的真正存在做好准备。

03　存在的信息模态

　　既然认知体系存在诸多脱节现象,那么在思考自身的存在问题时就应该先对自身的认知体系做一番整理。这里还需要重新回到图 2 中,必须让所有的不必要观念从智慧层中剥离出来,暂时也要忘记所有的知识层内容,总之是要把自己简化成最单纯清晰的存在。那个蔚蓝色天空下的我是一个起点,我从这一点开始探索自身的存在,并由此展开的所有后续问题将借助知识层的帮助来完成。也就是说,我先把自身的认知体系简化到极限,然后随着问题的深入再慢慢补充。两个层次的我(图 2),就是认知体系最简化的形态。

　　这里可以从信息视角对这样的体系进行分析,把这个作为起点的我之所以能够存在的信息模态展示出来。而对这一信息模态进行分析的分析者仍然是我,这个我可以是今天的我,此时此刻正在敲击键盘的我,也可以是那个站在蓝色天空下的我的一部分。这两个我只是时间上的不同,但是都可以对那个简化的自身进行信息模态上的分析。为了不引起混淆,还是从写作着的我的视角来对整个简化了的存在进行分析。从现在回顾的视角出发,那个简化到仅仅能够意识到自身存在的我以及我所置身于的世界包括如下几种信息交互的模式。

　　首先,那个能够意识到其所置身于其中的世界以及生命自身存在的生命体至少需要包括两种信息交互的模式:第一,自然界纯物理规律作用下的"信息"交互。第二,作为能够思考着的我的内部信息交互模式。关于第一点的陈述,可参见拙作《信息的演化》一书。拙作中就是从无生命形态存在的宇宙开始探讨信息的演化问题的,这个思路的逻辑起点是基于现在物理学对宇宙起源及演化的认识。在第一个生命系统出现以前,我并不认为有什么信息存在,而人们口中所谓的宇宙早期传递给我们的信息,是对今日的我们而言的。

所以,如果除去今天的我们——这个作为信息接受者的存在,那么生命诞生以前,我们并不能说宇宙之间存在任何所谓的信息。那时的宇宙只包含物质、能量以及它们之间的相互作用,而这个表明物质间相互作用的联系就是信息最早的前身。所以,第一方面的"信息"交互中的信息,是带有引号的,因为没有任何生命形态存在的话,我们仅能想象物质世界间是存在相互联系的,而信息尚未演化出来。但是,如果非要把这样的世界所包含的内容间的彼此联系作为一种信息交互模态的话,那么我们不妨暂且用"信息"来代替联系,这完全是为了方便今天人们的习惯,而实质上它指的是无生命世界物质间相互联系的模式。

那么这样无生命的物质世界,它们的"信息"交互模式是什么样的呢?它们又反映出什么样的特征呢?进行这样的分析与总结,必然能够有益于我们进行生命系统内部信息交互模式与无生命物理世界"信息"交互模式间的对比。

在那个简化的模式中,除去我以外,剩下的内容部分被简化为单纯的物质世界。只有过滤掉那些无益于思考存在本身的繁文缛节,才能够更好地思考存在的实质。这样除去那个能感受到自身存在的我以外就剩下了单纯的无生命的世界。但是必须要用今天我的视角对这样的世界展开分析,否则一切都将无从谈起。于是这样的世界呈现出了如下特征:1. 物质世界联系的纯物理性。没有生命形态的存在,物质世界本身间的联系(或者我们也可以蹩脚地称之为"信息")只能是物质性的,单纯地受到物理规律的支配。这种物理性的支配物质自身及其相互联系的规律是单纯的、纯粹的、无任何倾向性的,也就是说它们并不被今日的人们划分出的宏观的、微观的等等界限区分开来,它们作用于所有适合于它们的对象,并不做任何区分。这样,即使对于今日思考着的我们来说,物质世界即使是有层次的,但是对于物理规律自身来说却是平的。没有任何事物能够逃脱物理规律这样的支配,也没有任何物质能够过多地占有物质规律。它对任何物质都是平等的,无目的的,平权的。2. 物质世界联系的盲目性。物质世界受其固有的规律的支配其运作本身充满了盲目性和随机性。物理规律原则上并不事先规划一定要演化出银河系、太阳系以及人这种生命形态的存在,也就是说地球上诸多生命以及我们人类的存在并非宇宙蓄谋已久刻意创造的结果。我们的存在完全是一种幸运,至少基于现在的最可靠的关于宇宙的知识来看是这样的。我们所身处的宇宙终将还是受到物理规律盲目性的支配,如果按照彭罗斯的想法,这种盲目性最终将把人类的幸运吞噬掉,组成我们身体的分子、原子都将在遥远的未来处变为不含质量的光子,然后参与到宇宙下一次的轮回。3. 物质世界联系的非系统性。太阳系乃至银河系的存在一般被认为一个系统,但这样的系统是纯物质规律作用的结果,它们本身与系统论中的系统是不同的。它们更多地体现为结构与形式上的系统性而不是功能与目的上的系统性,于是我们完全可以把它们贬低为一个物质集团,而非一个功能性系统。它们所包含的部分彼此间并不具有功能层面上的联系与责任,所以这样的单纯的物质系统从其所包含不同内容间联系的本质上看是同层的、平面的。

从这样的分析来看,物质间的“信息”交互模式,或者我们更坦白地说物质间的联系模式,是杂乱的、平权的、均匀的。也许行走在物质世界的联系之中,如同走在一个毫无边际的沙漠中一样,平淡而乏味。一切都受物质规律的单纯支配,世界被压缩在同一个逻辑层面,就像均匀地洒在白纸上的铁粉一样毫无新意。用如图 3 所示,能够更形象地表达物质世界的“信息”交互模式。

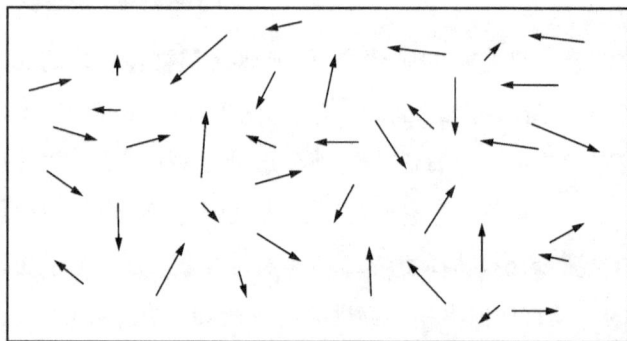

图 3　物质世界的“信息”交互模式

图 3 非常形象地表达了物质世界的“信息”交互模式。总体而言,单纯的

物理规律支配下的物质层面的"信息"交互模式是杂乱的、随机的,由于没有目的及功能上的系统性,所以即使是可以被我们今天分为不同层次的物质系统(这种层次感是基于我们认知世界的方式,自然世界对于物理规律本身而言这样的层次并不存在),仍然在逻辑上是平面的。宇宙的最初阶段,唯一存在的就是图3所示的"信息"交互模式,但是随着宇宙的演化,却在这种乏味的模式之中神奇地诞生了另外一种信息交互模式。而到这里,信息这一名词终于可以去掉引号了,因为这种模式已经属于真正的信息交互模式。这就引出了上文提到的第二点——作为能够思考的我的信息模式。

但是探讨第二点时为了简化问题,最好把"能够思考的我"这一定语去掉,先从那个作为单纯的生命体的我出发,后续再引入思考的概念。所以这里,先看看作为生物体的我的内部信息交互模式。

一个生命体是一个具有特定功能和目标的系统,它与外部环境之间有着明确的边界。它依托外部环境来维持自己的生命,而生命本身的持续意味着生物系统结构、功能以及整体性的维系。这种整体性的维系自然能够从信息的交互模式中表现开来。从整体上,生命系统内部的信息交互模式和单纯的物质世界具有明显的不同,这里只能对生命系统内部极其复杂的信息规律进行粗略的概括:1,支撑整个生命系统的规律不仅仅是物理规律,还有生物学规律以及人这种高级生命形态的价值规律等。于是,生命系统内部的信息交互就能够体现出不同层次的模式出来,虽然它的最底层仍然可以还原为联系的物理性,但是在此基础之上的更高层面还将体现出生命系统的生物性特征。比如生命体内的不同器官之间,所体现出的联系不能仅仅从物理、化学的角度进行审视,还应该从这些生命子系统之间的相互协作关系的生物性角度进行观察。这样生命系统内部之间便存在了真正的信息交互,在这里物质性的联系已经演化成了信息。

生命系统为了维持自身的生存,不同的器官就构成了具有不同功能的子系统,这些子系统相互协调运作才能够保持生命的整个样态。每一个子系统的特定功能构成其自身存在的意义和目的,这一点也将同样地表现在子系统内部的联系之中,这种联系可以被进一步还原为物理层面的联系。但是,即使把整个生命体全部还原为物质层面上的联系，这些联系也已经不能够再被轻率地压缩成同一层面的联系，在逻辑上生物学的规律已经让生命系统具备了无法否认的特殊层次性。这就是为什么我们可以仅在物理层面理解物质世界，但却不能仅从物理层面理解生命现象。而到了人这里，由于智慧层概念的涌现，我们也不能仅仅从生物性特征理解人类自身。于是，我们来到了生命系统信息交互的另外一个显著特征——生命系统内部信息交互的层次性。整个生命系统包括功能不同的子系统，这些子系统也可以包含更低层的子系统。所以，生命体内部的信息交互模式必然也是层次性的，只有将信息交互展示到不同的层次中才能够更好地解释生命系统内部的信息实质。信息交互在不同的层面上将体现不同的宏观样态，其模式主要由子系统的功能决定。但是所有的层次都将为生命系统的整体目标而存在，它们各尽其责，以维系生命系统的生存以及诸多目的的实现。到了人这里，生命系统内部的信息交互模式涌现出了知识层，这使得人能够超越一切生物的层次，并以一种全新的维度表达自己。智慧层因为知识层的丰富，亦展现出全新的内容以及价值意义来。我们必然应该把知识层以及智慧层内部的信息交互模式看成生命系统内部信息交互的高级状态，是人这种智慧生命独具的信息交互高级状态。无论生命系统内部的信息交互模态存在多少层次，它们都是为了整体而存在的，这样便引入了生命系统信息交互模式的下一个特征——信息交互模式的整体性和目的性。生命系统把自身与外界环境分离出来，独自在其与外部环境之间形成的边界内顽强地抵抗着热力学第二定律。为了在熵增的外界环境中存活下来，它内部不同层次的纷繁复杂的信息交互都必须处于一个整体性的统摄之下协同工作，所以生命系统必然具有根本的整体性。这种整体性就是系统本身最根本的特征，同时它也规定着系统自身的目的性，生命系统的根本目的性就是尽最大可能地维持系统整体性功能的持续，也就是体现为生命系统的生存本能。这样生命系统内部的信息交互模式在整体上还将体现出其整体性和目的性来，它从这样的意义上将自身与外界环境区分开来。

基于上述三点考虑，同样可以用图示的方法将生命系统内部的信息交互模式形象地展示出来，然而这也只能是一种粗略的示意性的展示。

图 4 示意性地展示了生命系统内部的信息交互模式,从图中我们明显可以看出生命系统和单纯的物质世界"信息"交互模式的差异。生命系统内部的信息交互由于不仅仅受到物理规律的影响,还受到生物层面等更高层规律的影响,因而体现出明显的有序性、层次性、整体性以及目的性。也就是说,看待生物现象时,我们无法在不损失特定含义的情况下将其压缩在一个逻辑层面。正因如此,必须要把生命系统内部的信息交互模式和单纯的物质世界的"信息"交互模式区分开来。这样,有生命存在的宇宙,在信息交互模式上就必然需要划分为两个类型,一个属于漫无目的的仅仅随物理规律随风摆动的世界部分,另一个就是具有特定功能的、层次性的以及目的性的生命世界部分。生命系统不管多么渺小,它的出现都至少在"信息"的交互模式上改变了整个宇宙的样貌,于是必须要从新的维度对整个宇宙进行重新审视。

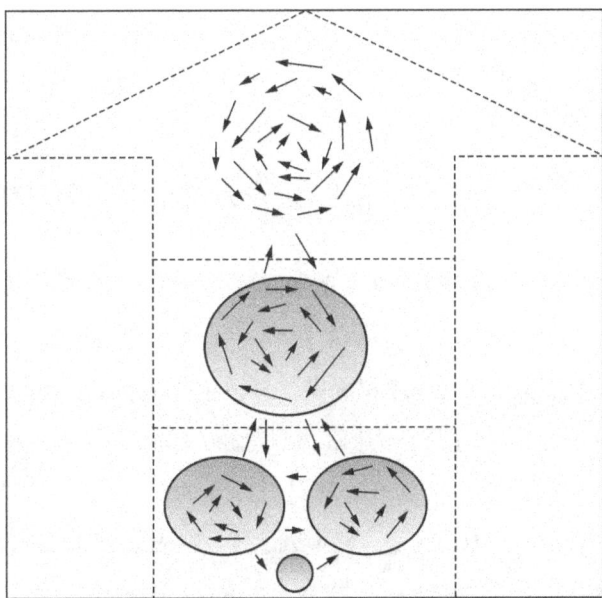

图 4 生命系统内部的信息交互模式

然而,生命系统无法注意到自身的信息交互模式的存在。生命系统内部的信息交互模式已被封印到普通的认知层面以下,它们运行在生命系统的内部。也就是说,我们谈到的个人认知模型是不包含生物层面的信息交互模式的。只有人类已经发展出的卓越的认知能力,在现有技术的条件下才能反馈生命系统内部的信息交互,然而想全面而详细地描绘出身体内部的信息流是极为困难的。但是我们至少知道生命体内部的信息交互模式是完全不同于单纯的物质世界的。

没有任何一个生命系统能够完全脱离于外界环境,所以我们还需要考虑生命系统和外界环境之间的信息交互。生命系统一方面把自身与外界环境分离开来,另一方面又通过与外界环境间发生的种种交互来维持生命本身的运作。现在需要重返人类视角,因为只有人类才能够真正有意识地和外部世界相互作用。而这种有意识的相互作用,必须要依赖我们所建立的个人信息认知论模型。

其次,接收到外部信息的我。如果把世界过滤到简单的只剩下我这一个生命系统和外界的环境,那么那个蔚蓝色天空下的我就成了广袤天地间的唯一一个生命系统。我在观察着外部世界,也就是说我能够接收到外部世界传递给我的信息,并从这种与外界的信息交互过程中体会着自身与外界间的不同。我作为生命存在的全部生物学秘密就像上节探讨的生命系统内部的信息交互模式一样都对我隐藏着,这里我能够意识到我自身真切的存在,但从不知道自己为什么如是的存在。现在,我能做的只有悄悄地爬到认知的信息层,看着外部世界,我通过自身的感官来了解这个世界,并从这个世界中寻找能够让我的生命系统维持下去的所需之物。总体而言,外界环境对于我来说是一个能够让我存在的场所,向我提供了存活下去的资源。

信息层开始运作的时候,一开始我只能够感觉到外物,并通过这种感官获取的东西认识客观环境。当尚未意识到自身的存在之时,这种信息交互的模式就已经存在于我之中了。外界环境仍然是物理意义上的纷乱无序的,而我却已是一个具有目的性的整体,我会有目的地对外界的环境进行判断、选择,从中挑选我之所需。也就是说,外部世界因为我的整体的目的性而对我显示出价值,在如是的价值的驱动下我与外界展开了不同程度上的交互。然而,对于外界来说,我施予外界的仍然只是各种各样的物理联系,但是外界传递给我的却是各种各样的信息、物质以及能量,这样前文所述的两种信息交互模式之间就建立起了联系。

在与外界的信息交互中我能够感到自身的存在。但是这种对自我存在的感觉是依赖于如是的信息交互模式的。这种层面的感知具有狭隘性。因为在这种自身与外界牵连的关系中，人往往无法认识到存在的最本真含义。所以从本质上看，这样的存在观念是非常低等的，它与大猩猩能够感受到的自身存在也许只是量上的差别，甚至我们不能将这样的存在当成真正意义上的存在。不过，在生命系统与外界的信息交互过程中，却为真正的自我存在意识创造了条件，它开启了人与外界环境的认知论层面的交互，为人类认知的高度发展奠定了基础。这里我们还是利用图示将物质世界和生命系统间的信息交互模式形象地勾勒出来。

图 5 所示中，这种生命系统与外界的信息交互过程将前文所说的两种信息，即物质世界的"信息"和生命系统内部的信息交互连接了起来。生命系统就是靠着这种与外界环境间的最直接的信息进行接触，从而了解外界的情况并在智慧层开始阶段就已经拥有的简单本能指引下从物质世界中获取食物、繁衍生息，以最大限度地维持自身的整体性。从信息交互模式的角度来看，生命系统所做的无论是让自身的生命延续，还是繁衍后代，都是尽最大可能地维护其内部的信息交互的固有模式。

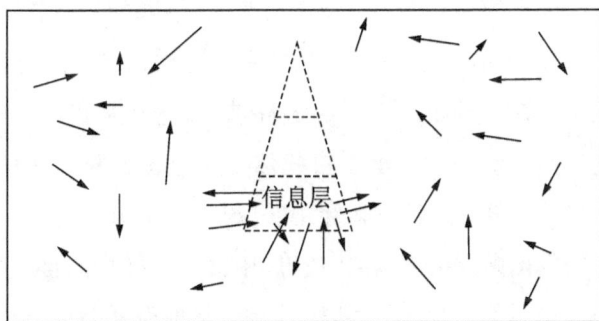

图 5　生命系统和物质世界间的信息交互模式

这样的信息交互模式，为生物系统内部的自我意识觉醒奠定了基础，但正如前文所述，这种模式下的存在意识是非常有限的，它把人的无限可能性固定在某种特有的框架之中。所以这样的存在意识并不具有真正的深刻性，它更多地属于生物层面的存在意义。而人如果仅仅在这种模式中领会自身的存在,那么他就处于海德格尔所说的沉沦状态,他所领会到的也就是沉沦着的此在。相关问题可留作后续讨论。

而真正意义上的更本真的自我存在意识,就涉及了另外一种信息交互模式,它只存在于人的智慧层活动中,于是便引出了另外一种信息交互模式。

最后,能够真正产生自我意识的"信息"交互模式。人脑中渐渐产生了一种奇妙的信息交互模式,它如同太阳般照亮了整个世界,并照亮了自我。有人把它称为灵魂,认为它能够独立地运行于身体之外,并试图去寻找它的起源。笛卡尔将其约化为简单的"我思"。但是,在这里我们认为它是人脑中的独特的"信息"交互模式。这里"信息"之所以同样被打上引号,是因为这一模式处于认知模型的智慧层,它反映的是智慧层中某一部分的运作模式。

然而真正地揭示这个能够深刻地意识到自身存在的"信息"交互模式是非常困难的,因为自我意识本身还隐藏着太多的奥秘。所以仅能通过对其外在行为的观察以尽力揭示其内在的某些结构。我们能看到的第一点是,它在大脑内部的诸多关系处理过程中能够清晰地认识到自身同自身的关系。也就是说,在那个依赖于与外界进行信息交互过程来说的浅层的自我意识之中,智慧层中又产生了一个新的"信息"处理结构,这个结构能够将那个浅层的自我意识从与外界的相互作用中剥离出来,它能够如是地获取更高的独立与自由,并将自己交付到更多的可能性之中。这样,我们能够隐约地感觉到这种自我意识中存在一种指向自身的循环结构,它既是我,但是它又能够跳出我并向回指向我。仿佛我跳出了自我然后又重返自我。这种循环的结构就能够让我从自身与外界的种种羁绊中获取自由,笛卡尔的"我思"就在这样的循环结构中展露出来。笛卡尔的"我思"中就有这样指向自我的循环结构。在处理自身与自身的关系时,这一结构总会在某种程度上意识到其本身就是生命的本真含义,于是在种种的执迷与偏见中它开始从真实的世界甚至从自我的身体中渐渐脱离。第二点,这个含有循环结构的"信息"交互模式能够意识到自身与外界的边界,并试图越来越清晰地梳理自身和外界的关系。于是,它能够让自身在前瞻性的谋划中获得更多的自由与可能性。它让自身的意识与价值照亮了其周围的世界,并把这样的世界尽力地纳入自己的掌控之中。但是这种结构具有先天的固执性,所以它对整个周围世界的认知也是带有这种个性偏见的。第三点,就是这一结构同样具有智慧层的整体性本能,于是它自然会把其触角延伸到未知领域。这样,这一结构不仅建立了自身与自身的联系,还试图建立自身与所知一切的联系。然而,这一切的联系都是为了这个能够意识到自身的自己。

图6形象地表达了这种"信息"交互的模式。

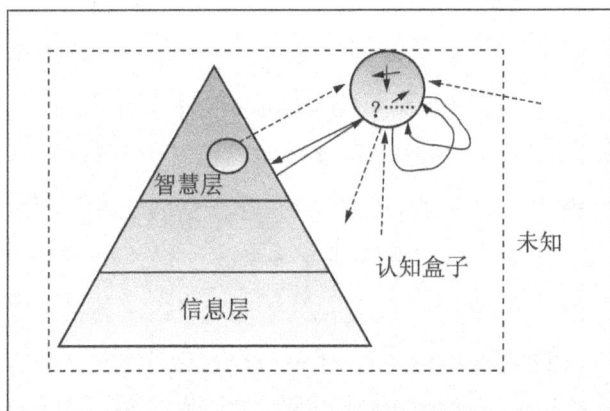

图6 能够产生自我意识的"信息"交互模式

图6中我们可以看到,这个智慧层中能够意识到自身存在的"信息"交互模式最有趣的一点是它能够意识到自身,也就是能够建立某种自身与自身的联系。另外,在智慧层的整体性的趋势下它试图利用信息层的手段建立与所有它所知的内容的联系。这样,我们就已经从"信息"的角度粗略地揭示了自我意识的形式化的特征。就是在这样的"信息"交互模式的支撑之下,人类五彩斑斓的生存样态才得以展开。我们会发现,历史上所有的关于生命本质以及存在意义的探讨都是针对这样的"信息"交互模式的,也就是说人对其存在的最本真的意识就来源于这样的独立结构之中。

到这里,就已经把那个蓝色天空下的简化了的我以及我所处的世界做了一个相对完整的但是粗略的信息交互模式上的分析。对其中涉及的不同部分都已在图示中分别展示,那么现在让我们把这些分散的信息交互模式拼合起来吧,看看那个能够具有自我存在意识的我以及身处的世界在信息的镜头中究竟呈现出什么样的形态。

这就是我们行走在宇宙全部范畴的信息沙漠中所能看到的关于存在的最粗糙的样子了,尽管如此,这样的视角却能够带来很多启发。所有的关于人自身的存在问题都是建立在这样的基础之上的。我们生活中最茫然浩瀚的物质世界之中,它们依物理规律随风摇摆,令人捉摸不定。它显示给人的就是人自身存在的场域,它不会具有任何感情色彩,所有的跟情感相关的形容词都是人类自身的造物。它与生命之间只存在物理联系,但是我们把这种联系提炼为信息,并把它关涉到自身的生存上来而赋予其所谓的价值和利益。沿着这片广阔无垠的荒漠继续行走,我们在地球上遇到了信息交互模式的一种新样态,这就是生命系统与外界信息交互过程中呈现的样态。在生命系统和物质世界的边界处,我们发现信息的交互呈现出不同于纯物理规律的有序性、层次性以及生命系统本身的目的性,虽然所有的信息交互模式都可以还原为最底层的"联系",但是这种模式不能在不损失内容的情况下还原为单纯的物理联系过程。也就是说这种信息交互模式从一个侧面反映了生命系统内部从"联系"到信息的涌现现象。生命系统是由不同子系统构成的,它自身就拥有生物学意义上的层次性(这部分内容没有展示在整体图之中),如图7所示。但是,只存在上述的信息交互模式是无从谈及真正的自我与存在的。真正意义上对自我与存在的领会需要从智慧层中独立出一套单纯的"信息"交互模式出来,它不依赖于任何与外界间的盘根错节,

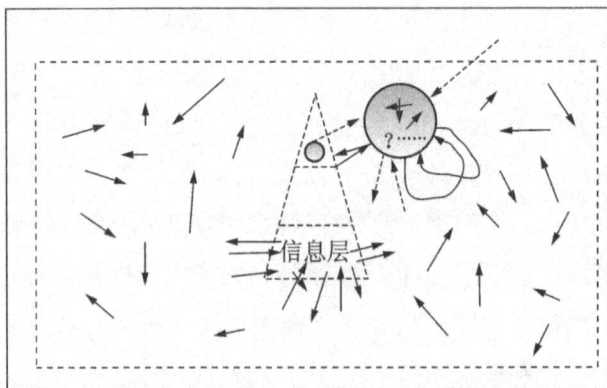

图7 信息视角的世界以及自我存在

虽然它自身的产生要依赖于外界，但是它需要从与外界的关系中分离出来，它在处理自身与自身的关系时深刻地领会到了自我，并通过信息层认识到自身以外的一切，于是这样它才能够认识到所谓的存在。这种存在显然包括三个方面：一个是物质世界的存在，另外就是其自身的存在，以及整个场景的存在。于是自然而然引出三个问题：为什么物质存在？为什么我自身存在？整个场景缘何存在？

　　这就是存在这一概念被领悟到以及言说时所具有的最初场景，我已尽量将那个蓝色天空下能够意识到自身以及世界存在的我以及周围的世界过滤成最简单的信息样态，并且我将把如是的存在样态当成探索所有存在问题的起点。这个起点，首先包括物质世界，而它对我来说又可以分为已知和未知两部分，可以把它们理解为我所处的环境。其次，就是我的自身。我无法把自身和物质世界抽离开来，因为物质世界印证着我自身的存在，而我的智慧层中最想独立的那部分自我其独立性也是相对的，所以我知道只有在与外界环境的交互中自身才能够存在。这样我自身以及意识到的存在都已经被捆绑在如是的场景中了。因为，这个在我脑海中的存在的源出概念是依赖于一种关系的，具体来说就是人对世界和自身的领会。如果宇宙间所有的生命形态都消失了，那么宇宙还有没有所谓的存在呢？这是一个有趣的但也是并不容易回答的问题。这让我想起了罗伯特兰萨的《生物主义》一书，关于此书我不想做任何评论，还是回到我自己的思路上来吧。

　　起点的我因为过于简化，是没有办法将存在以及周围环境的认知拓展到更广阔的视野的。想突破起点的牢笼，必须要借助外力，让自己的认知变得更加宽广、敏锐以及深远。于是这个缺少了知识层的简化的我必须借助外界知识的力量，以最稳健的方式将视野延伸到远方、过去以及未来。然而，我不能听任何人的闲言碎语，只有借助从外界中精挑细选的最可靠的力量，才能够让自己尽可能地接近真实。

04 *存在的模态演化*

　　想要解除起点的锁定状态，就必须在个人的认知论模型中引入知识层。当然这种引入必须十分谨慎，而且最好能够做到尽量少地借助外部的力量来解决存在的起点问题。

　　如果将存在的起点问题在时间的维度上铺展开来，那么就如同在我的《信息的演化》一书中所做的那样：一方面要借助基于爱因斯坦广义相对论的宇宙学知识，另一方面要借助达尔文的进化论知识。只有插上这两只翅膀，才能够让存在的起点场景在时间的维度上自由飞翔。至于这两方面知识的可靠性，无需赘言，当然很多人对这些知识存在疑问，但是我找不到可以用来分析起点问题的其他更加可靠的知识，所以我只能选择它们。也许有一天真的能够出现更精确可靠的理论来代替它们，那当然更好，但是在这些新的更深刻的知识诞生以前，我这样做肯定是最稳妥的。

　　现在的理论告诉我们，生命是从无生命的世界中演化而来的。而宇宙学告诉我们宇宙存在一个大爆炸的起点。仅借助这两点对于我们的分析来说就已经足够了。让我们把这两点记在心中，然后开始起点场景的时光旅行吧。我们只是一个端坐在书本前的观众，并且将要看到的是起点所包含的整个信息交互模式的变化。倒转时间箭头，让时光倒退，那么将看到什么呢？这里读者不能再把图中的个人认知模型仅仅看成是我个人的，而要看成是一般意义上的人类个体的。首先，在时光回溯的过程中，人越来越靠近其祖先形态，也就意味着智慧层中的那个能够意识到自身的"信息"交互模式将随着时光的倒转渐渐地变小乃至消失。这样，智慧层的一部分内容就成了起点场景中最先消失的部分。其次，在时光回溯的过程中，生命形态会越来越趋向于原始的简单结构，也就是生命系统内部的信息交互模式在层次性以及复杂性上都将变得越来越简单。这样，当时间回溯到生命形态出现以前，整个起点的场景就回到了整个物理世界的单纯状态。

然而，这样的回溯过程显然太快了，快得让我们忽视了它本身具有的多重含义。对于起点场景中的那个一般意义上的人来说，他是具有十分明确的自我意识以及存在意识的。前文所做的并不是用那个具有循环结构的智慧层的"信息"交互模式来刻画它最本质的内涵，而是从信息的视角提供了这种自我意识以及存在概念所存在的信息模式。我们认为，这种深刻的自我存在意识跟如是的"信息"交互模式存在十分紧密的关系，至于智慧层中体会到的这种深刻的自我意识以及存在概念将在后文进行更深入的分析。但此时一定要注意到，除了起点场景中的那个一般人的存在意识，还需要考虑到正在"观看"整个时光旅行的读者的意识，就在时光之旅开始的那一刻起，我们所有的场景外面的人都已经被卷入了整个游戏之中。我们每个"观众"都能够认知到起点场景的存在，因为我们正"直觉"地参与其中。

就在起点场景中智慧层的独特结构消失之时，起点场景中的那个一般的人已经消失了，也就意味着整个场景中没有自我意识以及存在概念了。但是，我们这些看客却知道其中发生了什么，我们仍然直接地感觉到整个场景的存在，但是这个被我们感觉到的存在并不在那个时光旅行的场景之中，它的存在只在我们这些看客的意识之中，亦即存在于今日捧着我这本书的读者的脑海之中。这一存在就是建立在这样的一种跨越时间的关系之中的。我们自然想到，如果我们每一位读者，乃至宇宙间所有的高等智慧生命都马上消失，那么"存在"会去哪儿呢？

时光回溯到所有的生命形态出现以前，肯定会有这样的时刻，那么宇宙间的所有所谓的"信息"交互模式，已经退化到单纯地依赖于物理规律的联系之中。这样的场景中，连生命形态内部的信息交互模式都已经不存在了，更不用谈什么自我意识以及存在概念了。但是今天我们相信这样的宇宙存在，而且对这种存在的客观性认知在不断加深，这个存在也是存在于场景本身和今天真正读这本书的你们之间的联系之中的，因为读者们和我都在科学手段的帮助下相信这样的场景的确在无比久远的未来存在。不仅如此，科学还告诉我们很多关于它的更精确详细的内容,比如宇宙在什么时刻光子退耦了,以及星系在什么时候产生了等,不过这种种内容都是对当下的我们有意义的。

　　然而这里坚信那个宇宙早期不容置疑的存在的我们,却很容易忽视我们自身其实也在当下的场景之中,我们也是起点场景中的一般意义上的人。也就是说,我们在"观看"场景的倒放镜头时已经不知不觉地让自身之中的一部分智慧层的处理能力以及内容从中脱离了出来,所以这个观看并印证了那个生命诞生以前宇宙坚实存在的就是从起点场景中又独立出来的一部分,这一部分实际上与起点场景中的用圆形表示的独特结构同一,它本身就具有将自身独立出来并处理自身与自身以及自身与外界的独特能力。

　　可是,所引入的知识告诉我们,关于宇宙早期的精确描述以及生物的起源是不容我们质疑的,它们的存在仿佛是不需要今日的我们在大脑的智慧层中建立存在的意识以及联系。但是,这里需要表明的是,没有今天的我们,就本质上破坏了整个存在知觉的信息上的联系,而不被任何知觉所感知的存在本身将无从谈起,也将毫无意义。生活中,我们从他人的死亡事件中发现,他人的死亡对整个宇宙的正常运行毫无影响,于是我们相信自身的死亡以及任何人的死亡都不会改变世界的样态。也就是说,我们相信如果宇宙间所有的生命形态全部消亡,宇宙仍然如今日所是的样子继续按照已有的物理规律运动变化。这是基于这样的逻辑:以为任何一个个体的消失都不会造成影响,所以也就自然而然地认为最后一个生命个体消失以后,宇宙还会像有生命存在时一样存在。但是,这里推论的存在,其本身也是架构在我们今日的智慧层中的,也就是说这里设想的所有生命消失的宇宙存在仍然是建立在一种智慧层中,而且是与我们当下的智慧层中一部分关联的基础上的,是当下智慧层感觉到的存在。所以,更谨慎的态度应该是,假设宇宙间的所有生命形态都消亡了,那么那样的宇宙从根本上也就没有了存在或不存在的概念。而对于那样的没有生命的宇宙形态,本质上我们无话可说,因为你所说出的任何话语本身都是依据智慧层中当下视野的。我曾经无意间看过一个视频,这个视频模拟了人类全部消失若干年后地球的场景,但是这个视频本身就是基于现在的想象的,视频中地球存在的未来样态是当下人类的迫使产生的。如果说地球上的人消失了，尚还有地球上的其他动物能够建立起点场景中的存在赖以产生信息交互上的联系，那么未来的地球也许就是视频中的样子。但当所有生命形态都消失了，那地球乃至宇宙的存不存在这个问题本身都已经存在问题了，更何况是用今日的智慧层去上帝般地运行在那样的宇宙之中呢？物质世界本身无需为上帝负责，亦如我们不能把触角伸得太远。

这里读者们也许颇能体会到量子力学以及罗伯特兰萨的《生物中心主义》里的味道，但是这就是我们面对的事实，而起点场景就是这一事实最单纯与简化的描述。但它本身也意味着一种封印，如果不借助相对论以及进化论，我们就无法从中解脱出来。不假思索地把宇宙想象为现成的存在，的确适合我们所有人的思维习惯。我们这些不断出现在场景中的观察者被自身不知不觉地忽略掉，反而能够让世界变得更容易理解一些。很多时候，我们就是这样做的，因为它很符合生活中已经形成的思维习惯。

我同样也在这样的思维习惯中感到舒适与惬意。但是我反复告诉自己，所有引入的知识毕竟是后天的，它原本不在起点场景之中，所以我也会经常告诉读者"如果这些知识是真实的……"但这里，我需要相信那些到目前为止最经得起考验的知识，我也坚信今日的宇宙学理论呈给我们的宇宙早期样态是正确的。是时候把自身从观察者的角度忽略掉了，我承认宇宙演化的客观性，但是如果客观性也有程度区分的话，我认为它的客观性不会超过起点场景的客观性，或者可以认为它的客观性来自于起点场景客观性的迫使，这种迫使并非主观性的，而是一种起点状态整个客观性的迫使。也许应该铭记，我们从未本质上的真正意义上地认识事物，而只是一直处在努力认识事物的过程之中。

经过上面的思考，就可以轻松一些了，因为又回到了大家所熟悉的思维习惯中来。这种熟悉的思维本质上认为我们自身对宇宙的认知无足轻重，人们早已习惯于让自己存在于场景中，而又将自身忽略掉。然而，这样做并不是原则上的错误，因为我们的存在本身早已经迫使宇宙呈现出某种个性的、显性的客观存在的样态了。也就是在这样的客观样态中，我将重新开始顺序地描述存在的信息模态演化过程。在这样的客观样态中，我们还将认清自身的认知盒子,并努力探索自身存在的方式以及意义,也就是对这个有限存在的我的人生看法。让那种熟悉的思维习惯起步吧,我们一起从头开始领略这段旅程。

到今天宇宙的存在约 137 亿年了,时间的概念是相对的,这里的 137 亿年当然是针对某种特殊的视角来说的,对于一般读者来说没有必要纠结于其中的细节。现有的理论提示我们,大爆炸被普朗克时间也就是经常被提及的 10^{-43} 秒所封印着,所以就现在人类的知识来说,这个时间点之前的事情是没有办法被了解的。科学家们认为宇宙大爆炸发生在宇宙中的每一点,而不是某个像爆竹爆炸那样的具体的点,过了普朗克时间,宇宙学的相关理论就有了用武之地了,科学家们在不断地窥探宇宙早期演化的细节,然而这些细节并不是本书关注的重点。我们只是关注宇宙无生命状态时的"信息"交互模式。当然,这里面充满了无限未知的神秘,可因为其中物质间的关系都是纯物理规律性的,并没有生命形态的存在,所以对于这种状态终究要将其视为单纯的、乏味的、平庸的。在前文的"信息"交互模式中,我们用宏观上的无序性、无目的性以及非层次性这样的词汇来刻画它。这样,从信息交互模式的视角,我们最先看到的是毫无生机的荒漠般的存在样态。这就是从信息模式的视角观察宇宙最先展示出来的样子。宇宙演化的过程自然绚丽多彩,蔚为壮观,但这些都是物质形式的表象方面呈现给我们的,若把它的"信息"交互模式拿出来进行观察,就会显得平淡无奇。就目前所知,这样的平淡无奇在宇宙中持续了很长时间,然后终于发生了一件对于我们来说非常重要的事情。

那就是大约 50 亿年以前太阳诞生了。太阳位于银河系猎户悬臂的边缘处,它形成后凭借强大的引力将周围的重元素吸引到自己的身边来,这些重元素也大都从恒星内部产生。它们彼此间的引力使其相互抱拢成团,终于 4 亿年后原始的地球产生了。由于地球在太阳系中得天独厚的位置条件,它的表面能够存在大量的液态水。经过几亿年后,地球的结构以及环境趋于稳定,在地表的海洋中开始慢慢地孕育生命。然而,在生命诞生以前这种种波澜壮阔的历史在"信息"交互模式的视角中依然乏善可陈。假设只有地球上存在生命形态,那么也就是说从"信息"交互的视角来看,宇宙一百来亿年的历史都平庸无奇,如荒漠般毫无生机。但是,从地球上生命产生的那一刻开始,整个信息视角下的宇宙终于发生了最令人激动与兴奋的变化。那就是信息的交互样态终于呈现出了完全不同的模式,这里终于可以把信息一词的引号拿掉了。生命的出现,宛若无垠的沙漠中突然长出了一株绿色植物,它如此微小柔弱,跟整个茫茫的沙漠比起来微不足道,然而它将呈给这样的世界以全新的希望与内涵。

生命出现以后,信息交互模式便呈现出了一种全然不同于无机世界的系统状态。那些小小的微弱的早期生命将自身与外界的环境隔离开来,被回溯的起点场景中这时包含了两个无法统一的部分,一个仍然是茫然的物质世界部分,而另一个就是生命自身。生命不再与外界仅仅发生物理意义上的联系,外界对于它来说已经是具有完全不同于物理内涵意义上的生存环境。它建立了自身与外界之间的利害关系,从外界获取让自身结构能够完整存在以及延续的可用资源。生命的内容不仅包括努力让自身维持生存,还要通过繁殖的方式让自身内部的某些有序性延续下去,而且这样的延续过程中生物本身在不断进化。也就是说,从信息交互的视角来看,它的身体内部以及与外界物质世界之间的联系变得越来越复杂。生命形态随着岁月的漫长流逝而不断发展完善,生命系统本身也变得越来越强大与复杂。这在信息的模式上,体现为生命系统内部信息交互的不断复杂化和层次化,特别是动物的产生让这种生物体内的信息交互模式提升到了全新的境界。

天地间的广阔舞台给生物们提供的不仅仅是一个广阔的生活空间,更是一个血腥残酷的竞技场。为了争夺生存资源,动物必须经历优胜劣汰的自然选择过程。为了提高生存几率,动物们需要不断地锻炼自身的感觉器官,以及增强肌肉与骨骼力量。也就是它们需要不断提升信息层活动能力,并积极寻找能够生存与繁衍的最优策略。为了更快地处理自身周围的信息并尽快做出决策,专门用于处理信息的大脑产生了,大脑能够将不同的信息集合在一起,并快速运算做出决策,然后将决策作为指令传递到整个身体。它的产生使外界与生物体自身的底层物理联系真正升级为具有特殊含义的信息,它能够极为高效地处理这些信息并更好地控制身体的运动。

因为大脑的存在,动物开始渐渐地产生对自身以及环境的模糊意识,特别是随着大脑自身功能与结构的不断完善,这种意识也越来越强烈。它们能够意识到自身的整体性存在及其与外界环境的边界,这样它们就能够更好地趋利避害,在残酷的竞争中获得更大的生存机会。如在《信息的演化》一书中所言,动物的认知结构开始出现了智慧层和信息层。当然动物的智慧层较为简单,主要被本能所占据。动物在本能的统领下,不断发展与完善信息层行为的能力,发展出了敏锐的感觉器官,以便能够从周围环境中获取最细微的信息。并且,动物即使到今天也仍然处于这样的发展轨道之上。

这样的发展过程同样会反映在信息交互模式中,这个阶段,场景中生命体内部复杂的生物层面的信息交互模式就需要让位给认知结构了,而其本身将无需出现。于是,在我们的场景演化中,认知论模型终于登场,反映在图5中就是代表个体认知论模型的三角形终于出现了。只不过这个时候认知模式是最简单的版本,三角形只含有智慧层和信息层两部分。

在这样的阶段,动物本身无法形成清晰的自我意识,它们基本上被束缚在本能迫使下的与外界环境的生存羁绊之中。也就是说,动物被其信息层的与外界关系羁绊所残酷地奴役着,它们本身不会产生自觉而持存的自我意识。也就是说,它们的智慧层尚不具有让存在概念得以产生以及明确的信息环路。在这样的意义上说,动物与物质世界是几乎一个层面的。但是,动物的产生毕竟打下了一个基础,而其中将有独特的一支从动物王国中脱离出来,从而印证宇宙及自身的存在,当然这个物种就是人类。

人从动物中走出来,意味着人脑中最开始的认知结构跟动物是一样的,也就是仅仅包括几乎全部被本能所占据的智慧层和信息层。但是人与动物选择了不同的进化路线,他没有通过不断地提升器官的灵敏度以及肌肉、骨骼、牙齿的强度和力量来提升存活几率,而是通过不断地发展大脑的能力。这是一条不同于所有动物的演化路线,由于幸运地走向了这样的道路,才创造了今日灿烂无比的文明成就。

古猿进化为人类是一个缓慢的过程,意味着在我们的信息交互演化场景中,智慧层不断强大与完善。这一过程相当漫长,到能够意识到自身存在的那部分结构的产生将近耗费了两百多万年。在这样漫长的演化过程中,人类还是因为过多地受制于信息层行为的沉重束缚,而无法让那个可以自觉、自主、自由的自我意识从智慧层中产生出来,也就是说人的自我意识还在强烈地束缚于自身与外界的关系之中。但是人类的种种劳动实践,却在不断地刺激大脑的进化与完善。于是,他能够越来越清晰地认识到自身以及自身与外界的关系,他的大脑开始把自身与信息层的关系渐渐理清,意识开始不断地走向深刻与觉醒。

自我对自身的关注以及反思,就是在这样不断发展的意识中形成的。智慧层首先深刻地领会了自身与外界的关系,即领会了信息层的意义。它在这样的领会中能够产生自我意识,但这种层面的自我意识是外界依赖的,模糊的,甚至更多地属于生物层面的。不过在这样的领会中,亦即通过自身信息与外界的交互中建立了外界与自身的联系。这种联系形成了"自我—外界—自我"这样的环路,这种环路就是真正自我意识的原初形态。这种原初形态将智慧层引入了一个新的领域,并且在这个不断自我提升过程中"外界"终于被抛弃,这样在信息视角来看,智慧层中那个包含着的循环结构部分就开始形成。在这样的过程中,外界只是自我意识环形成的中介,作用相当于人的智慧层中能够得以形成那个最终的、清晰的、本真的自我意识的垫脚石。正是借助这样的与外界有着无尽瓜葛的信息层联系,智慧层才能够产生那个特殊的循环结构,于是真正的属于人类的自我意识才能够在这样的结构之上产生出来。总之,借助于与外界凡俗的牵绊纠葛,人类的灵魂才得以产生。

体现在场景的信息交互(如图7所示)中,就是智慧层中某些联系先指向外,然后这种外界联系再回指自身,形成如是的环路,然后外界从这个环路中脱离出来,而把环路自身直接托付于智慧层的信息结构之中。本真的自我就是依赖这样的环路而产生的,它在对自己清醒的意识中印证着自身与外界的存在。

正是由于本真的自我脱胎于外界依赖的信息交互模式,所以它总是容易陷落于它的所出之处,表现在现实生活中,就是它又重新沦落到世俗的信息层生活之中。它的自觉、自由以及自主状态总是让它感到劳累与疲倦,于是它必须要痛下决心才能够尽可能长久地支持住。

本真的自我是建立在自主性的"信息"交互模式基础之上的，而其本身则脱胎于对外界依赖的信息模式，因而它容易产生这样的惰性，即倾向于重返对外界依赖的模式之中。但外界依赖式的自我无法达到本真存在的层面，因为它永远都没有办法获得独立的自主的自由，亦即他没有真正地从本真的层面体会到自身的存在，他只是存在于一种给定的个别化的特殊样态之中，从而丧失了本真的无限可能性。

正是由于本真自我的先天惰性，我们才需要不断地用决心防止它重新滑落于对外界依赖的个别化存在之中。形式上就是不断让那个自我安住的循环结构得到丰富和完善，亦即让本真的自我变得不断强大。

经历这样的一番旅程，到这里实际上又已经回到起点场景之中了。借助宇宙学以及进化论，我们以上帝的视角略过了百亿年的漫长岁月，并把这样的无穷无尽的故事与细节仅仅呈现为信息模态的变化。宇宙处于信息视野的茫茫荒漠之中混乱无序，随着生命的产生开始出现了高度序化以及层次化的信息交互模式。然后，越来越神奇的事情发生了，大脑出现并让场景中的认知三角形出现。在这个三角形中，开始仍然只是外界依赖的信息交互模式，随后，智慧层借助外界的联系逐渐在其自身中产生了循环结构，当然循环结构只是冰山之一角，它远远无法描绘出这一结构的真正复杂的内在。不过，这种循环结构却是一种很好的标识，它标志着本真自我产生的基础。这样在我们倒序镜头中最早消失的那部分，又终于最后出现在起点场景之中。这部分结构在处理自身与自身以及外界纷繁的关系中，意识到了自我以及世界的存在。

本真的自我在某种意义上说，必须是超然的，因为它依赖的基础是自主型的"信息"联系结构。也就是说，它需要从种种个别的在世的状态中解放与独立出来，它是一个最单纯而清晰的存在，这里没有道德，没有律令，而它本身就将是道德与律令的源头，它需要保持这种最高的纯真性与原质性，也就是它要避免在种种对外界依赖的模式中沉沦，它需要为自己坚守无限的可能性。

这样的起点就是存在的概念与意识产生的源头，没有这样的智慧层结构，所有的概念将无从谈起，无人言说。智慧层清晰地意识到自身以及周围物质世界的存在，并惊讶于这种存在本身。智慧层中的部分结构具有不断超越自身层面的内在潜力，并用这样的潜力不断地对起点场景进行审视和探索。但这种能力毕竟是在进化的过程中慢慢产生的，它意味着从生物层面的存在中解脱出来并获取自由，然而我们的身体却在具体的为了生活而投身于的之中，亦即它会不断地将那个试图获得自由的智慧层结构向下拉回。这样为了获得更加自明的自我以及存在的意识，必须有一种新的力量支持，而这种新的力量就来源于知识层。知识层具有两方面的重要作用：一方面就是它能够避免智慧层的自我与存在被向下拉回到信息层的存在上来；另一方面它还能够不断地警示那个依赖智慧层存在的本真自我，即自我不可从完全不顾信息层的根基，从场景中脱离太远，也就是知识层告诉智慧层中的本真自我——你是存在于认知盒子的囚禁之中，并不是随心所欲的独裁者，不能与知识层以及信息层彻底脱节。

这里就涉及起点场景以后的事情，我不能永远只是一个单纯的只能意识到自身以及外界存在的存在者。我还需要借助知识层的力量让那个最高的自我存在变得更深刻更自由。这项工作是我们自己应该亲自去做的事情，它在最根本的原则上要求我们独自去探索世界与自身，然而我们毕竟受种种因素的限制，这项任务远远超过了任何生命个体的能力。所以我们只有借助整个人类的知识才能够让这项任务完成得尽量多一些。就像业已表明的样子，如果没有相对论和进化论我甚至连起点状态都走不出去，还指望谈什么其他更丰富的内容呢？

知识层的意义就在于此，拥有它的确是人类莫大的幸运。当下的讨论中，知识本身就是人之所以为人的本质所在，因为它能够扩展那个本真自我的能力与认知，它能够极大地丰富智慧层的结构从而让人拥有最高的自由。人只有借助知识的力量才能够真正从生物层面的自我存在中超脱出来，并因知识而获得坚定的意志与决心。但是，信息交互模式告诉我们，知识层的"信息"交互模式仍然是外界依赖的，也就是说它和信息层具有某些共性的东西，而在本质上区别于智慧层的自主性型的循环结构的交互模式。因而，也就是告诉我们同样不能被知识层的这种依赖性的模式所牵绊，我的本真存在必然也要高于知识层，知识层对于本真自我的存在与解放来说，毕竟仍是工具性的。

我们看到，一个完整的人必然是需要知识层的，因为没有知识层那个独立出来的本真存在将会是极端短视且虚弱的，就意味着他更可能生活于生物层面的存在状态之中。但是我们也要警惕不要让本真自我沦落到知识层面的束缚之中，而且本真自我向知识羁绊式的存在中沦落更具麻痹性，因为知识层容易让人自认为掌握了知识与真理而偏执固执。这样的执迷将更难让本真自我从知识依赖型的存在中解放出来，从而也就失去了本真自我的诸种可能性。这样一来，人的存在就面对着两种个别化的在世状态，一个是信息性在世，另一个是知识性在世。它们因为沉浸于个别的特殊的样式中而本质上区别于智慧层的自主性存在。

回顾整个宇宙信息交互模式的演化过程，我们看到了那个可以言说的存在概念何以产生，以及它依赖于怎样的信息交互模式。另外我们也已经发现，对于这种模式形成以前的存在探讨又是如何隐藏着与今日的你我存在关联。但是，我们仍沿用今日知识的视野，以探寻存在本身的秘密。我们必须注意到，如果没有任何智慧层中那种存在意识得以产生的结构存在，那么即使荒漠般的宇宙如我们现有知识的设想一模一样，其存在本身仍然是不可言说，甚至是毫无意义的。存在的现身，以及其意义的产生必然要与智慧层产生联系，而不管这种联系在时间跨度上是多么的巨大。

起点场景是我们自觉与不自觉地探讨存在问题的场景，然而这里仍采用了将自己隐没于其中的旁白者的角色，将那个能够被深刻意识以及言说的存在概念得以产生的演化过程展示出来。这里是一个早就现成了的客观世界，然后，宇宙间各种联系因不断增加的复杂化与层次化而涌现出完全不同的意义。直到有一个"联系环"亦即我们所说的智慧层中循环结构能够建立起自身与自身以及自身与外界的联系时，自我以及存在本身的概念才真正成长起来，这是一种自明的清晰的深刻的存在概念，这时，存在才为存在本身而感到无限的惊奇,存在对存在本身才真正地呈现出意义。

这个进化到如此美妙绝伦程度的智慧层就在我们人类的大脑中,当然它也可以出现在其他星球的生命形态之中。然而,按照我们基于已有的最可靠知识的推演,这种存在形态不是现成存在的,而是演化而来的,这样我们就发现人类的自我存在意识总是需要从对外界依赖的方式上成长起来。整个人类使然,每个人的成长过程亦如是。也就是我们总需要利用外界将智慧层的联系引向自身,并将其作为外界不必要的环节删除掉,这样人自身的存在才能获得解放,而自我存在以及外部世界的存在才能够在更深刻的更本真的层面上得以揭示。

人逐渐认识本真自我,智慧层中这个弥足珍贵的部分将在最高的警觉性中领悟存在,它明确地意识到自身以及周围世界的存在并因此感到最根本的惊奇。它总试图再向上跳入更高一层的循环,俯视这个关涉到存在的全部场景,并解开其中的秘密,于是它就会自然而然地产生如下的疑问:我所见到的物质世界为什么存在?如是思考的我为什么存在?整个起点场景为什么存在?

这些问题回荡在历史上那些被带到了它们面前的智慧层之中,我们不妨回顾一下历史,看看曾经的先哲们是如何思考与之相关的问题的,亦可以从这样的回顾中获取对于我们的探索来说具有深刻启发意义的观点。

05 *历史上的存在*

　　这一节我将带领大家漫步在形而上学、认知论以及存在主义等哲学思想的时光花园,在人类久远浩瀚的智慧之海中撷取关于存在问题的深刻思索。这些存在的问题关涉身外的宇宙、自我以及我们所谈论的场景中的一切:这个宇宙为什么存在? 为什么不是一片什么都不存在的虚无? 为什么我们能够如此清晰地感觉到自身的存在? 我们又应该如何存在? 对于我们自己来说,这一切意味着什么?

　　与存在相关的诸多问题早在文明初期就引起了人类的无限遐想,他们绞尽脑汁甚至贡献生命,以寻找那些仿佛永远没有答案的答案。但在这些求索中,他们塑造了自我,其中有的成了伟大的哲学家,有的成了宗教的创始人,有的成了科学家。今天当我们再思考存在的问题时,实际上都是在这些先驱者开创道路上的进一步探索,他们的卓越贡献永远闪烁在人类思想的浩瀚星空。

　　宇宙的对人自身的存在,如是问题并不是孤立的。对于我来说,宇宙究竟是什么样子、如何产生以及未来的命运等等问题虽然离我非常遥远,但对它们的认知以及思考却会深刻地影响我的内心,从而也会影响我的生活。也就是说,我不想把自己的人生建立在狭小的生活之内,而不管我的生命跟宇宙的无限广博比起来是多么的渺小短暂。而这样做,首先就是要放下所学的一切知识、信念以及思想,然后寻找所剩下的最可信赖的那些不容置疑的内容,这对于笛卡尔来说就是"我思故我在",前文我亦冒昧尝试,也许每个真切关注自身存在的人都应如是思索。然而,个体的力量毕竟是不够的,所以只能借助人类的知识才能够让自己走得更远。但人类知识浩如烟海,质量上也是良莠不齐,唯有选择最可靠的知识才能够让后续的工作变得更为坚实。虽然知识很重要,但我们必须清醒地意识到知识对我们究竟意味着什么,它能够提升我们的思维能力并扩展与深化我们的视野,然而它对于我们来说却始终属于一种工具性的存在,那个最真实的自我才最重要。尤其是对于现在人类的状况来说更是如此,因为目前的知识水平尚未发展到认识宇宙以及自身本质的程度,所以我们更不能陷入对知识的不假思索的牵绊之中。这样说来,对于任何一个人,至少要经历对自身以及周遭世界的全部质疑,才能够让自身变得更深刻。

当我们怀着最本己的警觉之时,还需要借助他人之力,否则我们只能看到很狭小的角落,并在自身的狭隘之中止步不前。

那些已经阅读过拙作《信息的演化》一书的读者也许知道,我并不喜欢在自己的作品中夹杂着过多的百科全书似的陈述,所以在这里仍将用我的个人视角向各位读者展示历史上关于存在的种种深邃思考。不过,受篇幅限制,这里只能摘取一些重要人物的思想。

按照本书的理论,人类的智慧层是从信息层开始慢慢演化出来的,而信息层活动最主要的特征就是外界依赖的,也就是说人类对外界的关注在前,而对自身的关注在后。这样人类早期主体一方其实是受制于自然的,自然对于人类来说具有更高的权威,体现在早期的世界观上就是人类早期的神话世界观。在理性真正觉醒以前,人们总是习惯于不假思索地通过神话想象以及传统解释周围的世界。不过终于有一些人站了出来,他们无法忍受非理智的愚弄,而是想通过理性以及实践寻找答案,于是人类开始走向了真正的自我救赎之路。大约两千五百年以前,以古希腊的先哲们为代表的人类精英开启了这样的觉醒之路。

苏格拉底以前的哲学家们大多关注宇宙本身,也许我们可以这样猜测,这就是人类信息层活动习惯的历史惯性吧。早期的哲学家们开始思考宇宙的本质问题,但他们更多关注的是宇宙的基本构成材料,比如被尊崇为哲学之父的泰勒斯通过观察认为,宇宙万物无论何种形态都是水在某种阶段上的变化形态。而我国的老子认为,"道"才是一切存在之源,《道德经》对"道"的理解已经超越了人的能力范围,世间万物的各种形态就是从这个"道"中演化而来的,所以人应该遵循"道"的准则。当然还有其他的哲学家认为宇宙的基本材料另有它物,比如赫拉克利特的火,以及留基伯与德谟克利特的原子,甚至恩培多克勒的四元素,等等。这些哲学家关注的是构成宇宙自身的原材料。而另一位哲学家毕达哥拉斯则关注宇宙的形式,他试图通过数学发现统治宇宙的规律。毕达哥拉斯认为宇宙万物都遵循着数学的规则和比例,这样数学本身就是理解宇宙的核心所在。

可无论是原材料还是形式,它们都是对已经存在了的宇宙自身的思考,那么是否有哪位哲学家惊叹于宇宙存在的本身呢?是否曾质疑宇宙为什么存在呢?希腊人中当然存在着这样的哲学家,巴门尼德便是其中最具代表性的人物之一。巴门尼德认为,既然我们和这个世界都的的确确存在("是"),那么便可推论同一事物不可能不存在(亦即"非"),否则两者必然构成逻辑矛盾。也就是说,巴门尼德认为宇宙是不可能从不存在状态演化到存在状态的,亦即"是"不能由"非"中产生,无中无法生有。这样世界的一切形态其实都植根于一种形态,于是他得出结论"一切即一"。巴门尼德思考的显然是更深刻的宇宙起源问题,他告诉我们的是:既然宇宙和我们自身已经存在了,那么这个确定无疑的事实就否定了整个宇宙从虚无中生成的假设,亦即宇宙是永恒存在的,所有的变化形态都是这种永恒存在的展现,而这种永恒存在的最高抽象是静止的,是一。事实上,巴门尼德的思考是极具启发意义的,他提出的问题仍然让我们充满无限遐想。时至今日,我们仍然无法确定地回答他所提出的问题,即宇宙本身存在的问题。因为最有望解开这个问题的相对论在宇宙的起源问题上已经被普朗克时间所封印了,所以我们无法直接通过物理学推导出宇宙存在这一哲学问题的答案。如果前文提到的彭罗斯教授的宇宙轮回理论是正确的,岂不是就正好说明了巴门尼德的信念"一切即一"吗?不过,如是的存在本身仍将引发我们无限的思考。

巴门尼德显然已经把无与有提升到了一个全新的境界,这里的"无"不再是某一存在者(物)的不在场或者阙如,而是对所有存在的否定。而这里的"有",也不是某一存在者(物)的在场,而是所有存在中都"包含"的"有"。这样,有与无就被提升到了同等地位的本源层面,于是有与无只能够同时存在于人们的思想之中，而现实中两者无法同时存在，宇宙如果是无那么就不可能存在有，反之亦然。既然我们的存在证明了有的在场，那么就不可能存在无。我不知道有多少人曾经像巴门尼德那样思考过，但我的确曾经被这样的思考本身所深深吸引，它纠结着我的思维并且还将不断地进行下去。两千多年以来，人们一直在努力寻找答案，虽然距离这个问题的答案仍极为遥远。

对宇宙本质的思考是苏格拉底以前的哲学家们最早同时也是最热衷探索的问题之一。苏格拉底青年时期同样学习过自然哲学，但他随后投身希腊政局并关注现实伦理方面的问题，哲学视野在苏格拉底这里重返人类自身，他关怀心灵，认为知识才是人类应该追求的最终目标，唯有知识才能给人带来真正的幸福。我们很想了解，这位被阿波罗神庙女祭司称为世界上最聪明的人是如何思考宇宙及其存在本身的，但是苏格拉底更多关注的是公正、忠诚以及爱情等等伦理性问题。也许希腊人开始渐渐地厌倦了关于存在问题无休止的讨论了，到了他的学生柏拉图以及柏拉图的学生亚里士多德那里，存在问题同样纠结了这两位巨人的头脑，他们殚精竭虑但收效甚微，从那时起，更少有人关注存在问题了①。

柏拉图一开始所关注的内容同样是伦理问题，但在《理想国》中柏拉图开始着手处理一些非伦理性的问题，他开始关注宇宙的本质以及宇宙的组成物质等这些早期希腊哲学家所非常热衷的问题。柏拉图认为世间某些事物的理想形态必须真实存在，而无论这些事物来自于道德领域还是来自有形的物质世界，也就是说道德领域的永恒与物质世界的永恒是一样的。这种信念渐渐地使柏拉图认为与真实世界分离的理型世界才是真实存在的，而生活中的现实事物只不过是这个理型世界的粗糙模本。他那著名的"洞穴寓言"就是向我们展示这样的观念，这则寓言告诉我们相对于光明的理型世界来说，我们只不过是生活在暗淡乏味的洞壁影子世界之中。

理型世界的观念在柏拉图的智慧层中深深扎下了根，他的诸多推理就是在这样的基础上展开的。人的感官由于是现实世界中的，所以它不具有理型

① 海德格尔. 海德格尔的存在哲学[M]. 唐译, 译. 长春: 吉林出版集团有限责任公司, 2013, P2.

世界的完美性。因而，我们通过感觉所获得的经验就无法变成真实的知识，真实的知识必须依赖于对思想的研究，也就是说，理性推理而非感官才能够获得真实的知识。理型世界对于柏拉图来说，是永恒完美的，在它之中不仅仅存在现实具体事物的真实形态，还存在道德领域的真实形态，真正的正义、公平等等伦理概念也只存在于理型世界中。

理型世界被柏拉图从现实世界中彻底地分离了开来，但是两者之间又不得不存在联系，因为人毕竟只存在于具体的现实世界之中。于是，柏拉图认为人包含两部分：一部分是存在于现实世界中的身体，另一部分则是来源于理型世界的灵魂。肉体负责感官知觉，而灵魂通过理智与理型世界相接触。并不完美的感官在同样不完美的现实世界中唤醒对理型世界的记忆，并在诸种变化的以及不完善的存在物中感觉到理型世界的完美与永恒。然后，人的灵魂开始与这些理型世界中的存在形态打交道，它运用理型推理唤起对于柏拉图来说与生俱来的知识。栖居于现实世界中的肉身寿命毕竟是短暂的，它不能常驻于世，但是当肉身死亡时灵魂并不会死亡，相反正是在肉身死亡的时候，它将重返思想的国度。

在《蒂迈欧篇》中，柏拉图认为宇宙是神按照自己至善的形象创造的，创造神试图让宇宙尽可能地像他自己。当他发现宇宙处于无序的运动状态时感到这样并不美好，于是他想把宇宙变成有序的状态，并且把灵魂与理智赋予这个宇宙，好让这个宇宙能够符合他尽善尽美的本质。神在改变宇宙的无序状态之时创造了三种关系：每一个事物与其自身的关系，不同事物间的关系以及事物所能接受的一切尺度以及和谐。柏拉图甚至详细地描述了土、火、水、气这四种元素的几何特征，以及宇宙和人类自身是如何从这四种元素中生成的，并试图用这样的理论解释自然及人体生理现象。

柏拉图的宇宙中有三种存在，被他称为生成者、接受者以及被模仿者。他认为宇宙本身是有生成的，这个生成过程是神创造的结果，但是神以及那开始无序的事物仿佛就是永恒存在的。在他的文字中，可以看到柏拉图对神以及至善事物的热爱与崇敬，他的知识体系仿佛就是响应某种完美的至善的神性的召唤，并通过知识以及理性自身对其直觉信念进行辩护。所以，他不可避免地认为人存在的根本幸福就在于自身与这样的理型世界的接近与合一，理性、知识以及智慧就是通往幸福的手段。柏拉图的思想更多地来自于对知识本身的挚爱，以及对完美理型世界和神的信念，不过这样他的知识体系也便脱离了现实的生活。

从个人信息论认知体系的角度来看，柏拉图关于宇宙的知识体系是自"上"而下的，他的智慧层被理型世界中诸如数学性以及神性的完美观念所占据着，于是他所做的就是尽量让这个生活中的现象世界符合其至善完美的信仰。在他身上，我们就看到了本书前文曾经提到的知识层、智慧层与信息层脱离的典型。柏拉图明显地忽视了人的信息层行为，而将知识本身以及知识层的行为提升到了脱离实际的高度，从而也造成了其智慧层的脱节。柏拉图的理型世界，这个充斥着对完美、永恒以及理性、知识狂热渴望的抽象世界，于是从它的现实根基中彻底地分离了出来，它被柏拉图赋予了更坚实的存在意义。它的存在成了智慧层最核心的信念，我们可以在他的老师苏格拉底毫无畏惧地饮下毒药的壮举中体会到这种信念的力量。坚信灵魂不死以及对永恒世界的美好渴望所提供的不仅仅是面对死亡的勇气，它还能够让人类在信仰中感到神性的崇高，可能正是由于这一点，柏拉图的思想不可避免地被宗教思想所利用。中世纪，柏拉图思想便在基督教以及伊斯兰教中有所重现。

在理型世界的看法上，柏拉图的学生亚里士多德并未追随其脚步，而是持完全反对的意见。从本书的视角来说，正是亚里士多德让思维方式重新回到了信息层，当然这种回归是指强调信息层行为的客观基础性。脚踏实地的亚里士多德认为真理世界并非远离实际的空中楼阁，而是存在于我们周围事物之中。亚里士多德并不像柏拉图一样认为存在诸如桌子、椅子之类的理想形态，而是人们在现实生活的不同桌子中发现了桌子的共同特征，然后人运用理智认识了桌子的本质，所以真理并不是来自于外在的世界，而是来自于我们的观察与实践。亚里士多德并不认为知识是与生俱来的，婴儿的头脑中也没有什么是非观念，而是在成长过程中不断地通过感觉器官来认识世界，然后开始渐渐地形成各种观念以及思想。这样的过程与我们的信息认知论体系非常相似，亦即肯定了信息层行为作为知识层以及智慧层的基础性、客观性以及重要性。亚里士多德由于越来越重视对客观世界的研究,因此他对柏拉图理型世界的反对变得更加直接,亚里士多德认为这个世界根本不需要什么理想形态,所谓理想形态只不过是某些具体事物的核心形态罢了。

关于存在,亚里士多德认为:无论一个人于存在者处把握到的是什么,这种把握一定包含了其对存在的某种理解或是说某种领悟。但"存在"的普遍性不是种类上的普遍性。倘使存在者在概念上是依照类和种属来区分和联系的话,那么"存在"并不是对存在者的最高领域的界定。存在的"普遍性"超乎一切族类的普遍性①。对存在的如是认知总让我想起了巴门尼德对存在的讨论,也就是说于我而言他们探讨的如是的存在就是那个令我为之所深深痴迷的存在。遗憾的是,他也没有给出一个清晰的答案。亚里士多德在《形而上学》中试图探讨的就是物理世界背后最深刻的原因。

在拉斐尔的名画《柏拉图学园》中,亚里士多德右手手心朝向地面,仿佛在表明他的立足于人的感官经验的哲学立场。而柏拉图用手指向天空,似乎在指向他的理型世界。师徒二人的不同观点也将后世哲学家分成了两大类,即唯理主义和经验主义。他们的影响一直延续到现在。

我们还需要提到一些特立独行的哲学家,他们更加关注自身如何生活的问题,也就是试图找到一种最有意义的在世间的生活方式。也许是因为他们觉得存在的问题是无法找到答案的,与其在这样的问题上浪费时间,还不如关切自身的真实生活,于是他们热衷于伦理以及生活方式的选择。比如快乐主义的伊壁鸠鲁,犬儒主义的第欧根尼以及冷漠的斯多葛哲学等等。那些经过自己的理性审视,并为了自己的信念勇敢生活的人都是自身生命价值的践行者,他们用那些让普通人匪夷所思的生活方式证明着人是具有如何丰富的可能性以及自由的存在。

后来罗马人成了地中海地区的统治者,除了斯多葛哲学,罗马人仿佛并不欢迎希腊其他更为深邃渊博的哲学。于是,在古希腊诞生的伟大思想之火在欧洲渐渐黯淡乃至要熄灭了。在313年康斯坦丁一世的米兰敕令中基督教

---

① 海德格尔.海德格尔的存在哲学[M].唐译,译.长春:吉林出版集团有限责任公司,2013年,P3.

获得了自由权力,于是欧洲知识领域渐渐被基督教所统治,欧洲经历了漫长的思想黑夜。12世纪开始,经过欧洲学者的努力,亚里士多德的著作从伊斯兰国家的语言中辗转回到欧洲,并强烈地激起了一些哲学家们的热情,他们努力尝试构建亚里士多德与基督教的相容性理论,以使教会能够接受它。在阿奎那等人的努力下,教会终于接受了亚里士多德思想。所以在中世纪哲学中我们看到的,主要就是宗教与古希腊哲学传统相互抗争与交融的哲学样式。

这个阶段的哲学史,永远不可能绕过去的一个人物就是中世纪伟大的哲学家托马斯·阿奎那。欧洲历史上的这个时代,人们的精神世界基本上是被基督教所统治着,从小就开始修道生活的阿奎那也并不例外。不过,他所生活的时代恰逢亚里士多德的作品几经辗转从阿拉伯世界重返欧洲,13世纪70年代亚里士多德的作品已经被全部翻译完成,他的作品引起了欧洲学者的强烈关注。阿奎那深受亚里士多德思想的影响,他崇拜这位伟大的希腊学者。可问题是亚里士多德的作品与基督教的思想之间是存在矛盾的。站在两者中间的阿奎那并没有轻易地放弃两者中的任何一个,于是他所做的最主要工作就是要将基督教信仰与亚里士多德之间的裂痕缝合起来,他这样做了而且做得非常成功。

亚里士多德认为宇宙是永恒存在的,并且处在恒久的运动与变化之中。亚里士多德的这一观点受到一些阿拉伯哲学家的强烈支持。但是这一观点显然是与犹太教关于宇宙起源的说法相矛盾的,基督教来源于犹太教所以自然也与欧洲的基督教思想观念相互矛盾。《圣经》告诉人们这个宇宙是有起源的,并且描述了上帝创造宇宙的具体过程。那么笃信《圣经》的学者们便很难接受亚里士多德的思想,有些宗教学者开始尝试证明宇宙永恒的观点是错误的。阿奎那没有这样做,反而他试图证明亚里士多德的思想是没有问题的。为了斡旋对立的两方,阿奎那指出很多基督教同胞混淆了两个不同的观点:其一上帝创造了宇宙,其二宇宙有起源①。他认为即使上帝创造了宇宙,宇宙也能够恒常存在。阿奎那并不想否认《圣经》中关于宇宙起源的说法,宇

---

① 英国DK出版社哲学百科编写组.哲学百科[M].北京:电子工业出版社,2014.

宙是由上帝创造的这一观点是不容辩驳的。只不过他认为上帝同样能够轻而易举地创造出一个恒常的宇宙出来。这种想法,是想把宇宙中生活的我们所能感受到的时间维度与上帝创造宇宙的时间维度区分开来,从而避免亚里士多德与基督教信仰之间逻辑上的矛盾。不过这种说法也并不能很好地自圆其说,后来就有学者指责阿奎那,认为既然宇宙是恒常的那么它就没有不存在的状态,所以也就不需要上帝的创造。

不管怎样,如果上帝从另外的时间维度创造了一个永恒的宇宙出来,那么上帝本身以及他所创造的永恒宇宙都将被带入我们所感兴趣的存在范畴。只不过这样的存在范畴要包含上帝在内,因而即使至善至美的上帝用他那无限耀眼的光芒阻挡我们,我们也是会不得不被带入另外的存在层面的疑问与惊奇的,然而对这种惊奇本身的反思又将把我们重新带到存在本身的思索上来。

我们从阿奎那的身上能够看到,人的智慧层是如何强大地统治知识层以及信息层的。社会的整体观念以及所接受的教育让基督教信仰成了阿奎那智慧层的统治者。后来亚里士多德的思想引起了阿奎那的热爱与崇拜,所以智慧层的收摄力只有尽力调和两者间的矛盾才能够让新思想入驻最高的统治层。阿奎那在这方面取得了很大的成功,他成功地构造了庞大的与基督教信仰相容的哲学思想体系。然而,我们可以从中看到阿奎那全部思想的源头,他和过去大部分的哲学家相似,无法把智慧层的先入为主的思想排除干净,然后从最原初的、本真的自我存在中构建认知及价值体系。

所以如是的思想,当它的最底层基础,亦即存在于阿奎那智慧层中的信念被否定时,他的思想大厦就岌岌可危了。正如人们不再信仰上帝之时,基督教道德上的约束力就会减弱一样。人们同样可以是善良或者邪恶的,但是这时候所认为的善与恶其基础将全然不同。后来,我们听到了尼采大呼"上帝死了"。

在支持亚里士多德宇宙恒常存在观点的人中,有这样一位伟大的阿拉伯学者阿维森那。阿维森那是一名医生,同时也以哲学家自居,他是阿拉伯世界最著名的哲学家之一。虽然阿维森那一直追随亚里士多德的哲学路线,但是在某些观点上他却与亚里士多德截然不同,比如对于灵魂的看法上就与亚里士多德背道而驰。亚里士多德认为人的灵魂和肉体是一个整体,当死亡降临时灵魂便随着肉体一同烟消云散。阿维森那则认为灵魂与肉体是独立的,两者属于完全不同的种类。就像柏拉图以及后来的笛卡尔一样,阿维森那也是历史上最著名的"二元论者"之一。

为了证明灵魂与肉体的不同,阿维森那提出了著名的"飞人实验"。这一实验实际上是一种思想实验。在思想试验中,阿维森那要求人们想象这样一个场景:假设人一生下来就有了成人的智力,然后蒙上双眼让身体漂浮在空间中漂浮,之所以这样做是为了让所有感官与能够被感知的一切事物分离。在这样的假设情境中,这个漂浮着的思想者依然能够感受到自身的存在。于是他就推论出,人的本我是不同于肉体的,因为这时候肉体的感觉已经不再起作用了,而本我仍然能够感知自身的存在。他的"飞人实验"得出结论:人的灵魂是不同于肉体的,灵魂与肉体是两回事。这个思想实验跟笛卡尔的思想实验非常相似,它们都是去努力排除思想中那些最不可靠的东西。阿维森那还曾通过其他的方式来证明灵魂与肉体的不同,比如他试图通过肉体的感官与灵魂的思维活动所获取的知识是完全不同的,来证明其灵魂和肉体属于不同实质的推论。他还进一步地推论出,灵魂是不朽的,死后也并不会消亡。

然而,从本书的观点来看,阿维森那的"飞人实验"其实是存在很多问题的。比如,它的前提就不正确。从信息认知论的角度来看,一个人出生时是不可能拥有成人的常态智力的。婴儿本身尚未通过大量的信息层活动来建立能够让智慧层产生自我认知的循环结构。基于本书的理论,自我意识是在信息层行为的基础上智慧层发展到一定程度后产生的。这种智慧层的循环结构只有在成长的过程中慢慢建立起来,也就是说人的自我亦即阿维森那所说的本我是智慧层借助于信息层活动,以外界事物为纽带并重返自身的过程中形成的。这种循环结构的构建必须要以外界事物为中间环节,虽然最后它似乎能够摆脱外界事物。所以,这样看来,如果"飞人"是个孩子,也就是说它在孩童阶段就停止了与外界的一切联系,那么他就永远不可能长成一个具有正常智力的成人,也永远不会感觉到本我的存在。因为没有外界事物作为中间环节,他的智慧层是不会建立起自我认知的循环结构的。而一个成人在中断了这种与外界的联系后,之所以能够感觉到自身的存在,是因为他的智慧层已经存在自我感知的循环结构了,而这种循环结构是建立在曾经与外界事物交互的历史基础之上的。也就是说阿维森那的"飞人"只是表面上与外界隔断了,但他与外界联系的历史并没有被彻底清除掉。他的确能够感觉到自身的存在,但是用不了一段时间他的思维便会重新回到记忆之上。

记忆存储的内容是离不开感官的,无论是感觉还是理性认知都是通过感官进入人脑的记忆系统是,这样阿维森那认为的抛弃感官的自我,实际上只是一个空洞的不切实际的设想。因为思维的活动离不开处理各种各样的联系,单纯的自我感知也就是说只存在自己跟自己的联系,如果仅仅停留在这样狭隘的范围之内,本真的自我将永远被封印起来,也就陷入了空无。所以对本我的感觉是无法真正离开外部世界的。正因如此,我们所知道的所有文化中的灵魂观念本身,都是无法绝对摆脱感官的,灵魂一般只是形式上离开了肉体,却仍然借用肉体的眼睛、耳朵、嘴巴等等感官形式与这个世界相互作用,甚至灵魂在外形上仍需借用肉体的形式。

这样我们就把阿维森那的思想实验否定了,也就是说基于信息的角度我们无法相信二元论,亦即我们并不认为灵魂独立于肉体,正如前文所言,灵魂只不过是智慧层的一种脱节现象。随着现代医学的发展,人们对大脑的认知越来越深入,如今大部分人认为心智是大脑物理过程的产物。也就是说,二元论被越来越多的人所反对。即使我们否认灵魂的存在,但是对人类心智的探索仍有无数谜团等待着人们去揭开,而对存在本身的惊奇与研究也会一直继续。

生活在 17 世纪的笛卡尔所做的思想实验跟阿维森那非常相似。笛卡尔设想存在这样一个强大的能够在一切事情上欺骗笛卡尔的恶魔,只要他开始思考,恶魔就可以开始欺骗他。这样的话,仿佛处在脑海中一切的想法都是值得怀疑的,但笛卡尔发现只有一件事情是可以相信的,那就是:我是,我存在。笛卡尔在他的著作中将这一想法表述为"我思故我在"。对自我存在的直觉与肯定构成了笛卡尔的第一确定性。如我们在阿维森那的"飞人实验"

中所看到的,这种对自我存在的知觉是非常狭隘的,也就是说从这一点出发什么结论也推不出来。也就是说,人不能仅仅在智慧层的循环结构中感觉到自身的存在,人对自身存在的感知恰恰是建立在与外界直接相关的信息层行为基础之上的。不过,当这种外部世界的环节在循环中隐去,一种直接的自我循环结构从智慧层建立起来以后,人才能够更深刻清晰地感觉到自身的存在。我们应该铭记,这种存在的结构是来源于与外界交互的基础之上的,如果没有外部世界,只存在这一自我直觉的循环结构,那么存在本身就相当于空无一物。

当我站在蔚蓝天空下的时候,我所做的与阿维森那以及笛卡尔所做的十分相似。无论早晚,于人生中某一成长的时刻能够清晰真切地感受到自身存在,并且把与思想相关的所有一切排除在外时,人就回到了一个如同笛卡尔的第一确定性的起点。但是若仅局限于此,那么这种自我直觉的循环结构将无法走出自身的束缚,所以必须借助最可靠的知识(这里面选择了相对论和进化论等)才能走出思想的藩篱。在我们清晰地划定了认知边界以后,才不会让智慧层的自我僭越它所力不能及的疆界。但是笛卡尔并没有像我们一样严谨地看待认知边界的问题,所以他在《沉思录》一书中认为,思维与肉体是两种完全不同的事物,由此他成了历史上最著名的二元论者。

今天,精神和物质作为两种完全不同存在的观点已经被大部分学者所抛弃,即使在笛卡尔的时代也有学者反对这种二元论的观点,比如霍布斯就持反对意见。霍布斯是著名的机械论者,他认为整个宇宙所包含的世间万物都是有形的实体,除了这些有形实体之外不存在独立的思维以及灵魂之类的事物,这样也就否认了精神的独立存在。霍布斯生活在一个物理学飞速发展的时代,从现在的视角来看,霍布斯对物质实体的理解仍处在非常幼稚与粗糙的阶段,但不管怎样他的思想都具有极大的进步意义。

斯宾诺莎是另外一位非常有名的一元论者,但是他的观点又与霍布斯存在很大不同。斯宾诺莎认为整个世界无论是精神现象还是物理现象都是他所谓的特质所展示出的形态,也就是说斯宾诺莎眼中的整个宇宙就是特质亦即上帝本身所展示的形式而已,所以这个五彩斑斓的世界全部归属于上帝。

万物都分有特质的两种属性即精神与物质,但是不同的存在物所分有的两者比例存在很大不同。相对于其他事物来说人类的思维体现了更多的精神属性,与此同时人脑也具有物理属性。万物包括动物植物甚至非生物同样具有这两种属性。可想而知,这种想法肯定会遇到如何处理两种属性的关系问题,此时斯宾诺莎则试图回避,他不认为两者之间存在什么互动。

斯宾诺莎通过如是的方式收摄了宇宙间的全部存在,世界存在于上帝之内,并且是上帝的一种表现,因而对世间万物的实质的理解可以在上帝的特质中找到答案。斯宾诺莎认为人类的幸福就存在于对上帝的深刻认知所需要的自由之中。上帝本身的存在却是不言自明的,也不需任何理由,因为他认为上帝本身就是一种自因物质,他自我生成。

然而,我们所真正感兴趣的是对存在本身的惊奇与疑惑,不管世界以何种方式存在,其存在本身就是最大的神秘。基于今日认知能够放眼的未来,也许这个问题永远找不到答案,但是这并不影响我们对它的疑惑与思考。因为这是每个存在着的人都应该本真地感到疑惑的最重要问题之一,这不关乎存在的何种形式,而关乎存在本身。

关于这一切的思考,对于我来说就是构成关于自身存在的基础,由此形成其未来生活的种种智慧层的价值信念,关涉幸福与意义。应该注意的是,只有依靠物理学等自然科学的发展,对存在本身的认知才能真正步入科学的视野,从而关于价值的选择才能够建立在更客观的基础之上。然而,斯宾诺莎及其之前的时代,甚至在相对论与量子力学等现代科学基础建立之前,人们只能僭越自身的认知盒子,用哲学思辨的方式延伸到宇宙的起源以及存在方面的问题。因而对于这些早期思考存在的哲人来说,我们更多地借鉴的是他们思考问题的方法与经验,以及他们的思想带来的种种深刻启示,而不是他们给我们提供的知识本身。

在上一节探讨存在的模态演化时,我们认为存在的观念是来自于人类从信息层行为到智慧层行为的演化过程。在这个过程中因为人的智慧层建立起了自身与自身以及外界的关系而产生了存在观念,所以对于存在的理解必须依靠这样的信息认知结构。只有在建立了自身与外界关系的基础上才能够清晰地感觉到存在本身,而如果没有这种关系,存在是不可感知的,没有意义的。当然这并不表示对存在本身的否定,而是表明如果没有上述的信息认知体系结构,存在本身将是何等地没有意义。正因如此,对于存在来说认知体系结构本身才具有非常重要的地位,而不管这种认知结构存在于何种生命形态之中。无论是外星人还是动物等生命形态,哪怕宇宙中只有一个如是的认知结构存在,存在本身也将不会是毫无意义的。

本文正是出于对这一结构的理解,才能够建立存在观念的基础。如前文所述,所有存在的观念都是建立在这样的认知结构基础之上的。但是,我们的视野并没有被仅仅局限于这样的结构之内,也就是说,我们坚信信息的发生过程是自身与外物相互作用的结果。这样的过程必然包括三个元素:主体、客体以及彼此间的信息作用过程。所以我们确信外界事物的客观存在,而且宇宙学以及进化论的知识告诉我们物质的存在已经延续了极长的时间。物质演化史以及它们存在方式上的细节已经被现在的科学越来越深刻地揭示,在前文中物质的客观性被理解为我们自身存在客观性的一种迫使,然而这并不是说物质世界自身客观性的降低(客观性没有程度的差异),而是意味着这只是对我们脑海中认知结构呈现的客观性。

但是,有些人却走不出这样的认知结构,因为在没有科学的理论支撑前,走出这样的认知结构的确是非常困难的,也许当你越是深入地思考存在的观念时越是如此,也就是说,他们无法从存在观念所依赖的认知结构中解脱出来。历史上这样的学者一般被我们称为经验主义者,其中依赖于这种认知结构的最极端的学者莫过于乔治·贝克莱。因为存在观念产生于信息的处理过程而不是要素之中,仿佛处理过程亦即人类的思维和意志才是存在的本身,这样就导致了占据了贝克莱头脑智慧层的根本观点:存在就是被感知。如果我们说得更全面一点,他所表达的其实是:存在就是感知和被感知。因为过于强调这一过程本身,从而导致了对信息建立过程所需要的基础元素的无视与否定,对他来说客体是不存在的,存在的只有思维。

于是存在就被带入到了纯主观的世界,也就是说如果我们不去抬头仰望夜空中的月亮,那么月亮就可以不存在,贝克莱就是这样认为的。但是不要忘了,贝克莱所处的时代仍然被宗教的思想所深刻影响着,诸如莱布尼兹、洛克这样的大哲学家头脑中仍有上帝的一席之地。贝克莱认为那些被你我感知所忽略的存在物是被上帝所感知的,因而才有了它们的继续存在。在贝克莱这里,上帝仿佛多了一份工作,他必须承担起人类认知结构不在场时的替补责任,这样存在物本身的在场状态就被放到了上帝的认知结构之中。然而,这样的话,贝克莱的上帝仿佛也同我们人类一样,他的认知体系仍然可以分为信息层、知识层以及智慧层。

像贝克莱这样,思想仅仅凝滞于信息的交互过程上必然会引发很多问题,比如正是对过程本身的过分执著而导致的对物质世界的否定,以及这样的思想结构必然把所有的一切都划分为我与外界环境两个部分,而这两部分只因为过程本身才体现出存在与意义来。这样的话,从个人的角度来看,他人是否与自己具有同等地位是值得怀疑的,他人也许只不过是自己存在的外界环境而已。

为了解释他人的意志问题,贝克莱不得不借用上帝的概念。上帝的概念必须以信仰的方式强行加入到智慧层中,因为如果按照他本身的逻辑,亦即仅仅相信信息认知体系结构,那么是根本无法加入任何能够思维的存在者的,上帝也不例外,因为你得通过自己的认知认识上帝,上帝也不得不被划分到外界环境的那部分中去。这样一来,贝克莱其实一方面并没有跳出信息层的束缚,另一方面却又僭越了信息层的行为。总体而言,贝克莱时而显得过于保守,时而又显得极为冒进。

同样被划归到经验主义阵营的洛克却并没有像贝克莱那样走向极端,他仍然无法从认知模型本身的信息结构中解脱出来,但是其注意力并没有仅仅局限于认知所依赖的信息过程,他还关注到信息过程所涉及的其他要素。比如,洛克试图通过"微粒说"解释世界的本质,这点类似于德谟克利特,他认为世界万物是由微粒构成的,并试图用这样的物理学韵味很强的假设解释世界现象。如果说唯理主义者是沉迷于认知结构的知识层的话,那么洛克就是把信息层行为的重要性重新表达了出来。洛克把理性知识融入到感性经验之中,并驳斥那种摆脱了信息层行为的知识获取的唯理主义论调。

单纯的知识层行为的确能够扩充或者深化人类的知识领域,但是如果没有信息层作为基础,那么知识的发展就是非常有限的。例如,标准模型成功地解释了已知基本粒子,仿佛这套理论就已经足够了,但是暗物质以及暗能量却时时刻刻地警告着科学家:也许可能需要更为深刻的理论才能够把那些人们尚无法确定的粒子统一起来。信息层行为是人与外界环境打交道的直接过程,知识层是对信息层的理论化的总结和概括,它发现了纷繁的信息现象背后本质性的规律,但是这种规律无法取代事物本身。掌握知识只是掌握了世界的某个狭小的方面,人们离真实的世界仍相距甚远。

后来加入经验主义阵营的大卫·休谟进一步完善了经验主义的理论基础,并通过《人性论》中极为深邃与新颖的观点有力地回击了唯理主义。他对归纳法的解释在哲学历史上享有极高的地位,他的理论对其他哲学家也产生了极为深远的影响。甚至在20世纪的逻辑实证论者身上以及波普尔的作品中都能发现休谟的身影。

康德也曾受过休谟的启发,跟以前的唯理主义以及经验主义不同的是,康德认为理解世界既需要经验也需要理性,两者缺一不可。但是康德的观点也并非如同信息认知论模型所揭示的那样,信息层作为一切认知的基础,基于理性逻辑的知识活动位于信息层之上,主体通过知识活动去寻找深层的规律性联系与认知。比如,康德认为时间和空间是先验的,也就是说,时间和空间的概念是不需要经验而事先存在于人的头脑中的。然而,从信息认识论模型来看,空间同样来源于信息交互的过程,它同样属于信息交互过程的要素之一。如果说空间是先验的,那么我们完全也可以认为外界的存在以及我自身都是先验的。然而,这显然与我们的观点是相矛盾的。我们通过外界的存在物认识空间,空间本身就成了建立自身与意识之间的一种信息联系元素。随着不断丰富的新联系的建立我们能够对空间本身的认识也愈发深刻,如果是先验的话,怎么会产生这样的过程呢?爱因斯坦相对论的建立,才让人类对整个时空的认识更加深刻。后来彭罗斯和霍金用微分几何的语言来描述相对论,才让时空的描述变得愈发清晰。然而,我们今天仍然无法彻底地认识时空的本质,它们还有很多棘手的问题在困扰着今天的物理学家们。

所以，无论前人关于时空的认识与思考多么美妙，但在爱因斯坦出现以前我们只能说，这些认知仅停留在半体悟性的较浅层面。而今天，纵使物理学家已经取得了很多关于时空的新认识，但人类仍处在继续探讨这些问题的过程之中。空间不是什么先验的存在，它同其他与我们发生关系的外界存在物一样，也处于与我们自身交互的信息过程之中。我们可以把它看作一种仍有很多问题有待于我们去发现的一种存在。

无论哲学家们所关注的是哪一方面的具体领域，它们仿佛都处于信息认知模型的巨大链条之中。对客观世界的认识，属于信息过程链条的客观元素部分，对意识本身的认识属于主观元素部分，而那些对信息过程本身的关注则表现出了经验主义和唯理主义的两种倾向。那些专注于某个具体领域的哲学家们往往因为过多地受某种信念的影响而造成信息层、知识层以及智慧层的脱节，比如在形而上学领域尤其如此。

但是信息认知模型却让我们明确信息层以及知识层的各自使命，信息层是我们与外界交互的最直接的方式，知识层以信息层为基础旨在从纷繁复杂的信息现象中找到更稳定深刻的联系。然而知识层本身存在局限，因为它所有的内容都是架构在已知的信息基础之上的，当然它的应用领域可以延伸到我们的认知边界之外，但这时人们最应该做的并不是为知识层的开疆破土而庆祝欢呼，而是通过信息层进行验证。比如根据爱因斯坦理论推理出：引力场能够使光线的传播路径发生偏折。这一结论显然是知识层行为在原有认知边界外的拓展，然而这种拓展是否合理必须要通过信息层的验证才能够被最终确认。

如果有一天，在浩渺的宇宙中突然发现某一现象直接对爱因斯坦的理论构成了挑战，亦即存在一种现象或者是一条违反相对论原理的信息（比如发现了某一粒子是"类空的"），如果这条信息的准确性毋庸置疑，那么学界将不得不忍痛割爱，废除爱因斯坦理论，并重新建立一种更为深刻的、能够包容新现象的物理理论。

关注于认识论的哲学家们，把他们的目光聚集在了人类如何获取知识这一问题之上。而从信息视角来理解，就是他们着眼于信息交互的过程，因为只有这一过程本身才能够让存在的概念得以可能。这里我们已经看到了相对极端的贝克莱,以及相对温和的洛克、休谟,还有康德,甚至包括尚未谈及的黑格尔等等。无论是经验主义还是唯理主义,以及基于之上的种种结论,对于我们来说都要把它们带回到信息论的认知结构之中,并用认知的盒子作为标准,从而发现哪些结论是脱节的,对我们只有思维方法上的借鉴价值,而哪些则是真正能够丰富我们知识的,具有知识获取上的价值。

黑格尔是整个哲学史上举足轻重的人,他认为精神才是真实的存在,而自然与世界则是精神的一种体现。也许在他的眼中信息认知论结构只不过是一种假象,因为他的精神概念完全可以涵盖信息交互过程所涉及的整个结构,这些看似由不同元素构成的结构部分只不过是精神的一种表现。黑格尔认为人类的历史就是朝着绝对精神发展的历史,在绝对精神阶段只存在一种现实那就是精神的现实。黑格尔属于一元论唯心主义者,在他的作品中我们可以看到他是如何从意识的历史演化中走向他所谓的完整精神的,并把全部的存在概念赋予到了绝对精神本身。

从信息认知论视角来看,人类智慧层中的某些观念的确是历史性的,而且这些历史性在传承与延续中又不断地塑造着人类的发展。然而,这并不是说智慧层本身是不能够被改变甚至清空的。我们每个人都不可避免地处在社会的复杂关系中生活,但是本真的自省并不是不可能发生,只有经历了最彻底的本质的清理过程,人才能够至少从思想上走向自由,虽然这样的过程需要付诸极为巨大的努力。

当那些所有的外在观念被清除干净时,便能够呈现出信息认知论的清晰结构来,它体现为摆脱了盲目的信息层、明确自身边界的知识层,以及最为单纯质朴的智慧层,这样的结构是所有智力正常的人所共有的。当然它本身也会改变,但是这种改变的实质是三个层次的不同能力,而不是三个层次的内容。黑格尔注重的是智慧层内容的历史,而不是智慧层本身的历史。我们认为,信息认知论结构本身则具有更多的稳定性。意识内容的发展,比如人类不断丰富的知识本身固然能够给人类自由,让人走向一种完整,但是人类真正的自由并不在于如何丰富的知识层本身,而是知识层向智慧层所展示的超然于知识本身的真正自由,这种自由是属于智慧层的最本真的自我的。

对认知论本身以及对客观世界的种种观念的回顾到此为止吧。不管你脑海中的世界是什么样子,无论它是精神性的还是物质性的,都只不过是提供了一个我们生活于其中的背景。需要记住的是,只有对外界以及自身的认知是不够的,我们的注意力还要回到自身上来,关注自己短暂的生命,也就是说我们应该选择怎样的一种生活。从信息认知论来看,对世界的观念最终将引向生活方式的选择,因为它们位于同一个逻辑链条之上。

着眼于人类整体上的福祉便产生了研究政治、社会以及伦理等方面的哲学家,而从个体自身的角度考虑便产生了存在主义哲学,等等。

行文至此,是时候领略一下存在主义神奇瑰丽、自由而狂放的思想了,它们有益于让人从种种的混沌与束缚中解放出来,并让我们的灵魂得到解放。事实上,本书就是我对自身存在的一种思考,是走向自我救赎与解放的一种方式。我首先关注的是如何让自己的认知建立在最坚实的基础之上,然后试图在这样可靠的基础上构建自身的道德、生活、方式以及价值等等。基础性工作完成以后,当然有必要看看历史上曾经出现的存在主义者的观点,并尝试从中汲取那些最有益的思想。

人类漫长的历史中,大部分人都是将自身的智慧层本身与其所包含的内容混同在一起。他们表面上是自由的,可是却很少意识到自身已经被社会无形的枷锁束缚着,即使走到了生命的最后一天也不会舍得多花一点时间进行最深刻的反思。这样的人如同在黑格尔所说的那条指向绝对精神的意识之河中随波逐流,人成了历史的一部分,被束缚在历史的不可避免的进程之中。如是的存在方式,对于生命个体来说将是非常麻木而被动的,或者说这样的人在很大的意义上等于并不存在。然而,每个人的生命都非常短暂而宝贵,真正有意义的生活绝对不应该放弃自身的自主性,而让自己成为一个生活着的机器。人应该从社会的流俗观念中解放出来,每个人都应该成为自觉的、自主的。被誉为存在主义之父的索伦·克尔凯郭尔就是一位试图让人重新成为自身的主人,让人重获自由选择权力的早期倡导者。

克尔凯郭尔虽然并没有将上帝的概念从自身的智慧层中剔除出来,但是他却坚信人类的选择权力是属于自己的、主观的，每个人都拥有道德选择上的绝对自由。他认为这种突然从各种社会意识的束缚解脱出来的自由感能够引发焦虑感。但是这种焦虑或者所谓的自由引发的眩晕毕竟能够让自己成为自己，它无疑能够加强个人的自我意识，也就是为自我的价值选择提供了必要的前提以及基础。他告诉我们人必须要从社会上种种意识的窠臼中解放出来，并重新走向自己，人要对自己的生命负责。克尔凯郭尔对个人意识自由的重视，以及对人生命意义的探索等方面的工作，奠定了存在主义哲学的基础，而存在主义哲学才真正试图让人重返智慧生命的最本真状态，并具有最崇高的人的自由。

存在主义本身显然意味着一种生命价值与意义的重建，也就是它要剥夺社会中的人所拥有的一切，即人的智慧层中所有的那些不加分辨的先入为主的内容。只有让人的智慧层本身和它从社会生活中所不知不觉吸收的内容分离开来，并做一次彻底清理，才能够让生命走上一个新的开始。原有的道德价值观念以及种种俗世信条无论好坏必须都要被抛弃，并为新的价值观念的建立腾出空间来。人此时的智慧层是空白的、单纯的，他所面对的工作也将是艰辛的。此时，正如行走在空白世界的孤独中，没有人引领，没有人帮助，只有靠自己去寻找属于自身的存在之路。

天才的尼采就是这样的一个人，他毫不犹豫地扼杀了智慧层中的上帝观念，他大呼"上帝已死"，这句话的回声甚至回荡在后来哲学的整个历史之中。上帝之死，不仅仅是一个概念的消失，它还意味着所有以上帝为根基的道德观念将失去基础，意味着欧洲历史上延续了几千年的摩西十诫已经不再那么可信了，人们也不用再对一个不存在的上帝的戒律负责了。人突然失去了上帝这个思想拐杖后，将被置于广漠而荒芜的孤独中，人必须抵制住克尔凯郭尔所说的那种焦虑，要给自己寻找到方向。就在这时，尼采正是要通过查拉图斯特拉之口教导我们如何成为超人。

由于信息层和知识层的脱节，早在柏拉图那里就开始把世界划分为两种：一种即洞穴比喻中的墙壁上的二维世界（表象世界），另一种就是其背后的理型世界。柏拉图认为表象世界是拙劣的粗糙的，而理型世界才是永恒与完美的。这样人们就把生活的美好与幸福寄托在了并非自身所生存的世界之中。而欧洲最具影响的基督教也具有如是的特点,那就是对天国的美好憧憬。总而言之,在这样的观念引导下,人们内心总是不可避免地隐约存在对真实世界以及现实生活的否定心理。而尼采则敏锐地洞识了这种观念的问题所在,两种世界的划分本身就是错误的,人只有一个真实的世界,他也无需在此之外寻找生命的幸福。于是,亵渎生命本身所带来的罪恶要远远超过对上帝的亵渎。人必须回到真实世界,并在对真实世界以及现世的肯定之中寻找属于自己的价值以及幸福。

尼采于是创造了现实生活中的理想人格,并称之为超人。超人概念代表着对现实人生的充分肯定,并承载了尼采的人格理想以及重新建立的价值观念,他认为超人才是人类进化的终极目标。尼采的超人高居人类之上,他们超越善恶,享有绝对自由,是真正的天才,也是真理以及道德的化身。超人具有极大的权力欲与控制欲,他们毫不怯懦,能够忍受极大的痛苦并最终取胜,他们孤独而高傲地藐视平庸的人类,超人眼中的人类正如人类眼中的动物。总之,超人担负起了尼采对现世意义的理解,或者说超人本身就是世界的意义。

尼采通过超人走向了哲学逻辑链条的末端,他用哲学史上罕有的反思能力将超人置于空白的思想大地之上,并用超人的诸种品质展示了生命存在的理想样态。尼采的超人是绽放的思想之花,是一次抛弃了上帝的人类再造。然而,超人概念是属于尼采的,虽然从中能够获得很多借鉴,但每个人都应该本真地寻找自己的理想生活方式,实现自己的存在意义。

尼采天才般的写作风格狂放而洒脱,他用诗与散文般的语言讲述了他的哲学,他的作品很容易激发灵魂最深处的热情而让人倍感振奋。与之相比,存在主义大师海德格尔的文字就显得晦涩难懂,他用我们熟悉的词汇讲述了一种新的存在结构。因为这些熟悉的词语已经被海德格尔赋予了其他的含义,所以给读者带来了很多麻烦。有鉴于此,海德格尔对存在结构理解的特殊视角及其深刻性需要用专门的一节进行探讨,因而下文将尝试通过专门一节来理解海德格尔《存在与时间》一书中相关的概念,并试图通过信息视角翻译海德格尔的存在概念。

我书架上的海德格尔《存在与时间》一书已经摆放很久了,这本书是我读博士期间买的,但是直到前年我才把它拿出来阅读。主要是因为开始翻阅他的作品时感到里面的词汇既熟悉又陌生,而且书名中还含有时间(那个时候我还不知道作者在怎样的意义上使用时间一词)这一概念,当时只要是探讨跟时间相关的话题我更愿意去看梁灿彬老先生的物理学课程,或者是像《时间简史》这样的物理科普书,因为这些书中所包含的时间才是人类对时间最科学最前沿的认识。可海德格尔的《存在与时间》一书不免仍对我有很大的诱惑,否则当初我也不会买了。

前年春天,一个阳光明媚的早晨,天气不冷不热,我想一个人去玄武湖边散步,竟突发奇想地从书架上取下了这本书,并和一些水果零食等物放进了我的背包。一个人沿着明城墙散步,不紧不缓地走着感到非常惬意,脑海里也可以趁机浮现出很多美好的回忆来。关于生命本身每个人自然有着很多的疑问,这些问题也伴着清晨的鸟语花香一起在我的脑海中萦绕起来,今天也正是这些问题在不停地敦促我写作这本书吧。走着走着气温就在不知不觉中升高了,阳光也愈发耀眼强烈,我在湖边的一块巨石上坐了下来,有棵不知名的树正好能够挡住阳光的直射。随手拿出了书和水果,一边吃水果一边看他的作品。就这样这本书开始走上了我的阅读日程,并且花了很长的时间才把它读完。

海德格尔在他的《存在与时间》一书中使用了一套看似熟悉但又令人感到非常陌生的技术词汇,比如此在、在世、沉沦等等,也许他是想用这样一套非常贴近生活的词汇摆脱哲学讨论中惯用的抽象语言吧。不过,这些熟悉的词一点都不容易懂,我是读了很久很久才慢慢地在脑海中形成一些概念的结构出来,并且这些概念结构在脑海中与我的信息认识论体系建立起了联系,我正是通过自己的概念来思考海德格尔的这部作品的。

对存在的认识是依赖于一定的信息交互模式的,前面我已经在《存在的信息模态》一节中用图示的方法展示了其中的结构。那个蔚蓝色天空下的自我也就是这样的信息模式,也正是从那时起我开始认真地反思自身的存在问题。诚然这个模式是人认识存在概念的起点,如果宇宙间不存在这样的信息结构那么也就不存在任何的存在概念了。

海德格尔的《存在与时间》一书也是以类似的状态开始展开讨论的,他把存在所依赖的结构称之为"此在"的结构。在这里此在不是一种孤立的结构,它在一定的世界中存在,然后从"在之中"这个概念开始构建此在的基本框架。他的分析起点跟本书的分析起点非常类似,都是从存在概念所依赖的基本结构出发,只不过对存在概念所依赖的基本结构存在着视角上的差异。本书所提出的存在概念起点结构是图7所展示的,这个结构中智慧层必须能够建立自身与自身以及自身与外界的联系才能够产生存在概念。而海德格尔的起点结构是此在的"在世界之中"这样的状态。这种在世界中存在的实情需要被当做整体来看待,也就是他强调存在所依赖结构的整体性,正如本书图7所示的模型中,外界与认知体系结构的整体性一样。

在保证了这种整体性之后,海德格尔开始展示这一整体结构所包含的不同环节,比如"世界之中""向来以在世界之中的方式存在着的存在者""在之中"。他所关注的是此在的"在之中",并指出其中所蕴含的此在的原始存在结构才是解释与勾画诸存在概念的基础。此在的在之中就是等于说:我居住于世界,我把世界作为如此这般熟悉之所而依寓之、逗留之①。此在的在之中状态与把一些现成物体摆在另外一些现成物体之中这样的在之中概念是完全不同的,因为非此在的在之中方式是范畴性质的而非生存论性质,此在的存在方式最大的不同点就是它具有生存论性质。对于非此在性的存在者本身并不具有任何世界概念,或者换句话说"它们是无世界的"。而只有当世界

---

① 马丁·海德格尔. 存在与时间[M]. 陈嘉映,王庆节,译. 北京:生活·读书·新知三联书店,2012,P64.

这样的东西由于这个存在者的"在此"已经对它揭示开来了,这个存在者才可能接触现成存在于世界之内的东西。也就是说,只有类似于此在这样的存在者才是有世界的,这就是此在的"在之中"的重要特点之一。

海德格尔区分了此在的生存论上的在之中与范畴性的在之中两者间的差别,并牢牢地锁定了存在的起点状态,以避免走向形而上学的精神或是物质的一元或者二元论之中。也就是说,他的分析必须以此在"在之中"的整体性结构为基础与源始出发点,从而防止对任何环节的强制拆解。他指出此在的实际状态是:此在的在世向来已经分散在乃至解体在"在之中"的某些确定方式之中。在《存在的模态演化》一节中,我们也曾面对存在的起点锁定状态,如果不借助任何来自于外界的知识性内容肯定是无法打开锁定状态的。正是借助了宇宙学及相对论的相关知识,才能够展示存在概念的演化过程。而海德格尔却不想把此在的原始结构拆解为独立的部分,而是将这一整体结构作为整部作品全部探讨的起点。正是因为对于起点整体结构的固执才开始导致了两种思路所引向的结论上的诸多差异。

我们是通过信息交互的视角来看待主体和外部世界之间的联系的,也就是说外部世界是以信息作为最根本的媒介与智慧层关联在一起。借用海德格尔的术语来说,我们认为人在世界之中的"在之中"状态是以信息为主要方式的。而这种"在之中"方式对于海德格尔来说也许有些宽泛,因为他认为此在的"在之中"的本质方式为"操劳"。他指出:此在本质上包含着在世,所以此在的向世指存在本质上就是操劳①。操劳本身包含着形形色色的诸多样式,比如探查、询问、谈论以及拒绝、耽搁等等。此在正是通过操劳与它的世界打交道。

由此海德格尔开始了关于"世界"这一环节的探讨,他厘清了人们常用的"世界"一词所包含的四种含义,然后主要关注那种可以体现以及保持此在原始结构的世界概念:一个实际上的此在作为此在"生活""在其中"的东西,如是的解说意味着这里的世界具有一种先于存在论的生存论上的含义。这样

---

① 马丁·海德格尔.存在与时间[M].陈嘉映,王庆节,译.生活·读书·新知三联书店,2012,P67.

海德格尔所关注的世界并非我们的信息认知论模型中的世界,因为我们的世界是一种自然层面的世界,而海德格尔的世界是位于此在的结构之中的世界。他认为只有基于对此在的分析,才能够在存在论上把握世界。

既然坚称世界属于生存论的环节,那么他所认识世界的方式就与我们所认识的方式存在很大差异。我们认为信息手段能够使世界变成可认知的,人类发射的各种太空探测器,比如"旅行者号"等等都是通过信息的手段来了解宇宙的秘密。海德格尔则认为人更应该从日常的生活中,也就是依赖于此在的操劳的在世方式认识世界,也就是说世界从在世的方式中走入此在的眼帘。这种操劳活动既是生活的也是直接的,所以此在的"在之中"的结构首先带来的是切近的周围世界。而我们的模型则是从所有的信息中发现世界,并能够从中感觉到引起智慧层兴趣的需要了解世界的边界。感觉上,我们对世界的探知是直接地探索整个可观测信息所反映的世界,而海德格尔的周围世界是在生存论中一点点扩散开来的。

此在以具体的操劳方式去认识周围世界,海德格尔通过"上手状态"以及"指引"等一系列术语揭示周围世界。这种论述过程有点类似于要从过程推导出过程所依赖的元素,我们需要时时刻刻紧跟海德格尔的思路才能认识其复杂的推理过程。此在操劳过程中让所及世界到此在这里照面,操劳的过程就会涉及工具,而工具对于操劳来说可以陈述为上手状态。上手状态是一个比较宽泛的概念,工具除上手状态本身还包括"不合用""不适用""根本短缺"以及"不缺乏但是起到挡路作用"等方式,如上这些方式都对存在者具有一定的揭示以及指引作用。

在操劳中使用但是并不明确注意所用之物,切近之"物"特有的自明性的"自在"正是在这样的过程中向操劳照面的。而一件用具不能用,就意味着某种指引架构被扰乱了,这种扰乱过程对于此在来说则更为突出醒目。这意味着,寻视上唤醒了指向各个"所用"的指引,而当这种指引被唤醒,各个所用本身也将映入眼帘。工具会因"所用"形成联络,这样也就形成了"工场"。世界便随着这样一个整体呈报出来。世界就是此在作为存在者向来已曾在其中的"何所在",也是此在终将归去的"何所向"。

海德格尔通过"因缘"以及"意蕴"等术语丰富了"工场"中诸存在者之间的联系，于是周围世界在诸多的关系中拓展到更宽阔的领域之中。而全部的因缘关系仿佛构成了此在存在于其中的整体的形式系统。海德格尔对现象学理念的忠诚将意味着，他不得不把此在对这种整体因缘体系的熟悉认定为源始的，亦即此在向来已生活在因缘整体之中，而这一整体就使得世界之为世界。此在和世界在现象学的意义上是这样一种结构："此在本质地包含有在世这种存在方式，那么对在世的领会就是此在对存在领会的本质内涵。从世内来照面向之次第开放的那种东西已经先行展开了，那种东西的先行开展不是别的，恰是对世界之领会。而这个世界就是此在作为存在者中已经对此有所作为的世界。"

如是认知的世界就是海德格尔试图呈予我们的世界，他认为只有对世界进行如是一番的认知与解说才能够为世界上存在者的"实体性"以及"自在性"提供基础。从而对于涉及那种其存在形式为纯实体性的存在者，这种方式的世界概念在存在论上才是可能的。

从海德格尔的思想中，我们可以发现他始终遵循现象学的精神，从而此在、存在者以及世界仿佛就被置于了一种固定的无法逾越的关系模式之中。海德格尔所有的艰辛努力就是试图从这样的关系中把世界概念本身解读出来。不难发现在这种解释中此在和世界都是同样源始的，因为它们必须依托于由彼此共同构成的关系才能够相互得到言说，所以它们任何一方都始终不能独立出来从而形成某种一元论的推论。在对空间问题的解读上，海德格尔仍采用了类似的推理。海德格尔确定了如是的存在论基础，把现象学意义上的此在、世界以及它们之间的关系等概念作为出发点，也就是在这样的一种意义上，他开始批判笛卡尔的二元论的。

海德格尔认为笛卡尔之所以从广袤（extension）这样的实体属性来展示实体观念，乃是因为对实体性观念的存在意义未加澄清，而且认为这种存在意义是不可能澄清的。所以笛卡尔只有从存在者层次上借用那些所谓优秀的实体性的属性来表达实体观念，而且这种实体的含义是介于存在论以及存在者层次之间飘忽不定的。这将导致如是的结果：世内存在者将与一般世界混为一谈，此在的行为也被遮蔽了。所以在海德格尔看来，笛卡尔的"世界"存在论最关键的问题就是究竟是否寻找世界现象。只有通过此在的主要结构，并对此在的本质进行分析，为一般存在概念提供理解的视野，才能够为笛卡尔的世界论提供批判的依据或者对其修补的基础。

如是的探讨基调，与本书的思想有很多类似的地方。比如在《存在的演化》一节，我们提出了存在之所以产生的条件，这里的确包含着能够认识世界并体会世界存在的智慧层以及世界本身的一种关系，如图7所示。只不过我们的思路并不是要从这样一个起点的过程推导出它所依赖的元素，而是直接承认不同元素的客观存在，亦即实体性（诚如海德格尔对笛卡尔的批判）。但是，我们赋予了起点状态同样的尊重，并认为这是一切问题探讨的起点，它的客观性是第一位的，而其他的客观性虽然没有本质上的差别却是被起点的客观性所呈现的。这里面颇有点罗伯特·兰萨《生物中心主义》或者是量子力学的味道。

借助于知识的帮助，我们从起点的锁定状态中走了出来，并且认为客观物性存在是最原始的，起点状态是从这样的客观物质世界中演化出来的。这样的话，我们就走向了一元论的唯物主义，只不过这里所要展示的是如何建立在起点基础上的一种客观性，而当宇宙中所有的智慧层都消失，那么原则上对于宇宙是什么样子我们是无权知晓甚至无法设想的。海德格尔则始终坚持现象学的原则，并从此在在世的关系中揭示出整个世界。然而这也造成了其思路本身的问题，所以很多人认为海德格尔的世界概念是主观的。

我不知道海德格尔的世界是否能够或者容易发现宇宙学中的那种空间的性质出来，比如是否有助于发现爱因斯坦相对论所揭示的时空效应。不过时空的性质却容易在信息的交互结构中呈现出来，这里时空反而更像是一种物性的存在，它们是能够作用于人的信息客体。然而，也许我们同样能够在海德格尔的思想中得到启示，那就是无论怎样的分析，都不要忘记起点状态，虽然我们曾使用必不可少的工具突破了起点锁定状态，但起点毕竟是起点。

现象学的源始结构中包含着一个重要的环节——此在。对我来说，海德格尔对此在的探讨环节则具有更多的启发性、深刻性，同时也具有极大的现实价值。

基于信息认识论，每个人的成长过程都涉及信息层、知识层以及智慧层所发生的变化，那么成长就意味着这三个层次不断发展、丰富与变化的过程。一个人的成长是从信息层和智慧层开始的，如同人类社会的演进一样，知识层则最后走入人的认知体系之中。

人首先要去丰富的是信息层，信息层行为是人与外界最直接的交互方式，它客观地规定着人在社会中的基本生活方式。信息层行为也意味着人处于社会关系的复杂罗网之中。若从中获得所需，则必须依照社会的规则处理自身与社会以及世界的关系，比如社会的法律、道德以及习俗等等。而这些标识着社会系统平均样态的参数对每个人都形成了一种约束，如黑格尔所谈到的禁锢每个人的社会意识之河一样。这些参数构成了人的认知体系成长的模具，每个人都无可避免地从这样的服从于社会的种种约束中开始自己的成长，我们每个人首先所成为的都只不过是海德格尔笔下的此在的最初样式——常人。

此在首先或者通常展示为常人的样态，它沉迷于它的世界，并消散于其在世方式之中。常人样态用我们的语言来说，就是那些智慧层在成长的过程中与其他的常人相互搅和冲突，此消彼长并且被牵绊于一种平均社会状态中的样态。这是因为首先每个人都生活在一种具体的关系之中，这种特定关系表现为特殊样态的信息层行为方式，所以每个人都限于具体的样态之中。这样他们的主要注意力则沉浸在自身的信息层行为，如是的存在样态是一种受敷而嵌于社会之中的存在。从而也就意味着，那个智慧层与它自身的关联被与外界的关联所遮蔽了，亦即人本真状态的存在所依赖的信息交互结构越来越脆弱了，于是他很难或者根本无法回到本真状态之中，从而只能停留于常人状态。

受敷而嵌于社会之中的样态被海德格尔表述得更为详细深刻，比如：

"无论在与他人合谋、赞成他人、反对他人的时候人手中掌握的是什么东西，反正操劳于这种东西之际总在为与他人的差别操心；哪怕只是为了消除这种差别，也是为了差别而操心——无论为自己的此在落在他人后面而要在对他人的关系上奋起直追,还是此在已经优越于他人而要压制住他人。为这种差距而操心使共处扰攘不宁——虽然这一点对共处本身讳莫如深。从生存轮来表达这层意思,共处具有庸庸碌碌的性质。这种存在方式对日常此在本身越是不触目,它就越是顽强而源始地发挥作用。①"

那些执迷于信息层行为的人就是因为处于自身与外界的信息联系而牵绊于社会之中,或者海德格尔干脆把这种类似的样态认为是,此在作为日常共处的存在,就处于他人可以号令的范围之内。他自己已经不存在了,他人已经从它身上把存在拿走了。而这种不经意间就已陷落的处境,所失于的所受控的就是那个中性的东西:常人。

海德格尔指出了常人的存在方式:庸庸碌碌,平均状态,平整作用,这些方式组建其人们称之为"公众意见"的东西。它们提供了此在最切近的"常驻样态"。在"常驻样态"中,本己此在的自我以及他人的自我都还没有发现自身,或者已经失去了自身。总之,常人代表的是非自立的状态与非本真的状态。

信息层行为构成了知识层以及智慧层得以成长以及丰富的基础,而它本身又是最早伴随此在的生存方式,所以此在总是从常人的熏陶中走向本真自我或者彻底迷失自我的。而这种此在最初的或者通常所寓于的其所操劳的世界状态,被海德格尔称为此在之沉沦。在沉沦中此在已消散于常人的公众意见之中了。海德格尔使用了大量笔墨以及术语描述了常人的生活样态,比如常人是如何被拖拽入常人漩涡之中的,又是如何以常人的样式展开自己的此在的,等等。

就像信息认知体系的成长过程所反映的那样,此在首先或者通常就已消散于常人之中了,并被常人所主宰。或者此在本身就是从常人的海洋中成长起来的,海德格尔用闲言、好奇、两可来描述常人的不同现象。在闲言中,此在不可避免地受到社会意识以及公众讲法的统治,这种统治决定了此在借以同世界发生牵连的基本样式。用我们的话说,就是此在已经彻底地被信息层

---

① 马丁·海德格尔.存在与时间[M].陈嘉映,王庆节,译.北京:生活·读书·新知三联书店,2012,P146.

的自身与外界的联系所统治了。以至于，这种统治决定了此在的情绪可能性，它的话语也将无法建立与存在者的真实联系，这样此在的语言在常人的驱使下就变成了鹦鹉学舌的语言。凝滞于人云亦云的闲言状态就意味着此在已经无法建立其与世界、自身以及其他事物的真实的关系了。两可与好奇都是与闲言相关的，两可总把它所寻求的东西传给好奇，而好奇又和闲言相互影响，它表示一种到处都在而无一处在的迷失状态。闲言则仿佛已经给万事提供了答案，于是此在就进一步地在自以为是以及自我满足中迷失于常人之中了。

此在并非天生如此，但是信息层的影响首先让此在走向常人之中。它一点点带上常人的枷锁，并沉沦于常人的生活方式之中。写到这里，我的脑海中浮现了黑格尔历史意识之河的图景。常人方式生活的此在，好像一叶扁舟浮于社会汹涌澎湃的黑色河流之上。它孤独无依，随波逐流，随风飘荡，从来就不曾拥有自己的方向。我也会记起曾经看过的民国时期的真实影像资料，大街上那些穿着长衫或是粗布短褂的庸庸碌碌表情麻木的行人仿佛已经离我很远很远，远到我甚至疑惑于他们是否曾经真实地存在过。如果佛教的六道轮回就是如是景象的周而复始，那么即使停留于人道又有何可恋呢？

常人已经将信息认知论的层级结构破坏了，此在的常人样态已经沉迷在自身与外界的关系之中。而智慧层在这样的无情的河流中已经被冲刷得瘦骨嶙峋，它的循环结构越来越模糊了，甚至只能依赖最原始的内外关系结构来感受自身的微弱存在了。然而，常人状态亦有它自己的吸引力，因为常人在其中似乎得到了安宁，它沉醉于自以为占有一切或达到一切的迷梦之中，亦即它认为自身的生活才是最本真的。海德格尔把这样的逻辑比作为一种漩涡状态。的确，常人在如是的状态中能够感觉到某种安逸，就像被大人所亲切关怀的婴儿般的安逸。一切都由常人决断好了，自己无需付出探索以及判断上的艰辛，在某种角度上说，这样的凡事由他人代劳的生活难道会是不安逸的吗？

然而，有一件事情是别人永远无法真正代劳的，那就是每个人都要不可避免地走向死亡。此在是一种有边界和限制的存在，就如同前文的认知盒子一样。从第一人称视角来看,每个人存在的时间边界就是死亡。因为本书与海德格尔所探讨的此在的生存论结构都是基于个体视角的,所以死亡都被设置成了第一人称的边界。当然,我们每个人都知道自己死后整个社会以及天体系统的运行不会因之改变,但是这里所建立的是现在的自己与预想的死后事物的联系,而死亡最本质地意味着从那一刻开始自身就再也无法建立任何联系了。

当此在充分认识死亡,并且敢于直接面对它而不是选择漠视或者逃避的话,死亡将为生存本身带来全新的内容。它发出呼唤,对沉沦于常人的此在发出最强而有力的声音。它试图将那个沉沦着的此在从迷世的浑噩中唤醒,并把此在带向最本真的样态。如果此在能够从常人庸庸碌碌的迷雾中觉醒,并扭过头来倾听死亡的呼唤,那么死亡将为它带来的不是绝望的恐惧,而是伟大的新生。

此在在死亡的召唤下,开始认真地审视自己,当它越是对自己的存在感到“畏”,那么也就意味着,它越将远离常人。它渐渐地不再痴迷于自身与客观世界的信息联系模式了,而更关注智慧层的自我,亦即那个被我们认为包含了循环结构的智慧层信息模式。它也开始厌倦了常人心态的小聪明,而开始寻找生命的智慧。甚至它开始觉得在生命的真正智慧面前俗世的聪明已经变得无足轻重了。这就是此在寻找自我,并重返本真状态的开始。它开始正视死亡现象,最警醒地意识到自身存在所面对的界限。它于是开始强烈地希望从浑噩的生活中清醒过来,并责无旁贷地担负起自己存在的责任,于是它对自身的生存开始重新规划,它将开始走向自由。

海德格尔把死亡引入了此在的本真存在,于是此在就需要先行着对死亡本身进行筹划。死亡被引入到此在的本真存在中时,并非无差别地“属于”本己的此在就完成任务了,它将试图把此在从常人的海洋中拉出,并让此在走向个别化的自己。所以向着死亡的存在本身,开始让此在重拾真正的灵魂,此在开始把自身筹划到它的最本己能在上去,而不是常人自己的可能之上。此在开始从自己出发,并承担最本己的存在。当此在本真地凝视死亡之时,它所面对的是无可逾越的最本己的、无所关联的可能性,向着这种可能性此在领会到,作为生存之最极端的可能性而悬临在它面前的是:放弃自己本身。在这种无可逾越之境面前,此在将给予自身以自由。为了自己的死而先行成为自由的,这就把此在从丧失在偶然的拥挤着各种可能性的情况中解放出来①。海德格尔认为这种情形将使此在可能本真地领会与选择排列在那无可逾越的可能性之前的诸种实际的可能性。

如是,此在就有可能重新接管并负责了自己的存在,这种重新规划预示着生存的本真性。然而,这一新的起点正是此在在面对死亡时所获得的,作为无所关联的可能性的死造就了此在的个别化。海德格尔把这种从生存论上所筹划的本真的向死存在的特征概括为:先行向此在揭露出丧失在常人自己中的情况,并把此在带到主要不依靠操劳操持而是去作为此在自己存在的可能性之前,而这个自己却就在热情的、解脱了常人的幻想的、实际的、确知它自己而又畏着的向死的自由之中。

海德格尔对死亡现象进行分析时,使用了一套复杂的术语论述了认知盒子右边界对智慧层的影响。前文的讨论中,曾提到认知盒子作为人认知的边界与限制如何影响了其自身的存在。而在这些边界之中,与存在本身最切近也最相关的就是死亡,因而对死亡的认知必然在最深刻以及广泛的意义上影响着人的存在。当人并非漠视或者逃避,而是本真地面对自身的死亡时,并把这个被海德格尔称为无所关联的可能性带回到当下的自身筹划时,必然引起最深刻的反省。这种反省首先意味着,人从日常的随波逐流中警醒过来,并走向关于自身存在问题的最本己的判断。那么他开始怀疑生活中的一切,也就是他要对智慧层的内容做一番清理,并由此开始一个新的自己。如是的过程,就代表着人走向自我、获取自由的过程,它使人从浑浑噩噩的随波逐流的常人状态中走出。

常人对应的是把最主要的注意力关注于信息层行为的人,常人的智慧层被社会的意识之流所占据着,并很少对这种统治着自身的诸多底层信念与逻辑进行最本真的思考。而是把自己的一切付出与行动都用来满足于这样的

---

① 马丁·海德格尔.存在与时间[M].陈嘉映,王庆节,译.北京:生活·读书·新知三联书店,2012,P303.

支配力量,所以常人只让自己奔波在信息层自身与外界交互模式的世界之中,常人也主要在这种非循环的结构中感受自身的存在,所以他们仿佛既存在也不存在。但是当他们一旦开始凝视并真切地直面自身的死亡之时,死亡的力量才开始作用到自身之中。它开始关注自己,并努力从常人的庸俗样态中走出来,从最本真的层面上筹划自身的存在。这时它的视野变了,它开始关注智慧层的循环结构,亦即那个自身的死亡无法替代的自我,这是一种被赋予了自由的筹划过程。此在将凭借着拾起的决心从常人状态中走出,走向一种本真的存在。海德格尔用了另外的一套术语,描述了此在本真能在的生存论结构。

然而,从我们的角度来看,本真的能在并不意味着将常人状态彻底弃绝,或者是试图摆脱信息层的自身与外界的交互模式。而是把注意力聚焦于智慧层的自身与自身的循环模式之上,对其中的内容进行全面而深刻的重新审视以及构建。这样人才能够回到最本真的状态之中,于此得出的全新内容也将是最为坚定而真挚的,诸如良知回到了真正的良知之中,对共同此在的理解与尊重同于对自身的理解与尊重。在这样的意义上,我们就可以发现流俗的善其本身存在的问题了,它本质意义上是属于常人状态赋予我们的,因而在最关键的考验中它将暴露自身的无知与浅薄出来。

还需要指明的是,按照我们的理解,知识层行为也是一种自己与外界联系的信息交互模式。因而对这一层次行为的依赖也将导致此在无法返回本真的存在状态,因为正如前文曾经表达过的一样,本真的存在状态是属于智慧层的,知识对于智慧层来说也不过是使其建立自身与自身以及世界关系的工具而已,沉迷于知识层的信息交互模式,同样无法抵达本真的存在之中。

本真存在意味着一种整体性的筹划,需要一种统一的基础,这时海德格尔引出来时间概念。他抛弃流俗的时间概念,仍然从现象学的角度探讨时间问题。所以海德格尔的时间仍然以此在的存在结构为出发点,经过晦涩难懂的术语对时间以及时间性进行解说,如:我们把解释着自己的当前化亦即那作为“现在”而谈及的被解释的东西称为时间。又如:我们把如此这般作为曾在着的有所当前化的将来而统一起来的现象称作时间性①,等等。时间性提供了此在操心结构的源始统一性基础。

时间给此在的存在提供了限制,我们前文只讨论了此在的未来边界即死亡,但是忽视了它的另一个极端——出生,此在就是在这两个终端间展开了整体存在。在这两条界限之间,此在向来只在现在是"现实的",就仿佛把它的"时间"的——相继的现在都遍历一遍,然而,这并不是此在本己的生存方式。此在本己的存在方式是先在自己在生死之间内把自己组建为途程,并按照这种方式伸展自己。在这种组建中此在已经将出生和死亡包含进来,它实际上是以出生的方式生存着,并已在向死存在的意义上以出生的方式死亡着。

我们在海德格尔的著作中也看到了此在的边界,这与我们的思想是非常相似的。但是出于信息角度的分析,我们将这种对此在的限制远远地扩大了,智慧层将在更广泛的区间内规划着自己的存在,这个局限就是认知盒子。盒子的时空边界都能够对此在的现实生活有着深刻的影响,甚至对于那些沉沦于常人世界的此在来说盒子之外的世界同样具有极大的影响力。的确是因为时间,这个智慧层才获得了统一的基础,但我们还着眼于智慧层本身的收摄力,那种源于智慧层本能的力量。也许正是这种力量在时间的警醒与寻视中真正将自身统一起来。

海德格尔仍然是用此在的存在结构,从现象学的角度阐释时间现象的,并由此延续到了历史性概念的探讨。于我而言,没有必要在此用大量篇幅去探讨海德格尔关于时间的解读了,特别是当我粗浅地学习了爱因斯坦的相对论以后,那些早期哲学家的关于时间的探讨就更显得繁杂赘余了(比如谢林等哲学家们)。当然,我们需要记住的是,即使现在科学的发展,人类对时间以及空间本质的追问仍未圆满,我们还处于不断探寻其更深刻内涵的道路之中。

如果仍回到信息起点状态,就会发现,时间会作为一种事物存在方式的信息传递给我们,然后我们发现所有的已知的存在物都具有这样的存在方

---

① 马丁·海德格尔.存在与时间[M].陈嘉映,王庆节,译.北京:生活·读书·新知三联书店,2012,P372.

式,或者说所有的存在物都处于时间之中。从信息的角度,智慧层对自我存在的感知基于具有循环结构的联系,而建立联系的过程是必然要展开于时间中的,时间提供了自我存在的基础。如果我们把时间限制在一个极短的时间内,亦即让这种对存在感知的信息交互模式无有足够的时间产生,那么在某种意义上说智慧层就是不存在的,就仿佛在极短的时间内人既存在又不存在。时间的间隔被延长到足够的长度时存在观念才能够在人的意识中产生,并且人能够从已知事物存在的种种样态中分析时间所传递给我们的信息。

相对论将人类以及宇宙内的所有内容物置于广袤的时空背景中,这个时空背景是可以用微分几何进行精确描述的。如果时空是平直的,比如三维时空配上闵科夫斯基度规,那么其中的物理学规律就能够用狭义相对论描述。而广义相对论是属于黎曼时空的,广义相对论能够描述弯曲时空内的物理学规律。量子力学关注的是时空的微观背景,在微观上时空将体现出更神奇的属性出来。总而言之,时空是被更多地作为一种可以传递给我们信息的客体来对待的,它们向人以及所有宇宙内容物提供了用来表演的舞台。人类自身以及我们所生活在的世界同样受到相对论的直接影响,如果不是因为相对论的帮助,我们是无法做到今天如此精确的导航系统的。

也正是由于相对论的帮助,信息的起点状态被打破了。它能够让我们的思维近乎回到宇宙大爆炸的原初时刻。宇宙微波背景所提供的信息把宇宙早期和今天的我们直接联系在了一起,极大地扩展了我们的认知领域,从而对我们的存在本身也产生了更为深远的影响。

此在从出生处开始,在死亡处结束,并在期间实现自身的谋划以及统一进行,虽然这种谋划本身可能还是沉沦着的,这是海德格尔告诉我们的。诚然,每一个此在,都是从它的出生开始的,但是人是从信息层、智慧层(初期只展露为简单的)开始缓慢地引入知识层,并最终完善整个认知结构的。只有智慧层才对自身的存在进行谋划,无论这种谋划沉沦与否。不过我们认为,智慧层的谋划本身并非以自己的出生为起点以死亡为终点,而更一般的情况是要么限于较小的范围之内,要么就盲目地僭越边界之外。当智慧层试图从最广泛的视角进行自身的存在谋划时,那么它显然会跨越到其自身完善前的极为久远的时间中去,人类的历史相对于这样的跨度也只不过是弹指一挥间。它很可能把思维伸向认知盒子的左边界,于是这样的起点就潜移默化地影响了智慧层的存在。然而,我们之所以能够思索宇宙起点附近的状态,是因为广义相对论的帮助。如果不是这样,那么就没有任何理由把时间上的起点推及到如此遥远的过去,就没有办法拓展整个人类的认知盒子了。

出生与死亡对于整个人生的谋划来说都只不过是表象层面上的边界,真正的边界是建立于信息基础上的认知的边界,即每个人所生活于其中的认知盒子。所以,在不同人身上就能够演绎出不同的生命样态出来,我们看到有些人一生都囿于狭隘的生活圈子之内,而有些人则把生命的意义全部放在他所完全未见的东西之上,还有些人认为生活本身根本就毫无意义等等。如是,从纷繁复杂的生活中,就可以看到不同人在生命自身存在的谋划中所体现的视角以及局限,看看他们是如何向智慧层中添加具体内容的,我们将在后面的内容中针对几种样态进行更详细的分析。

因为信息本身涉及众多的维度,所以每个人对自身存在最根本的规划就受诸多局限与边界的影响,时间仅仅是其中的一个维度,但是在时间维度中死亡本身又是最特别的一个边界。因为不同于其他边界,死亡本身透露给我们的是最根本的无知,一切信息联系的戛然而止,它是第一人称信息联系的真正边界。在它面前所有的认知边界都显得不那么重要了。它体现出的冷酷与决绝能够引发人对于自身存在最真挚的思考,我们每个人都仿佛乘坐在通向死亡黑洞的列车之上,对于这趟不可更改的旅程,所有人都会对终点处的未知有所思考,而这样的思考本身也就影响了整个旅途。

死亡本身所展示给人的是一种存在上的时间边界,因为时间提供的是联系本身的基础,所以死亡本身对整个认知体系来说就具有了最不同寻常的意义。当此在向死存在时,它对生活本身也就起到了根本的组建作用。无论是在海德格尔的思想体系中,还是在本书中,都应该对死亡现象给予最高的重视,在生存本身最根本的筹划上必将是以死亡为边界的。

本节并非旨在精确地还原海德格尔的思想,而是试图发现其与本书的思想差别与联系。如果说学习过程是将新知识与自身知识体系结合的过程,那么本节所体现的就是这样一个过程。《存在与时间》一书对每位读者都是一样的,但是每一位读者却是完全从个人的角度来理解这部作品的。当然,这并不代表我们可以凭主观意愿随意解读这部作品,而是我们可以从自己的视角出发,去发现作品的不同色彩,这样我们也就能得到不同的启发。

海德格尔的这部作品对我来说是极具启发性的。这部作品把存在的基本框架描述了出来,让人从浑噩与梦幻中回到自己的真实处境,每个人不得不行走在自身存在的荒原,这里空无一物没有善恶没有意义,我们每个人都存在于时空的局限之内,向着自己的终结存在。正是由于死亡是所有人的终点与归宿,所以它成了自身存在方式设计与安排中最具影响性的内容。它所带来的是给俗世的浑噩中几尽耗散了的人们以当头一棒,有些人将从中警醒,重获自由,并重建自己的生活方式。

当努力理解其中的此在的存在结构时,我也在最虔诚地审视自身的存在。视线很自然地回到了我的认知盒子,我将如何在这种处境中选择自己的生活呢?加缪认为人的生活本毫无意义,的确跳出人类思维的园囿,又何谈所谓的那些卑微的意义呢?但我们毕竟以人的形式存在,当我们在智慧层已经建立自身与自身的关系时,就早已经存在,且无从选择,所以我们必须要对自己进行规划。

当放弃智慧层中那些从生活中习来的不假思索的观念时,当放下所有的生活琐事,从而安静下来心无旁骛地凝视自己以及所面对的一切时,于我来说,内心将获得思想的虔诚与自由,在广阔的信息海洋面前我将被宇宙的浩瀚与神秘所深深震撼,无论年老还是年少在它面前我将永远是个孩子。虽然被生活的苦恼以及认知的界限所限制着,但是我想回到自己最本真的存在之中,毕竟时光易逝,而每个人都需要为自己的生活负责。

好了,我们要告别海德格尔了,在此已经驻足了很长的时间,而我们关于存在的历史旅行也接近了尾声。

从周围事物的存在一直延伸到自身的存在,这所有的信息、知识以及诸多观念都是相互联系着的,所有关于存在的思考也将会不知不觉地影响到我们的生活。自然界的存在物,以及我们自身的存在都已经被编织在了一个罗网之中,然而我们却能够有幸地在智慧层中建立起最复杂的联系。在这样的联系中,我们能够认清自己,并主动干预其中的联系,亦即我们可以具有选择性地塑造时空中的联系。

认知盒子与海德格尔都把死亡作为自身存在的边界,但是认知盒子在其他维度的范围要广泛得多,它试图将人类已知的全部范围囊括于内容之下,并且这样的范围对它来说还远远不够,因为相对于宇宙的无限来说,人类还知之甚微。每一项人类认知的整体进展都是对认知盒子的一次扩充,它谨慎地看待自身的边界,也谨慎地对待认知盒子之外的未知。

07 *存在的样态*

人是处于认知盒子之内的存在，那么从这样的角度来看，最理想的人将是那种以整个人类的认知为自身边界，信息层、知识层以及智慧层都相对完整且运行良好的人。如果尼采把他的超人作为人类进化的终极目标，那么我们的超人就是这个最理想的人，而且最理想的人不是一种固定的形态，也不包含固定的内容，他是随着人类的认知不断进步而进步的。

但是把人类的全部认知作为自己的认知边界这将是多么艰巨的任务啊，且人往往沉迷于信息层、知识层亦或智慧层的单独诱惑之中。我们的生活以及整个人类的历史中都极少出现这样的理想之人。芸芸众生只不过是束缚于俗世的羁绊，并浑浑噩噩地从时间的旅途中划过，他们怎么有时间关注什么人类的认知边界呢？又怎会真切地关怀自己的存在本身呢？于是，生活展示出来的一般都是理想人的残缺样态，他们的认知是混乱的，既停留在个人的狭小的认知盒子之内，又痴迷于不同层的行为之中。这样，理想人的残缺样态就可以划分为三种：痴迷于信息层的人、痴迷于知识层的人以及痴迷于智慧层的人，这三种样态其自身的认知范围都是非常狭隘的。

让我们首先看看第一种样态，即痴迷于信息层的人。痴迷于信息层的生活样态是生活中最常见的残缺样态，他们辛辛苦苦、忙忙碌碌地操劳于现实生活，却很少有时间真正地审视自身，或者他们即使反思自身但是这种反思的程度也是远远不够的，其反思过程仍然受到从俗世习来的观念的驱驰，所以他的存在本身就被塑造成了一种例行公事。

人的认知体系是随着生命系统的成长而不断趋于成熟的，如前文曾表述的那样。婴儿时期，人的认知结构只包含智慧层和信息层，而智慧层仅仅包含生物本能。随着身体的发育，首先信息层和智慧层得到锻炼与成长，随后由于学习的开始在认知体系中开始缓慢地加入知识层。成长过程让每一个层次都得到发展，在这一过程中社会普遍的价值观念会不知不觉地注入智慧层。这种熏习而来的东西很容易获得统治地位，因为成长过程中智慧层不会只增长自身的能力而不获取任何内容，社会熏习而来的内容就是这样伴随着个人的成长而进入智慧层的。它们抢占了智慧层中的空白，并且也显得那样的合情合理，这种习来的具有统治性的思维内容以及方式让我们自身显得不那么与众不同，因为每个人几乎都受这样的价值观念的驱使。这种价值观念就保证了我们在俗世的交往中被认为是正确的、正统的，因此也不容易受到其他人闲言碎语的排斥。总之，如是的价值观念将使我们被认为是正常的、正当的，可也正是由于如是内容的填充把我们塑造成了海德格尔所说的常人。

与海德格尔的常人最相应的就是痴迷于信息层的人，他们受社会习来的价值观念的支配，醉生梦死、忙忙碌碌地生活。他们很少有时间真切地返回到自身的智慧层对其中的内容进行深刻的反思，并以最本真的方式思考自己的存在。与之相反，而是喜欢在信息层的行为中尽情沉沦，他们在社会的洪流中越陷越深。

这样的存在样态从认知结构来看是这样的，他们的智慧层被熏习来的价值观念所占据着，并且这种价值观念渐渐成为收摄了自身行动的最高指令。在生活中，智慧层中的价值观念被不断强化，因而也就逐步造成了智慧层的封闭与僵死形态。这样也就基本丧失了智慧层从本真的层面认识自身的可能性，他也许永远都不可能从常人的样态中解脱出来。而这种智慧层的统治力，马上就将向回作用于知识层以及信息层，它开始对知识以及信息的行为进行选择性地吸收，并对一些与自身利益无关的信息与知识视而不见。除了那些专业性的用于谋生的知识部分，它甚至干脆抛弃了知识层，因为知识层对它而言也只不过是一种获取利益的工具而已。

这种常人的智慧层是贫瘠的，也是封闭的，智慧层最重要的循环结构已经被这种封闭性所漠视了。他亦生活在狭小的认知盒子之内，或者不加怀疑地相信认知盒子之外的内容，比如鬼神之类等等。所以即使在科学技术如此发达的今天，他们仍很容易被某些简单的事物所欺骗，这些事物通常要么具有功利主义的诱惑,要么就是利用常人的狭隘与无知。

他们的知识层也将是羸弱与硗薄的,因为知识本身只不过是一种获取利益的工具,在俗世的生活中知识渐渐地成为一种技能。但是信息层将是常人关注的焦点,因为它只有在信息层中才能实现自己的目的和愿望。他们把自己全部的注意力都放在了这种自身与外界环境的联系模式之中,他们在这种关系之中感受着自身的存在,并努力创造生存的理想与成就。

他们本质地活在信息层行为之中,信息层的自身与外界的被过滤的联系几乎霸占了认知结构的一切,从而造成了认知结构的畸形结构。他们很少凝视自己的智慧层以及知识层,因为他们认为那些所谓的思想都是虚幻的,甚至无用的,而那个所操劳于其中的世界才是最真实的,实务性的工作也是最有意义的。

他们以为自己所做的事以及选择的生活方式是最正当的,于是便把全部的精力以及心思都用来处理自己与周围世界的联系,并千方百计地从这种纷繁的联系中获利。而支配这一切的只不过是从社会习来的观念,这些观念背后隐藏的更多的只不过是人心深处的动物本能。对金钱以及权力的过分的欲望已经使他们沉迷于追逐金钱与权力的游戏之中。很多人一生都用来玩这个游戏,甚至从来不曾也不想从这样的游戏中解脱出来,直到自己生命走到尽头的那一天。沉迷于信息层的人是无比忙碌的,他们很少有时间去关注自己的智慧层的循环结构,所以从没有认真地将自己与这个世界区分开来,也未尝怀疑过自身智慧层中的内容,他们渐渐地沦为了纷纷扰扰的一部分。

他们的行为逻辑以及道德模式也是习来的,人们普遍认为是善的,他就认为是善的,人们普遍认为是错的,他就认为是错的,他们从未对善恶本身进行深刻的反思并重新认识什么是善恶。正因为这种俗世的善恶观不是本真的,所以当它们与其强大的动物本能发生矛盾时就很难经得起考验。生活中有些人给我们的印象原本是善良的,但是后来却突然感到他变了,他变得越来越自私甚至变得邪恶,总而言之我们感觉到他不是以前的那个人了,因为现在的他跟那个曾经停留在我们记忆中的美好印象比起来已经判若两人。其实,他从来没有本真地善良过,也非本真地邪恶,他的善恶只不过是一种受社会塑造的智慧层的外在表现,受智慧层熏习而来的内容以及本能所共同驱使。

由于对智慧层以及知识层关注的匮乏,这使得他们更多地停留在事物的表象层面,而很少能够深入问题的本质,这样他们总是被俗世的繁杂琐事所萦绕着,视野以及情绪往往容易受各种新闻事件的影响,但是又极为健忘,就像一位人生戏剧的看客,今天满怀激愤地谈论这件事而到了明天又兴高采烈地谈论另一件事,并且喜欢在这种永远有新鲜话题的闲谈中获得仿佛自己无所不知的满足感。但他们很少本真地想要获取知识,而这使得其智慧层以及知识层更封闭了,甚至自身的死亡也不会让他从这样的结构中警醒过来,他们整个一生就已困在俗世的泥潭中了。

常人的范畴中还包含了痴迷于知识层的残缺样态,这里并非意指知识本身的问题,而是人的认知结构问题。如果说痴迷于信息层的人是忽视了知识层以及智慧层的话,那么痴迷于知识层的人就是忽视了信息层以及智慧层。这样从整体上看,痴迷于知识层的人其认知结构同样是不协调的。因为他们过多地迷恋于知识世界本身而忽视了最直接的信息层行为以及关系到自身存在问题的智慧层问题。如果人不关注智慧层中自身与自身以及外界的关系,那么人总会被消散在自身与外界的联系模式之中,而无论这种与外界的联系是信息层面的还是知识层面的。

那些痴迷于知识世界的人更多的是被现象世界背后的深层规律所吸引,他们也许觉得信息层的内容与知识世界比起来肤浅而繁杂,且很难让人认识到世界的真实样貌,于是便把绝大部分的精力放在知识层了。他们在自身与知识世界的相互联系中体会着自己的存在,并且把这种存在作为最根本的,于是他们很难将自己与知识世界分离开来,他们便成为了自身所专注领域的一部分。

知识的价值无需赘述,它在帮助人认识自己的过程中起到了非常重要的作用,它甚至将人和动物在认知结构上彻底地区分开来。但是相对于人的整个认知体系来说,它毕竟是工具性的,这就意味着人通过知识能够更好地认识自身的存在,但是人还需要从知识层中解脱,并从更本真的层次上关注自我。而痴迷于知识层的人仿佛无法经历这样一个过程，他们体会到知识所带来的惊奇与美妙时便被彻底地吸引了，于是他无法从知识中解脱出来，而其本身存在亦被知识世界所剥夺。

因为这些人沉迷于知识层，所以相对于其知识层本身来说，其信息层以及智慧层是相对羸弱的。那么在这样的残缺样态中，就会发现他们智慧层中的最高层指令一般也是从社会中习来的，虽然这可能与知识层本身的内容存在冲突，但无论如何他们并没有以自己的身份从这些冲突的罗网中独立出来，所以最终无论观念的哪一方获胜，都只不过是倒向了不同立场的已经存在了的观念之中。这样的人虽然具有某一方面的知识，但是很容易受到社会习气的污染，他们很容易成为某种价值观念的仆人。当然也有彻底沉迷于知识层的人，他们由于对知识的过分热爱与贪恋而无暇受染于任何价值观念。他们的智慧层是未经深刻觉醒的但却是纯洁与单纯的。这些人往往受到人们的尊重，只不过由于无法从自身与知识的牵绊中解脱出来，也未经智慧层的本真的筹划过程，他们的智慧层也是羸弱的。他们就像是沉迷于游戏中的孩子，人生只不过是为其游戏所提供的机会与时间。

除了某些特殊的领域外，沉迷于知识层的人通常是无暇过多地关注于信息层的，反而现实中的繁杂信息成了一种拖累，他们不喜欢关注什么新闻，亦不愿关注世事的变化，正因如此人们才用"迂腐"这样的词汇形容他们，也许这样的词汇也从某些侧面反映出了知识层相对于信息层的滞后性。

前文从认知体系的三个层面分析了痴迷于知识层的人，总体说来，痴迷于知识层的人代表知识层强大而信息层与智慧层相对羸弱的畸形样态。由于相对于知识世界的人类个体的有限性，个人是很难形成自身知识体系的相对全面的结构的，在相对狭隘的视野下人就很容易消散在与知识世界的复杂关系之中了。他们很少有时间与精力顾及自身的智慧层谋划，这样他们一般是单纯的，但又是容易被污染的。不过知识层行为对思维长期锻炼的结果，以及知识世界内容本身的正面影响，会对外来的污染观念形成一种抵抗，这样他们实际上很可能达到一种对某种外来的理想的价值观念体系的虔诚状态。而他们正是通过所迷失于其中的道德观念体现出一个读书人特有气节的。

  同样,他们的信息层也是羸弱的,表现为对知识世界的痴迷与崇拜以及对周围世界的轻视与冷漠,人们通常用"清高"这样的词汇来形容这样的状态。因为从文献中取得知识这种相对间接的手段,在个体知识的获取以及扩充上具有明显的优势,所以他们很容易将信息层行为的客观性、丰富性连同繁琐性本身一同忽略了,这样容易造成其飘浮于某类知识海市蜃楼般的虚幻之中。他们可能离现实世界越来越远,并欣然地把自己的存在全部交付给其自身与知识世界的关系之中,他们为了这些知识活着,为了这些知识死去。他们为知识世界贡献了全部力量,却很可能迷失了自我。

  让我们告别老学究们吧,来看看痴迷于智慧层的人。这种存在样态的人痴迷于智慧层本身,他关注自身与自身的联系,关注自身存在的最高逻辑。但是由于对知识层以及信息层的忽视,造成了自身的迷失,他们一般表现为盲目的宗教主义者。

  这样的人深刻地关怀其自身在世界上的存在本身,只不过他们的智慧层内最核心的逻辑很容易直接地被其所处社会的宗教信念所占据。与世俗的价值观念不同,宗教体系一般都会提供与宇宙存在以及人类自身相关的最根本问题的解释,比如世界是如何产生的以及人类的本质是什么等。痴迷于智慧层的人因为关切这些问题,但是又无法找到更合理、权威的解释,于是他们就自觉不自觉地从所处社会的宗教环境中将整个宗教的解释吸纳过来,这样他们就在宗教信仰体系之下展开在世的生活。

  一旦完全地接受了其所处社会的宗教体系,那么就开始了俗世间的宗教生活。他的行为逻辑受宗教信念驱使,并且在生活中不断被强化,智慧层的强大统治力使其知识层与信息层受到忽视,这样就造成了痴迷于智慧层而知识层、信息层极度羸弱的残缺样态。

  无论是习来的社会中已经存在的宗教体系,还是自己在非常狭小的视野中形成的对存在问题的固执己见,只要这些存在的最高逻辑内容控制了智慧层,它们就很容易造成对知识层以及信息层的盲视。它们容易将毫无关联的表象勾连起来,为信念提供模棱两可的解释,也容易对明显的矛盾充耳不闻视而不见,而这样做唯一的原因就是智慧层不容任何质疑与挑衅,为了捍卫智慧层的神圣地位,事实亦可被漠视与否认。

正因为信息层以及知识层被统治与奴役了,它们更难以将世界的真实信息反映给智慧层,这样很容易造成智慧层本身在自我盲目状态中的无知与封闭,所以在大部分社会中宗教观念很容易妨碍人类整体认知的进步。而这样的情况,其最终原因与其说是宗教本身,还不如说是那些宗教的盲从者对待宗教的态度。宗教信仰的开创者往往是其所处时代的最有智慧的人,但是其盲从者则一般忽视了其开创者本身所处的人类社会的认知水平,或者说其开创者所处时代的人类的认知盒子。盲从者不加分辨地全盘接受过来,却毫不考虑自身所处时代的人类认知边界,而正是这种缺少扬弃的接受过程造成了信仰本身的问题。

宗教开创者一般处于人类知识相对贫瘠的历史阶段,但其所要提出的理论体系是要解决人自身存在的这一最根本问题的,如果他们仅仅停留在当时人类认知边界的内部是永远也无法实现自身存在与认知的统一的。但是智慧层的收摄本能却强烈地呼唤着这样的统一过程,于是他们不得不僭越到认知盒子之外,借助想象来完成世界与自身存在的统一。但是想象以及整合的过程存在着诸多样式,这样也就产生了不同类型的宗教,其中东方的轮回式宗教体系与闪族人的线性宗教体系就是最有代表性的两种类型。

宗教观念提供的是人自身存在的一种完整的能够自圆其说的信仰体系,它似乎为智慧层提供了存在的真实价值以及意义。但是这种完满性是建立在非常脆弱的基础之上的,因为宗教具有明显的人类认知能力的历史时代特征。人类终究是不断发展与进步的,于是宗教开创者所处时代的认知盒子被不断壮大的人类认知所彻底地包含在内了,那些曾经被历史信以为真的想象被事实无情地否认了,于是宗教的根基也就开始动摇。地球不是宇宙的中心,人类已经登陆的月球上也没有仙子等等,人类的新认知将宗教信仰的脆弱根基暴露了出来。宗教本身并非不想接受人类的新认知,其不想接受的只是盲信于宗教信仰的人。

沉迷于智慧层的人不愿接受新认知是非常容易理解的,因为这种接受过程将意味着其智慧层整体统一性的破坏，这对于他们来说要远比沉迷于信息层以及知识层的人更可怕，因为沉迷于智慧层的人在其智慧层统一性被破坏时能够感受到生命深处更真切可怕的空虚。所以他们宁可让智慧层的内容在一种脱离实际的情况下保持一致，也不想轻易地将新认知引入进来。知识层以及信息层也就是在这样的情况下被忽视的，它们羸弱而干瘪的形态造成了沉迷于智慧层的人所特有的残缺样态。

沉迷于智慧层的人们一般不会像沉迷于信息层的人们那样将权力与金钱背后的动物性本能作为驱动生活的最高逻辑，他们在信仰的指导下努力追寻更高的生命目标，而这种生命目标以及意义其自身一般都是与人的本能相对抗的。他们倡导爱与奉献，遵守其所依赖的宗教体系的道德，虽然宗教道德的崇高值得尊重，然而这种道德本身对于那些盲目的痴迷者来说仍是未经本真地理解的，因为在这些人的认知体系中只经历了接受过程，而未经本真的反思过程。不过我们也能在一些宗教信徒中看到真正的觉者，他们仿佛经历了最本真的觉醒过程，虽然他们的知识结构是相对薄弱的，却能够从宗教的信仰中认识自己，从中脱离然后有所选择地重拾信仰，这样宗教只不过是他们选择的一种生活方式。由于本真地依附信仰，从而他们也就成了最虔诚而伟大的信徒。

沉迷于智慧层的封闭状态还表现为对信息层的忽视，这样他们实际上便把自己同这个尚有无限未知的世界分离开来了，并过上了一种完全关注于自身的封闭生活。现实社会的生活在这种封闭者面前已经不那么重要了，他们沉浸在旧有的智慧层内容的圆满结构之中，而忽视人类认知新的进展。在他们的脑海里，世界仍然是从古老的思想中接受而来的样子，并以此作为反对人类新认知的根据。

根本的原因在于，他们恐惧新的信息可能会打破其智慧层的完整性。如果那个好不容易借助信仰建构起来的完整性被打破了，他们自身存在的最根本逻辑就会遭到严重的破坏，这样将会感到生命最彻底的荒芜与孤寂。所以，对于他们来说，为了保住这种过时了的完整性，干脆拒绝接受新的认知。这样做虽然智慧层的完整性保住了，但是由于他们将自己与真实的世界隔离开来,从而也就造成了自身的保守状态。但是我们认为,一个健康的认知体系结构,必须是开放的,需要不断地接收世界传递给我们的新信息,而且越是那种能够冲击知识层、智慧层根本完整性的信息对于人类来说越有意义,因为这无疑将意味着人类已有的认知本身存在着确定无疑的缺陷,还将意味着一种新的知识体系需要建立,而且这种新的认知体系将让我们更加接近世界的真实,从而也能够接近我们自身的真实。

无论是沉迷于认知体系的哪一层,它们都是认知结构的非健康形态。而健康的认知体系无疑会要求:人的所有认知层能够彼此协调地发展,且认知体系本身要保持开放性。这就要求三个层次之间要相互配合地工作,使任何一个层次都能够得到充分的发展。信息层应该像一个放哨的侦察兵一样,在与世界的联系中敏锐地发现那些能够加深自己对这个世界以及自身认知的东西。还应该保持开放性,不要漠视那些对自己的原有认知体系形成冲击的信息内容。知识层正是应该对这样的信息进行解释。但是,如果无法解释,那么就应该扩展自己的知识内容,或者寻求构建新的知识体系的方案。自然科学的发展过程就是知识层在新信息的冲击下,不断自我完善的过程。当一种旧的知识体系无法解释新的信息了,那么必须构建新的知识体系以加强对世界规律的认识。

但知识体系无论建立得多么完美,它仍然只是对真实世界的一种理想化描述,并不是世界本身,它始终是建立在人类的信息认知范围以及特殊视角之上的。因而当人类的认知不断扩展时,知识体系本身也需要扩展。比如未来的物理学家们需要构建一套能够包含暗物质的理论等。

智慧层能够直接构建于信息层之上,但是我们已经看到未建立在知识基础上的智慧层是存在缺陷的,不完整的。智慧层必须建立在知识层基础之上,所以对于知识的选择就非常重要。智慧层的完整性要求知识层本身的完整性,这样一个人的知识结构就在很大程度上决定了智慧层本身。沉迷于知识层的人,一般来说其知识结构很可能是偏执的,相对不够完整的,所以他很难支撑起相对完整的智慧层。

这样看来,那个理想的人就必须是三个层次协调运转且相对完整的人,它关注自身的存在,试图基于人类的全部认知构建自身的智慧层,并由此自然地派生出人类最高贵的智慧与美德。他不一定非要具有一种超然物外的隐士形象,而是仍然可以寄居于常人,过着一种常人般的生活。只不过他的智慧层已经经历了一场旅程,这场旅程使他更好地认识了自身的存在,从而让自身的生命走向真正的充实。

最理想的人不是一成不变的,他站在历史的最前沿,随着人类的知识以及历史一起进化。可以把最理想的人当做永恒的目标,但我们只能靠近他而无法真正地成为他,因为人类知识越是丰富我们离那个最理想的人也就越远,虽然我们自身仍在不断地进步着。

存在的局限与规划

　　有许多个繁星密布的夜晚,无论身处荒野的山林还是孤独的海岛,在无限的静谧中,举目凝视星空时总会感到无限的惊奇与震撼。为什么我能有幸亲眼见证这存在着的一切,繁星、山峦、大海还有我,这些为什么存在啊? 为什么不是一切都不存在的虚无呢? 我知道这些问题也许永远寻找不到答案,但是它们却会一直纠缠着我。这样的疑惑将我从现实的生活中孤立出来,变成了一个行走在俗世繁华中的陌生人。我惊异于自己为什么这样活着,惊异于那些无论是有死的还是无死的世间所有的存在者。

　　如是的惊异抑或茫然让我总是在岁月的流逝中思虑自身有限的存在,在历史的长河中,我们如同转瞬即逝的浪花一般,我们仿佛既存在又不存在。然而,当下的每个人都以自己的方式真切地存在着,作为这样一种能够思考的存在者,前文所呈予大家的就是出于我自身的视角,对存在问题做出的浅薄理解。我将继续这样思考下去,旨在向亲爱的读者展示我的拙见与真诚。

　　当我警觉地意识到自身存在之时,就发现了自己的存在处于一种局限之中,这种局限被我称为认知盒子。时间与空间仿佛构成了这个认知盒子的最明显边界。然而,在自己发现存在之时,我与所身处的宇宙都已然存在了,这构成了最直接与不可否认的存在样态。为了驱逐脑海中那些从外界习来的虚假观念,从而能更好地认识当下的处境,必须要为自己的认知体系做一次彻底地涤空,有点类似于笛卡尔所做的那样。

　　但是,这里我认为人的这种存在形态在认知结构上要分为三个层次,也许外星生命甚至所有的智慧生命都是这样吧。所以,当进行这种涤空工作时,要做的就是让这三个层次的内容都归于零。此时,再不会考虑东方宗教的轮回观念,也不会幻想西方宗教中的天堂,这些已有的观念都不属于我,我只是一个空空如也的存在者。要想获得这存在样态背后的真相,用最确切的观念充实自身的认知,必须要亲自探索、事必躬行,这样的过程应该源自于我的信息层行为,并一点点上升到知识层以及最后的智慧层。这也将意味着,必须凭借自己的力量构建人类已经形成的知识大厦,但这相对于任何个体的能力以及有限的生命来说,无论如何都是不可能的。所以我需要谨慎地从世间的知识中抽取一些出来,用它们去填补我的认知。不过,无论是这样做之前还是之后,内心都必须要记得自己是为何这样做的,否则将很容易落入盲信与盲从的人群之中。

我们的存在是有边界局限的,时间与空间构成了两个最为明显与清晰的维度,它们构成了人这种存在的最基本的场域。这个场域内的信息给人提供了存在的基础,只不过很多人一方面不对其中的信息做任何筛选与过滤就直接接受了,而另一方面还相信某些主观臆测的来源于未知领域的信息。所以,当自己清晰地认识到自身的存在那一刻,并想在这样的处境中为存在本身负起责任之时,就必须要对这个巨大场域中的信息进行谨慎的筛选与甄别。要最大限度地保留对于一个具有三层认知体系的人来说最客观准确的信息,并应努力地让这种信息扩展到最远处,因为只有这样才能够让我们自身的存在建立在最广阔与坚实的基础之上。

人是一种有死的存在者,死亡对于任何一个个体来说都是无法逃避的最明显的存在边界。但是智慧层的本能却试图将这样的存在局限收摄到一种能够提供完满解释的认知状态之中,因为任何一个能力健全的智慧层都不会仅仅将自身视为低等动物般的无视生死的存在。但这样的收摄工作如此艰难,以至于无数的人们都需要借助信仰的帮助。但信仰在人类知识的进步中往往暴露出自身结构的缺陷,所以存在的规划本身需要依靠存在样态的真实。如果这个宇宙中的一切尚无法被人的认知能力统一起来,那么就不要忙于这样做。我们需要的也许是继续拓展信息层的认知,并勇敢地让智慧层的存在建立在当下的真实处境之中。当然,我们也可以做任何关于未知世界的设想,只不过这样做的前提就是不要迷失在为自己编织的美丽谎言之中。

一个三层认知结构体系,并且在时间的延续中有生有灭,这就是任何一个人存在结构的最简单描画。每个人都生活在自己的视野之下，我们的所有认知都受个体视角的局限，正是由于个体认知的限制，才会有前文曾经谈论过的诸种沉迷的样态。个体需要不断地突破自身的局限，才能够为智慧层的健康提供助益。苏格拉底认为"未经审视的生活是不值得过的"，那么我们是否可以把这句话用我们的语言表述为"未经审慎反思与规划的智慧层是称不上存在的"呢？

如果是这样，我们也许可以得到这样一些观点：

第一，"人真正的本质意义上的活着，不是信息层的活着也不是知识层的活着，而是智慧层的活着。"

第二，信息层与知识层是为智慧层服务的，三者应处于协调统一的开放状态中，从中也可以产生人自身对自身存在的价值。

第三，爱与尊重等道德观念可以从认知体系结构中自然生成。

……

人对自身的自觉、自省与自主的认知是建立在自身与自身关系基础之上的，前文曾用所谓的智慧层循环结构来说明这种关系所依赖的信息关系模式。然而，这种循环结构并不是随着人类的出现或者个体的成长过程而马上出现的，这种结构本身需要一种成长过程，而信息层以及知识层的信息模式正是前期的基础。当然，我们能够在信息层与知识层的诸多行为中感受到自身的存在，但这种对自身存在的感觉并非充分的与自觉的，因为它把存在本身建立在了自身与外界的相互关系之中，而这种关系则让自身的真实存在散失于这种对外界依赖的关系之中了，正如海德格尔笔下的常人。人真正意义上的存在，应该是建立在智慧层的循环结构基础之上的。人通过信息层与知识层达到智慧层，对于后者来说，前两者只不过是走向自我的阶梯，或者说是一种工具性的。在智慧层，人将真正地面对自己的存在，他孤独而坚毅，为自己的存在负责并为自己的存在做出本真的规划。

这样，人活着本质上要短于他的自然生命，人需要耗费很久的时间以及积累才能够从信息层以及知识层的牵绊中走出来，奔向自我。为了这种自我以及其所生活的世界的明朗化，人必须要谨慎地从成长中吸取知识，甚至只要智慧层的本真的我存在着,这种工作就不应该停止,人的确应该活到老学到老。不过随着身体的衰老,如果智慧层运作的生物基础受到损害那么本真的自我也将不复存在。最高的智慧层所代表的本真的活着就是这样短暂,它在时间的长河中划过短暂的一瞬,然而它却是最真实的自觉的存在样态。

这种智慧层的活着,意味着自身对自身的责任,因为这种本真的存在意味着他将自觉地分析自身的存在状态,并直面自身的终结。正是自身作为有限的存在,他才会从时间的维度进行智慧层存在最根本的谋划。然而,由于受到个体认知的种种束缚,所以作为其自身的本真性的存在也是具有局限性与历史性的。

既然智慧层的活着是本质性的,那么信息层以及知识层的行为就是为智慧层而服务的。于是,人对于自身的价值而言,在这里就可以理解为信息层以及知识层对智慧层的价值。人的自我价值就是信息层以及知识层对于智慧层的有用性,这种价值的输出最终表现为,两者能够促使智慧层回归到本真层次,并使其保留在甚至发展这种自主的存在状态。在这样的结构中,个人的自我价值便有了更为清晰的刻画,它并不是一种简单的指向自我的价值环路,而是体现为将个体的存在引向其本真状态的真实内涵。

智慧层在自我的切身规划中将体会到本真的自由,因为在这种规划中他将从世俗的意识束缚中获得解脱,并对自身的生活做出全面的反思以及审查,这样他对自己存在方式的选择便有了一种清晰的认识。也就是说,他将从内心深处彻底地接受某种价值模式,比如他从世俗的善恶观念超脱出来并重返这样的观念时,他对如是观念的接受将会是彻底的、毫无保留的。所以从这样的角度来说,他所接受的善恶观念也将是纯粹的、坚定的,因为他从自身最本质的存在中接受了这样的观念,这种观念也就成就了他的自身。

当智慧层获得如是的自由时,他亦会用同样的视角审视其他的存在者。其他人同样应该具有这样存在的结构,而无论他们现实地沉迷于哪一个层次。这本身就是一种自然而然的善意,因为从这点出发他会从最平等的视角关注着他者的存在。人是可以进行观念自由选择的容器,无论他是否具有回到本真的层面时机以及对自身进行彻底的反思。智慧层因为看到了相同的认知结构而非内容时心生尊重与关怀,这就是人作为人应该付出的以及获得的最大的善。尊重一个人,并不代表仅仅尊重他的观念,而是更根本地在于尊重任何一个人都拥有进行自身观念选择的权力与自由。把人作为一个人本身而尊重,便不会体现在如何教育其成为一个特定智慧层的人,而是教育他成为一个自由的、能进行自我规划与选择的人。这种尊重本身也许是最纯粹的,因为它意味着,这种尊重中包含每个人都拥有平等意义上的自由,我们不是某种生存方式的教唆者,而是生存自由的守护者。

人因在本真的生活中,自然而然地获取了对共同存在者的尊重。我们因把视角引向了自身而获得了对他者的爱。每个人都需要回到自身之中,为自身的本真存在负责。我们无法为他人规划,正如无法替他人生活一样。存在正是由个体视角所体会到的,但我们可以从个体的规划活动中找到某些相同的原则性的东西,它们将能够为个体的规划提供指引。

比如,我们的存在应该建立在真实客观的基础之上,虽然我们所能了解到的真实是不完整的、有局限的。局限性是智慧层存在的真实处境,而生命的死亡构成了存在的最重要的局限性。也许正是死亡本身才赋予了人生规划的最终意义,我甚至怀疑如果智慧层本身能够在时间的流逝中永远存在,那么其自身是否还有规划的必要性。如果没有了这种具有局限性的规划,是否也意味着它其实并没有本真地存在过。这种猜测并非多余,因为这样的猜测完全可以用于越来越令人类担心的机器人。今天我还在微博上看到了相关的文章,里面谈到了对人工智能可能超越人类的忧虑。从我们的角度思考,如果机器人能够永恒地存在下去,那么它的智慧层(我们暂且认为它们拥有的话)就失去了时间上局限性的规划,这样即使它们存在下去,也很有可能意味着它们只不过是一堆废铜烂铁罢了,它们很可能无法像人类一样赋予这个冰冷的宇宙以生机勃勃的内容。

人因为存在自身时间维度上的有限性,才更本真地成为一种存在。然而智慧层的收摄力总是本能地试图突破这样的局限,并建立一种令人欣慰的完整性。但是,规划本身如果选择真实的客观的基础,这样的本能就应该被克服。人需要面对这种不完满的现实,虽然好奇心驱使我们不断地向完满性努力。对于那些原则性的已知范围亦即认知盒子之内的部分,应该保持客观理性的态度,而对于那些认知盒子之外的部分,我们应该保持适当的敬畏。这样我们就不会陷入已知的范围之内而心生傲慢,也不会因为迷失于未知的范围而流于虚幻。正是因为我们把自身的存在建立在已知与未知两个领域之内,我们才会既活得踏实而又对世界充满适当的敬畏。在踏实中感到真切,在敬畏中感到神圣。这样的话,人便可以过着一种有信仰的生活,只不过这里信仰不再是任何一位神明,而是我们存在的真实处境。

另外,存在本身需要扩展自身的认知,虽然我们现实地生活在狭小的圈子内,但是我们的视野却不局限于此。智慧层的自我规划原则上需要建立自身全部已知信息的联系,并从这种最高的信息处理活动中发现自我、规划自我。因而,只有丰富的信息视野,才能够拓展自身的认知,而只有广阔的认知才不会让人陷入无知的狭隘视角。正如我们前文所表明的那样,认知盒子才是生存规划的边界与局限,而规划的本身关涉自身最本质的存在。规划活动本身需要的是真正的智慧,它是人存在的最高谋略。

记得有位高僧曾在某大学的演讲中说道:"如果人没有智慧,那他接触不到佛法。"也许从我们的角度可以这样理解,佛法的核心所反映的是佛陀对存在的根本谋略,它本质上属于一种认知形态下的生存规划。那么,对于任何一个人,如果他拥有足够的智慧,并试图在最本真的层面规划自身存在,定会参照那些历史上曾经思考过相关问题的先哲们的观点,所以他一定会遇到佛陀、老子等曾经思考过人生本质以及意义的人。为了得到一个相对满意的谋略,人自然需要借鉴前人的观点。虽然历史上的先哲们受到种种认知上的时代局限,可他们的智慧之光仍然能够穿越千年的岁月指引人生的迷茫。

今天人类的认知已经达到了前人无法想象的疆界,所以他们的某些思想已经不可避免地不合时宜了。然而,有些东西却是永远不会过时的,比如对真理的追求与热爱,对人类崇高道德的执著与向往,以及人性本身的理解与尊重,等等。他们不仅仅是自身生活的规划者,更是崇高理念的践行者。正是这些走在人类以及历史前沿的人给我们带来了永恒的精神财富,时至今日他们仍然在生命的迷茫中引领着我们,让生命走向真实的自我。

对于今日的存在规划来说,应该充分利用人类已有的认知成果,就像那些曾经的先哲们一样,尽量要让智慧层的活动建立在广阔的知识层基础之上,同时知识层建立在广阔的信息层基础之上。而只有这样,存在的规划才将会是充分的,也更接近世界的真实。因为,只有充分利用所处时代的认知成果,才能够避免规划者陷入狭隘的个人认知,以及避免个体性的偏执。毕竟,存在规划本身并不关涉某一具体方面的知识,而是关涉存在的全部信息以及认知。

最后,每个人规划的基础本身是类似的,但是不同个体的规划却具有明显的个体性,这种个体性本身就是自身独立寻找价值的方式。人对自身进行本真的规划,根本原因在于不想以庸俗的常人形态浪费自己短暂的生命,而是要让自己的整个生活对于智慧层来说具有真切的价值意义。但这并不意味着,人一定要过上一种遗世独立的生活,而是仍可以返回到常人的生活形态,只不过生活将是一种自主的状态。他们将对自己的存在有更深刻的理解,并对死亡本身有清晰以及认真的领会,他们将用自己的独特生活方式,缔造生命的真实。

如果每个人都是为自己的存在从根本上负责的,那么他既会领会社会本身所赋予个人的责任,也会在社会生活范围内最大可能地寻找独特的自我。而这种独特的寻找自我的生活方式就表现为个体的个性。这种个性不是因为性格以及情感的偏执造成的,而是因为个体试图体现其独特的生命价值造成的。比如,有的人喜欢在深山旷野的寂静中冥想,而有的人则喜欢投身于社会的公益事业,等等。如果他们的生活方式并非来源于盲从,而是来源于对生命的本真规划,这都是他们存在的个性化方式。美国电影《神奇队长》正是一种更具冲击性的个性化生活的展示,电影展示了一种完全不同于普通社会生活以及教育等传统的生活样式。Ben 带着他的孩子们在丛林之中生活,他不仅仅是孩子的父亲,还是他们的老师以及领导者。像所有的父亲一样,他想把自己认为是最宝贵的东西传递给他的孩子们,Ben 认为最宝贵的东西主要包括人类取得的知识、独立思考的精神以及勇敢诚实的品质等等。他不仅注重这些能力的培养,还锻炼他们的体能,并通过种种方式试图让他的孩子们得到全面发展。但是在大多数人眼中,Ben 的所作所为以及那些看似离经叛道的"个性"已经远远超过了他们的接受范围。影片展示了两种教育方式以及生活观念上的矛盾与冲突,并引起了观众对于教育方式以及更深刻的生活观念的思考。

Ben 对生活以及教育方式的选择是经过深思熟虑的,他的意图并不是在太平洋上某个与世隔绝的小岛上创造远离真实世界的乌托邦,恰恰相反,他是想利用这样的环境撇开社会上虚伪的流俗观念的影响,为孩子提供能够可以更加接近真实的生活,当然这也是 Ben 自身所向往的真实生活。人们不一定非要赞同 Ben 的生活方式,因为这种生活方式是属于 Ben 自己的。他也并不是要把所有的孩子都教育成跟他一模一样,事实上他只是想提供给孩子们建立自身生活方式的真实基础,而当这样的工作完成以后,孩子们就完全拥有了选择以及创造自我生活方式的自由。

事实上,每个人在体力、智力以及性格上的禀赋都是不同的,没有哪一种特定的生活方式能够适用于我们每个人,也正是这种存在上的个性标志着我们自身的独特存在,但是存在本身需要真实的基础。所以,Ben 所选择的具体生活方式并不是重点,而重要的是我们对于自身以及存在之真的反思。所以,任何个性化的生活方式只要他们遵守最基本的社会法律以及道德都值得尊重,因为这既是他们的权利,也是他们存在的意义。

也许,正是这样个性化的生活方式才构成了一个社会的活力,也正是这种并非出于无知与偏执的个性才创造了社会的美德,对人最高的尊重就是尊重他的自由,真正的道德也许正源于此。

这里,我并未试图表明某一种个性化的生活样式是值得推崇的,因为这并不是当前的写作意图。事实上,任何一个个体的个性化生活方式都是属于自身规划的,这是每个人自己的事,没有人可以替代。但生活的个性化本身也会呈现共同的内容,这些共同的东西就是我们自身能够充分存在的根本结构、逻辑与真实。

09 仅仅是起点

　　江苏省的地形以平原为主,所以这里的山海拔都不是很高。花果山位于连云港市南云台山中麓,其上的玉女峰是江苏省最高的山峰,海拔也只有六百多米。无意间的来访却让它跟我的人生结合在了一起,我不会忘记那次旅行正如我不会忘记故乡的都山一样。

　　然而,这并不是因为花果山的自然美景令我难忘,事实上我觉得这里的景色跟南方的其他山比起来略显平淡无奇。对于我来说,这座山唯一令人记忆深刻的是,有很多野生状态的猴子,事实上这些猴子已经对游客麻木了,除了游客抛给它们的食物以外,它们甚至可以完全忽略游客的存在了。我和妻子正是在猴年的伊始来到这座山的,过了一段时间以后我才知道那次爬山是很危险的,因为那个时候我的女儿已经在妈妈的肚子里了,所以每次回想起来都有一丝后怕。幸运的是,女儿并没有受到爬山的影响,她于十个月后顺利出生了。

　　但这里还有另一个让我难忘的原因。从玉女峰下来时我们终于看到了野生的猴子,顽皮的性格与敏捷的身手给所有看了它们的游客带来了轻松欢乐,孩子们开心地将水果面包等零食抛给它们。看了这些,我的脸上自然也露出了微笑,的确这些在树枝上穿梭跳跃的猴子太可爱了。下山的路令人惬意,随着一路的欢声笑语,终于来到了野猴最多的地方。山路的台阶上以及头顶上的树枝上到处都有野猴灵活的身影,这里我们能够非常近距离地接触野猴。我面带笑容地看着身边每一只顽皮的猴子,有一只突然引起了我的关注。这是一只老猴子,它出现在离我不是很远的台阶上,疲惫不堪地端坐在那里,脸上的皮肤因为年迈而明显松弛,时光不仅在它的脸上留下了一生无法愈合的疤痕,甚至还让它长出了黑色的肉瘤。它呼出的热气遇到冷空气后在鼻端泛起了一层淡淡的薄雾,嘴唇上的两道鼻涕就在这微微的薄雾下晶莹地闪着光,与之相应的是它黯淡的眼眸下两道干巴巴的泪痕。淡黄色的阳光穿过冬日的冰冷,把树影的斑驳洒在了它的脸上,它有时紧盯着游客手上的食物,有时视线又不知漂移到什么地方去了。这所有的一切都仿佛在告诉人们,它已经苍老了,生命快走到了尽头。

它的一生仿佛都凝固在了那样的时刻,一只平凡动物的一生突然让我产生了难以言状的怜悯与同情,这种怜悯与同情甚至已经远远超过了这个老猴子所应该获得的。它自己也许永远都不会体会人类对生命的感慨,它只是单纯地活着,直到身体渐渐不再听命于内心的指导,然后痛苦地等待自己的死亡。

看到这样的场景我的笑容突然有些僵硬了,为了让自己不引起其他人的注意,我尽量控制内心突如其来的情感。我和妻子仍然随着人群继续悠闲地走着,可是内心深处却已经被一种强烈的疑惑与惊奇所牵引。这种力量虽然深沉,但是却无比的强烈、持久,它试图将我从身边所有的一切中抽离出来,让我直面炫丽、神奇以及残酷与无奈的生命本身。我宛若上帝般,窥视了一只老猴子的一生,那么是否真的有上帝一般的存在,也在窥视着我们的一生呢?这不是一个神学问题,因为我们就是自己的上帝,只不过很多人不愿承担起作为上帝的责任。

后来的无数个日子里,我都忘不了那只花果山上的老猴子,尤其是当我独自回忆过往以及沉思生命的孤独时总不免想起它。人生既漫长又短暂,充满了痛苦与欢乐,心无旁骛顺其自然的平常生活也许真的并不坏。但在平凡的岁月中,我又总不免感到生命本身的无奈与可怕。我并不是担心什么,只是被人的整个存在过程所深深困惑,当我看到那只猴子时,也想到了整个人的存在过程。这个记忆经常把我从日常的生活中唤醒,就像一位僧人于内心深处听到了寺庙悠远的钟声,我被带入一种疑惑与茫然的思想之境。爱情、生活、工作甚至家庭等等已经在这样的世界中成为了过客,这里只有智慧生命最深处的孤寂与疑惑。

我经常幻想自己已经不在这个世界上了,视线从炎热的柏油路面上缓缓升起，一直把炽烈阳光所照耀下的整个世界收入眼帘，这里充满了未来的陌生人，空气中弥散的既熟悉又异样的气息，更让人觉得他们的欢笑与痛苦已与现在的我们没有任何关系。在这里我只是一个悄无声息的游走着的时光旅客，我停留与否对他们已经毫无意义。我静静地凝视这个世界，然后在迷茫中走向了时光的远方，这里一切都已经不存在了，也许更确切地说一切的生命形态都已经不存在了，只有我那仿如上帝般的孤独之灵。我思考着这样的存在样态，想要找到这一切背后的神秘，可是这一切都对我隐藏着。

深深地意识到终有一天我的一切都将停止，就像那些所有曾在历史上存在过的人所经历的那样。我们仅在非常有限的时间内能够思考自身以及这个世界的存在，我们仿佛生命的旅客，所有的孤独在于这趟旅程无法替代，任何一个人都需要独自面对生命所赋予我们的一切。

我们停留在自身的牢笼之中，停留在历史之河泛起的短暂的浪花之中。对存在本身的惊奇与疑惑让我从生活的痛苦与欢乐中解脱出来，走向一片茫然的荒芜之境，在这里不得不勇敢与孤独地面对自己的一切。曾经与我相关的过往都已渐渐地远去了，在时光的流逝中它们甚至都显得不那么真实了。未来仿佛还没有开始，现在，我所要做的，就是要找到我自己，我应该是什么，以及我将怎样应对自己未来的人生。

然而，这本书所探讨的是一个存在者应具有的基础理论，已经展示的内容的确是我之所想，但这些所想又没有标识出我到底是一个怎样的存在者。

到这里，我感觉自己好像仅仅处在一条漫长之路的起点，但却离我所提出的问题仍然很远很远。在这条路上我将继续孤独地寻找，并把整个生命编织在未来的时光以及探寻的工作之中。

后 记

我曾经做过这样一个噩梦，梦境的真实感即使现在回想起来仍感觉十分可怕。我梦见了自己的死亡，这个梦近乎一种濒死体验，可怕的地方不在于梦到鬼神之类的恐怖形象，而是在于自己被一种彻底的黑暗与停滞牵引着。我害怕极了，因为在梦里我意识到这样的拉扯过程代表着什么，它代表的是真正的死亡。我竭尽全力地挣脱，终于从梦中惊醒，我坐起身来大口地喘着粗气，并下意识地安慰自己：没事，没事，这仅仅是一个梦罢了。但是，那种被黑暗拉扯的无助感，以及在靠近黑暗的过程中渐渐消失的与世界的联系始终让我感到后怕，它太真实了，也许这是我能想象到的最接近真实的死亡过程吧。

这个梦发生在我写作这部作品的过程之中，它让我想起如何将人脑的意识活动理解为信息联系的过程。如果人脑中的信息联系过程以及内容被一点点地删除掉，那么这无疑就是真正的死亡过程。死亡从信息的角度就是大脑中的一切信息联系都已经彻底停止了，是智慧层活动的真正终结。于是，人生变成了智慧层在时光的轨道中划过的一条有终点的线段。

生命的几十年其实很短暂，当一个人越是走向成熟也越能够深刻地感到这一切。我很是好奇这存在着的一切，为什么有浩瀚的宇宙、星辰、大海以及人类的死亡与情感？为什么我们都可以感觉到这些事物而又要走向死亡？存在本身隐藏着最大的秘密。

在刚开始写作时，我的心里总是惴惴不安，因为我知道凭借自己的能力涉足如此艰深的领域是十分大胆与冒失的，但正是内心对存在本身无法释怀的好奇心驱使我从事这样的写作。后来，随着写作的深入我渐渐意识到，这种惴惴不安也许是多余的，就像我所说的那样："生命无法替代，每个人仅以自己的视角以及方式生活",所以探讨存在本身并不是那些一流哲学家或者科学家的专利,事实上每个人都应该探索自身甚至世界的存在,因为每个人都应该为自身的存在负责。当然,为了让自己的探索建立在更为广阔的视野之上,我们应该尽量广泛地获取相关的内容,并借鉴前人的经验。

然而,今日拙作已经成书,我将自己对于存在的肤浅认识呈现在了这部作品之中,这是我对存在及其相关内容的一些浅显思考,无论优劣它都将是我自身存在过程的一个环节,我知道这样的探寻之路远未结束,还有无数艰巨的任务摆在我的面前。

在《信息的演化》一书的出版过程中,我就已经开始写作这本书了。在某种意义上说,这本书是《信息的演化》一书的思想延续。本来,我为这本书安排了三个部分,但是我想这部著作的上下两篇已可以构成一个整体。后续的第三篇,可以构成另外一部风格不同的作品。于是,我想如果精力允许的话,还是留作以后再写吧。

在这部作品的写作过程中,我的内心经历了无数的苦痛与煎熬。正当你收获幸福之时,生活也许会不经意间地给你安排苦痛,总而言之人生漫漫,就像古老的故事以及无数先哲曾经告诫的那样,只要活着谈论所谓的幸福都有些为时尚早。女儿的出生给我带来了很大的快乐,但是随后的家庭矛盾却以我始料未及的程度爆发了,我的小家庭几乎走到了破碎的边缘。无数个孤独的夜里,我感觉到的痛苦及其引发的失眠不仅在悄悄地破坏我的心理甚至还在破坏我的身体健康,就是在这样的孤独中我才做了上面那个梦的。后来,我感到自己已经无力从这样的心境中走出来了,才去找我的一个同事也是好友帮我分析这些家庭琐事。我们谈了一个下午,虽然没有解决家庭矛盾,但是通过这次谈话我的心境发生了变化。我意识到,自己必须从这样的矛盾中解脱,没有必要让自己陷入到这样的问题之中。一种醍醐灌顶般的感觉,让我觉得这些生活中的琐事根本不算什么,也许真是当局者迷吧,我必须要超过这样肤浅的层面,必须返回到自我之中。于是,心里的痛苦很快淡化了。经历这些反而让我对生活本身有了新的认识,它能让我从更冷静的视角重新审视自我、情感、家庭以及人生。

我经常想起恩师——尊敬的杨文祥先生，我也许不是孤独的。后来，我把全部精力都用在了这部作品的写作之上。春节只给自己两天假期用于和家人团聚，正月初三我已经孤独地出现在了办公室里。空荡荡的校园能够让人联想到美剧《行尸走肉》中的情景，那段日子行走在校园中几乎一个人也遇不到，但是这种感觉好极了，一杯暖茶，每天十多个小时的阅读与写作，这就是我那时的生活。经历了数不清的夜以继日的学习与写作，好多次累到头痛欲裂辗转难眠，终于让我的第二部作品接近尾声了。

跟《信息的演化》一书一样，这部作品虽不免肤浅，但却饱含我的真诚。这是我漫长学习生涯的又一个阶段性作品，是我对信息以及存在两大主题大胆而拙劣的思考。但这样的思考过程只是刚刚开始，离它所要达到的目标还相距甚远。还好，这部作品的作者尚且年轻，仍有改进其中错误并进一步提升认知的机会，总之，我会继续努力。

唯望读者诸君，择其优者以用之，择其劣者以鉴之。

致　谢

很幸运能够在我面临人生道路选择的时候,得遇恩师尊敬的杨文祥先生。在我心里,先生不仅是我授业解惑的恩师,还是一位和蔼的慈父、亲切的挚友。先生博大的智慧,对知识与真理的热情,以及高尚的人格都深深地感染了我,使我能够有幸走上学术的道路。虽与恩师分别十余载,但我始终忘不了与恩师在一起的快乐而充实的时光。恩师的微笑已经被我牢牢地印在心底,人生遇到痛苦与挫折时,我总能从这些珍贵的回忆中得到源源不断的动力。这本书也正是由于恩师的鼓舞才能够在一年多一点的时间内完成的,我要把这本书献给恩师,以示尊重与友谊。

我要特别感谢我的同事郭晓磊老师。郭老师是一位非常正直而真诚的人,正是与他的一番交谈才让我真正从痛苦中解脱出来,并全身心地投入到这本书的写作。没有郭老师的耐心劝解,这部作品是不会在这么短的时间内完成的。这里真挚地感谢郭老师从我就职以来对我的帮助,谢谢郭老师!

感谢这部作品引用文献中的所有作者,谢谢那些卓越的学术观点以及思想对我的启发。我希望拙作能够为相关领域的研究贡献微不足道的力量。

唐允女士负责我两部作品的编辑工作,为我提供了大量的帮助。再次感谢本书的编辑唐允女士,谢谢唐女士为这部作品所付出的耐心工作。

还要感谢我的家人,特别是我的母亲,她不辞辛苦的劳动帮助我节省出大量的学习和写作时间。也许世界上所有的语言在伟大的母爱面前都是苍白无力的,在这里,我只能对母亲真挚地道一声:感谢您!

最后,本人的水平有限,书中难免出现错误以及不足之处,敬请广大读者、同仁批评指正。

部分参考文献

[1] 萨缪尔·诺亚·克拉默尔. 苏美尔神话[M]. 叶舒宪,译. 西安:陕西师范大学出版社总社有限公司,2013.

[2] 约瑟夫·坎贝尔. 千面英雄[M]. 杭州:浙江人民出版社,2016.

[3] 王远明. 从多元性到体系化:论康区创始——后创始神话体系[J]. 中华文化论坛,2014(7):154-159.

[4] 杨怡爽. 印度神话[M]. 西安:陕西新华出版社传媒集团、陕西人民出版社,2015.

[5] 雷蒙德·福克纳. 亡灵书[M]. 合肥:安徽人民出版社,2013.

[6] 但丁. 神曲[M]. 上海:上海文艺出版社,2014.

[7] 梁灿彬,周彬. 微分几何入门与广义相对论[M]. 北京:科学出版社,2006.

[8] 大栗博司. 超弦理论:探索时间、空间及宇宙的本原[M]. 北京:人民邮电出版社,2015.

[9] 海德格尔. 海德格尔的存在哲学[M]. 唐译,译. 长春:吉林出版集团有限责任公司,2013.

[10] 英国DK出版社哲学百科编写组. 哲学百科[M]. 北京:电子工业出版社,2014.

附录

师生对话：谈学术　话人生

——人间正道 结伴同行精选

2016 - 11 - 10 19：09 | 个人分类：信息文明之光：晓星熹微（Twilight Star）
| 系统分类：教学心得 | 关键词：治学　人生　人文精神　穆向阳　杨文祥

信息文明之光（126）
师生对话：谈学术　话人生

——人间正道（信息文明建设之路）　结伴同行

对话人：穆向阳　杨文祥

杨文祥整理

　　题记：往日我的一位学生，穆向阳同学，现在已经是一位正在研修博士后的大学教师。日前我们通过邮件，进行了一场关于学术、人生和人文精神的对话。

　　时下，穷奢极欲，物欲横流，以声色狗马为时尚的奢靡之风盛行。时风到处，所向披靡。世俗社会唯利是图，及时享乐的末世心态，浸润到教育和学术界，就表现为心浮气躁，急功近利，恨不得一夜成名，将整个世界所有的名和利一口吞下。

　　面对沦落到这种地步的社会风气和病态的、几近疯狂的社会心理环境，不少曾一度一心向学的青年学子,纷纷从困惑走向沉沦,从沉沦走向"淈其泥而扬其波""哺其糟而歠其醨",在物欲的汪洋中随波逐流。真正能以严谨的科学精神潜心治学,持之以恒的青年学者,实属凤毛麟角。即便如此,这些足堪珍惜,无比宝贵的英才,是否能够在这种病态浮躁的社会心理环境中得以有效的生存与发展,也很难预料。

我们师生二人日前的这场关于学术、人生和人文精神的对话,就是面对上述社会心理和学术环境,面对这种难以消解的困惑、压力和冲击,作出的思考。显然,我们的这种思考,远非对这一困惑的完整回答,更无法预知是否能够经受住未来实践的严格检验。

尽管如此,考虑到终日浸润在如此沉沦的社会风气之中的青年学子,无时无刻不需要面对当下病态的社会心理和相应的学术环境,无时无刻不满心的躁动与困惑,我还是征得了向阳同学的同意,将我们的对话略作格式上的整理,发布在这里,与各位朋友做一交流。若能够为青年朋友走出困惑,走出当下的社会心理危机提供些许有价值的思想参考材料,则是我们师生二人莫大的荣幸。

1. 穆(2016-08-26 10:03:46 星期五)

尊敬的杨老师:

您好!

好久没有跟您联系了,非常歉意!但是这并不代表学生没有想念您,学生经常会想起您。只是最近这段时间我一直等待这样一个时刻,等待我的第一本专著出版,因为我把对您的感激之情写在了我的书里。

拙作《信息的演化》一书已经出版了,这是学生的第一本专著。虽然稚嫩但很真诚,我抛弃了学术论文那种僵硬的语言,用一种内心独白的方式陈述我的学术观点。作品中多次提到您,提到您对我的学术思想以及人生态度的深刻影响。

我不知道该怎样感谢恩师您,但我想这本书也许是一个开始,我希望以后能够形成自己独特的思路进行下去①,能够形成更为全面而深刻的知识及思想体系。

十多年前您在课堂上提到的学派的思想,我一直以之作为一种学术的理想与信念,无论周边的生活变得多么的浮躁,我始终希望我们师徒能够真诚地专注于我们的学术思想,使之能够开花结果。如果现实中无法实现,那么我就在内心中坚守这样纯真而伟大的学术信念。

杨老师麻烦您把地址发给我,我给您邮寄几本书过去。其中的不足与错误之处还请您多批评指导。

祝您和阿姨身体康健!一切顺心!

您永远的学生:穆向阳

2. 杨(2016-10-04　20:22　星期二)

向阳:

这两天抽空又翻阅了一下你的著作。

很喜欢你写的这首《卷首诗》。

这首诗,不但写出了你对生命、智慧和情感的体验与感悟,更表达了你坚韧的生命意志、蓬勃的生机、旺盛的活力与对充分实现自己的生命意志,充分释放自己的生命潜能的憧憬与渴望。

毫无疑问,你的文学修养和形象思维能力,必将使你的智能和抽象思维潜能获得极大的张力。

由此,我看到了一个青年学者无可限量的发展前景。

自然,在登上远方的高峰之巅之前,必定还会有无以数计的大大小小不可预知的艰难和曲折,横亘在你未来的学术之路上,默默地等待着你前去接

---

① 原邮件中的表达错误,意思是"我试图寻找自己独特的科研路线,并沿着这样的路线走下去。"——作者

受挑战。

相信你一定能勇敢地接受任何的挑战,在实现人生境界的升华的同时,让生命之火发出耀眼的、融理性与艺术为一体的智慧之光。

祝你不断走向成功!

杨老师

2016－10－04

3. 穆(2016-10-06　09:37:50　星期四)

尊敬的杨老师:

您好!

非常高兴能收到您的来信,也非常感激恩师对我的夸奖和鼓励!学生一定会更加努力,争取能够取得更大的进步。

如在拙作致谢部分所言,学生的很多灵感受到您的启发,您是我真正的启蒙恩师。如果没有恩师对学生的影响,我不会走上真正的学术的道路,也不会产生对学术与真理最真挚的热爱。是您的精神深刻地感染了我,使我以您为榜样在知识的世界里做一个真诚的无畏的探索者。这一切使我形成了自己的风格,现在我每天都会读书,我知道那些书对于我来说是有价值的,我觉得我已经找到了一条赋予智慧生命真正价值的知识探索路线。我会在知识世界独立探索的孤独中想念您,以前我们一起骑自行车的路上,恩师脸上慈祥的微笑将是我永恒的动力,爱真理! 爱吾师!

拙作试图提出一种关于信息现象的理论框架,但我并不希望这个理论框架仅仅局限于我们学科内部,我想通过这样的一套理论,探索关于人类社会以及自然世界等方面的更宽泛的内容。信息理论应该能够提供解释其他学科问题的一套基础工具。拙作也进行了尝试,比如通过构建的理论试图解释机器人－人－动物的不同,我想拙作中的这套理论虽然存在很多问题,但至少会给读者提供一些新的视角。不管怎样,这本书仅仅是一个起点,我会继续努力。

恩师对卷首诗的解读让学生感到钦佩,谢谢恩师对学生的深刻理解,所以我想我不会是孤独的,我会以恩师为人生的榜样,继续在思想和知识领域开拓进取。

我现在每天起床第一件事仍然是读书学习,努力丰富和完善自己。真心希望恩师能从百忙之中抽取时间多多指教学生,真心希望在您的带领下我们的学术门派可以贡献出伟大的力量。

祝您:一切都好!

您永远的学生:穆向阳

4. 杨(2016-10-10 22:53:55 星期一)

向阳:

在我教过的学生里,你显然是学术成就的佼佼者。为此,我对你的学术期待很大。

关于你出版的这本著作中我们师生二人的对话,涉及治学、学术思维以及学术流派等问题。这样,我们这些谈话内容的学术价值和意义,就不仅仅局限于我们师生二人之间,对其他同学和更多的关注学术建设的青年学者同样重要。为了使这些内容对更多的青年学者有所启迪,我把我们对话中涉及学术建设的部分做了摘录,删去私人信息后,发布在我的博客里。你可在我在科学网和光明网上的博客,看到这一材料。你如果认为这样处理不妥,我就把这篇博文删除。如无不妥,就让这篇文章发挥其应有的学术启迪功能。

对你的上一个邮件的回复,我也写在博文里。主要和你谈了关于学派的问题,详见文末。

祝你不断取得新的成就,早日登临学术高峰。

杨老师即日

附录：学派问题（博文节录）

实际上，"图书馆学—信息资源管理学河北大学学派"，仅仅是我当年在科研和教学过程中提出的一个不是很成熟的想法，严格说来，不过是一个不甚切实际的个人愿望。

在学术思想史上，要形成一个学术特色鲜明的学术流派，仅有个人的想法、愿望和热情是远远不够的，起码还要有以下几方面的现实条件：

1. 核心研究团队，即学术探索之旅上，由志同道合，具有较高学术素养的同行者组成的学术团体。

21世纪，在全球化、信息化进程不断深化的历史条件下，仅靠个人的坚毅和奋斗精神单打独斗，试图以游侠的传统方式"一剑走天下"，不可能产生具有重大影响的学术成果，更不可能形成一个影响深远的学术流派。

这是我积几十年的求学、教学、治学的经验和教训，竭尽愚钝所得出的结论。

实际上，直至晚年——该对一生的经历作一历史回顾与总结的今天，我也没有完全走出"孤独侠"的状态。

学术流派与师承、师门既有联系，又有区别。

师门、师承是基于社会机遇和命运而形成和存在于师生之间以及同师同学之间的一种学缘关系。

由于师门、师承的这一学缘关系相对单纯，对其概念和内涵的理解一般没有太大的异议。

而学派，不同的学者往往具有大同小异的理解。

在我看来，所谓学派，是由一批在学术思想倾向、理论基础、思维方式、学术理念、研究问题、研究方法、学术目标、学术方向等方面同质性较高的学者所组成的学术流派。

这样，具有师承、师门学缘关系这一"近水楼台"的同一师门的教师与其弟子，由于同治一门学问而常常自然而然地成为一个"天然的"学术流派。

不过由于现代社会的高度社会化,通过学术界日益广泛而深入的学术交流,一些并非同门,不具有同一师承关系的学者,就有可能不但形成相同的学术思想倾向和理论基础,而且在思维方式、学术理念、研究问题、研究方法、学术目标、学术方向等方面也具有较强的同质性。这样,这些学术特色同质性较高的学者群体便可能形成属于自己的学术流派。

对于前者,我们可称其为"师承性学派",后者可称其为"学术特色性学派"。

"核心研究团队"是形成学派的先决条件和组织基础。有了一个学术特色同质性较高的核心研究团队,相应的学术流派也就水到渠成了。

2. 学术宗旨,即一个学派要有一个共同的学术研究总目标、基本方向和总的学术思想基础。

3. 学术风格与特色:一个学派还要共同拥有大体相同或相近的学术风格与特色。

这种学术风格与特色主要表现为这样几个方面:拥有共同的问题——共同的研究对象;共同或相近的学术关注点;相同或相近的学术视角;对本学派的学术研究使命具有相同的历史定位;相同的学术思维和相同或相近的研究方法等。

4. 同一个学派的不同学者,还要拥有一批以上述条件为现实基础,具有一定学术影响,并能相互印证与呼应的科学成果。

由上述几方面条件可以看出,一个有团队、有宗旨、有特色、有成果、有影响,在人类学术思想史上具有学术开创意义和普遍借鉴意义的学术流派的建设、形成、演进与发展,必定是一个几年甚至是几十年的学术建设历程,需要一代学人甚至几代学人以"衣带渐宽终不悔,为伊消得人憔悴"的科学献身精神投身于此,才有可能由我们当初的一种愿望或是一种学术理想,转化为一种现实生活中的学术实践。

与此同时,只有这样一个由治学严谨,具有高度学术自觉性、责任感和使命感的学术群体构建起来的学术流派,才能够以自己特色鲜明的学术思想,推进人类文明的建设、发展与深化,推动人类文明历史内涵的不断充实与丰富，从而对人类智慧和人类文明境界的提升有所历史贡献。

你是我从教和治学几十年来留存下来为数不多的几粒无比珍贵的学术火种之一。这几粒火种如能在现实生活的严峻考验之下经久不熄，实现薪火相传，我们当初形成学术流派的设想就有可能梦想成真。而我目前所忧虑的是，在物欲横流、急功近利、喧嚣浮躁、世风日下的今天，你们这仅有的几粒学术火种，很有可能在社会转型和历史巨变的骤雨狂风中无声熄灭，而学派的形成和相关的学术建设也将无疾而终。

好在在我们这个师门中，还有你这样出色的学生，在我忧心忡忡的时刻，以自己特色鲜明的学术成果，给予我足够的欣慰与信心。

古人云，"尽人事，以听天命"。面对难以把握的自然规律和人世间错综复杂的社会变量，我们只能如此。

既然我们此生选择了治学之路，在学派建设这一问题上，我们就别无选择，只有尽心尽力，无愧无悔地致力于从学术研究到学派建设，径直地走下去，否则，我们就不可能成为一代真正意义的学人。

最后，面对当下日益清冷的学术环境，让我们用自己的生命之火，维持足够的温度，以使怀中的这几粒学术之火的火种能够经久不熄。在春风化雨的时刻到来时，把这几粒火种播种在我们脚下的这一小块学术园地，让它们一代一代地成长起来，传递下去。

我深信，当工业文明向信息文明的转型与过渡由量变转变为质变的一瞬间，我们信息文明与信息文明建设理论的这几粒学术火种，就会在倏忽之间燃成一团熊熊的学术圣火。这团圣火的智慧之光，足以照亮人类未来的文明之路——信息文明的建设与发展之路。

而这一天，就将是"图书馆学－信息资源管理学河北大学学派"形成并不断走向成熟的时日。当然，其前提是，这个学派的核心团队如能组建起来，并依照学术建设的内在规律孜孜以求，持之以恒，硕果累累的话。

5. 穆（2016-10-11　15：51：06　星期二）

杨老师：

　　能在您的博客中看到关于我们对话的文章真是我莫大的荣幸，我觉得这篇博文没有什么不妥的，它是你我之间崇高师生情谊的伟大见证。

　　您是从非常务实的角度探讨学派建设问题，学生以前没有考虑过这些，只是我一直把您的治学精神当成我的榜样，也冒昧地把您的理想作为自己的理想。我知道自己的力量非常有限，可我会沿着您的脚步不断努力、不断探索。

　　经历了很多世事的沧桑与无奈，但我一直努力坚守着内心的纯真与理想。虽人已中年可我还喜欢动漫，因为在这个大多数人把世俗与庸俗当作成熟的社会里，我可以在动漫中看到人本应具有的高贵品质。我经常参加户外，在户外群中我的名字叫路飞，是日本动漫《海贼王》中的角色，一个甚至不会游泳但却梦想成为海贼王的男孩儿。我始终记得里面的一个场景：

　　有个人问路飞："路飞，如果你在成为海贼王的路上死了怎么办？"

　　路飞若无其事地回答："死了就死了。"

　　我想做学术的路上也应该如此，为着理想而奋斗，即使在实现理想的过程中生命终结了也无所谓。也许这正是我应该学习的心态，理想在那里，我只管用心地努力实现它，即使有生之年无法实现也无所谓，至少我没有为了平庸的琐事活着。理想对于我来说是一个方向，它塑造了我的行事风格，以及学术研究的模式，也许这本身就是一种成功，即使目标永远无法实现。

　　也许正是这样一种天真幼稚的想法，让我有勇气跟随恩师的脚步，在未知的知识海洋中能够勇敢前行。恩师在我眼中是一位孤行的侠客，在浮躁的社会中内心深处能够拥有最淡泊宁静的学者精神，我想学术所需要的正是您这样不落俗套的侠之大者，遇到您是我极大的幸运。

　　您还教会了我用至诚之心从事学术，我想即使学生无比愚钝，但守住这一点就足够了。所以我想我不用给自己太大的压力，用天真之心至诚之心从事研究就可以了,做好自己的东西就足够了。

我从心里羡慕恩师的侠者风范,那是一种基于理性与博学的超凡潇洒。也许学生的天资不允许自己能像您一样,但只要有了理想我就会去努力,即使实现不了也心甘情愿。

承蒙恩师错爱,学生会紧紧守护恩师所赐予我的宝贵财富,努力做好自己。

拙作《信息的演化》一书仅仅是一个起点,学生虽自知愚钝,但仍希望能够不辜负恩师的期望。

您永远的学生:穆向阳

6. 杨（2016-10-12　06:43　星期三）

向阳:

回信收到。

这两段话你写得很好:

"我想做学术的路上也应该如此,为着理想而奋斗,即使在实现理想的过程中生命终结了也无所谓。也许这正是我应该学习的心态,理想在那里,我只管用心地努力实现它,即使有生之年无法实现也无所谓,至少我没有为了平庸的琐事活着。理想对于我来说是一个方向,它塑造了我的行事风格,以及学术研究的模式,也许这本身就是一种成功,即使目标永远无法实现。"

"您还教会了我用至诚之心从事学术,我想即使学生无比愚钝,但守住这一点就足够了。所以我想我不用给自己太大的压力,用天真之心至诚之心从事研究就可以了,做好自己的东西就足够了。"

这两段话,就是用现代思维方式和现代语言对古人"尽人事以听天命"的最好诠释。

大道自然。我们的同门师友若能有三五人具有你这样的认知与感悟,并能在此基础之上形成自己自觉和自然的学术实践,一个有生机和活力的学术流派自然而然也就应运而生了。

你的这个邮件写得很有深度。如无异议,我把这一对话内容也以"师生对话话治学"的形式发布在博客上,以对其他学友有所参考和激励,对虽非同门,但有志于潜心治学的青年学者也许会是一种学术感召。

杨老师即日

7. 穆(2016-10-12　10∶00　星期三)

杨老师:

您好!

能够在您的博客中看到关于学生的文字,是我极大的荣幸,您把相关邮件内容发到博客中我没有任何异议。

从您和我的邮件对话中,有一种伟大的精神正在显现,而这种精神不仅成为了学术,甚至成为了赋予我们生命意义的巨大心灵力量。

我想这种精神至少包括了如下一些内容:

1. 我们对知识、真理、智慧毫无条件、毫无保留的最炽烈的热爱。

2. 我们对实现理想,实现生命价值的势不可挡的勇气,即使知道明天是世界末日,也要潜心学术的永不放弃的精神。

3. 对崇高人性和生命的升华的虔诚追求与渴望。

这种精神其实源于恩师,您通过自己高尚的道德与言行,将它潜移默化地传入到学生心中。你我师徒虽已分别十年,但这种精神学生不敢忘记,于是学生有勇气追随您的脚步。学生冒昧地希望能够和您成为追求理想的同路人。

也许这种精神就是支撑我们理想的力量,我们可以不考虑个人认知能力的限制,也不考虑人类生命的限制,朝着理想勇敢地笑着向前走。用我们的精神从事学术,即使收获甚微但仍会心满意足。学派与否可任由让他人评说,我们师徒二人能有这样的情谊与缘分,能有这样美好的心灵层面、智能层面的交流,有着一起为实现理想的共同奋斗的共同经历就已经足够。

杨老师,我们以后一起加油吧,在某种意义上说,生命没有极限,追求的脚步也会永不停息!

您永远的学生:穆向阳

8. 杨(2016-10-13　10:47　星期四)

向阳:

昨天的回信收到。

很高兴看到你对我们师生的交往进行了很准确、也很有深度的总结和概括。

在你的这一总结和概括的基础之上,我稍做进一步的整理和润色。你看我们师生二人的交往,是不是体现了下面这样一种人文精神:

——首先是对人性和人的本质的求索与感悟;其次是对知识、真理、人类智慧的不懈追求;再次是在这一人生追求和价值诉求中,对生命的价值、意义和人的尊严的执著;最后是在这一价值诉求,人生追求和生命价值、意义,人的尊严的执著的基础之上,在主动、自觉地将自己个人的生命过程融入到推进人类文明进步的历史进程中所实现的人生境界的不断升华。

正是在这一人文精神的感召下,我们师生二人拥有了共同的语言,形成了共同的价值观和精神诉求。

赞同你的这一总括性的理念——"在某种意义上说,生命没有极限,追求的脚步也会永不停息。"

尽管人的生命形式在物质形态层面上——生物物理化学形态上,是一个有限的过程,然而,在精神层面的价值诉求上,显然是没有极限的。有谁能够否认,在我们对人性和人的本质的求索中,我们所寻求的,就是对人类文明先祖为后世所留下的"人啊,认识你自己"这一旷世警训的圆满答案?有谁能够否认,我们对人世间真、善、美、自由、和谐与幸福的追求,不是历代先哲对古今中外天下苍生最朴素的精神价值诉求的哲学概括,而且这些人类共同的价值诉求还将继续为千秋万代的后来人提供源源不断的精神动力?又有谁能够否认,在我们对人类智慧的追求与渴望中,没有道家先祖的哲思和司马迁"究天人之际,通古今之变"的学术思想的灵光?

人生有涯,精神不死。

让我们师生二人以此互勉,在推进文明进步和人文精神不断升华的人间正道上结伴前行。

另外,你的这几封信写得都很有思想深度,为这些有深度的思想做一历史记录,同时为与学术界同仁分享我们的思考,我有意将这几封信连同我的回信稍作文字整理后,以《网海飞鸿——关于学术与人生的师生对话》为题发布在博客上。你看如何?

杨老师即日

9. 穆（2016-10-14　08:17　星期五）

杨老师:

您好!

非常喜欢您的邮件标题:人间正道　结伴而行。

您对我们谈到的人文精神,总结得更为丰富深刻。也就是在这种崇高而深刻的精神感召下,我们师徒二人才有了共同语言以及对生命的共同期许。

对知识世界无限美好的感悟,唤醒了我内心的强烈的自我意识。那是一种把个体有限的生命,置于无限的时空以及文化背景中的困惑与惊奇。

然而在恩师赋予我的这种精神的感召下,我渐渐地感觉到,这种自我意识,是一种伟大的恩赐,也是一种全面审视自我并获取生命价值的前提。

对知识的不断探索与微不足道的收获,让我渐渐感觉到平静而自然。一种淡淡的,但也是最深刻的幸福感,在心中涌现。

对于个人认知能力的有限与知识的无限,以及个人生命的有限与宇宙时空的无限间的矛盾，我已经稍微感到某种释然。而这一切也许都是植根于恩师赋予我的这种精神。

我想我仍是一个天真的孩子，仍会为获取一点认知而激动不已，仍对知识世界充满了好奇。我经常怀念您那极富启发性的课堂，怀念我们一起骑车的路上。而今天我们虽远隔千里，但仍置心一处。这也许就是这种伟大精神的体现。

以后我会继续努力，争取做一个能够跟随恩师脚步的合格的同路人。

杨老师，我们师徒交流的所有邮件（包括以后的），您都可以选择适当的内容发到博客上，学生因获此殊荣而感到无比荣幸。

人生有涯，精神不死！

师徒共勉。

您永远的学生：穆向阳